21 世纪企业经营智慧丛书

JIDANG GUOJI SHANGHAI

激荡国际商海

企业的国际化经营

编著⊙侯书生 余伯刚
本册主编⊙天 舒

四川大学出版社

责任编辑:庄　剑
责任校对:陈月霖
封面设计:刘建波
责任印制:王　炜

图书在版编目(CIP)数据

激荡国际商海：企业的国际化经营 / 侯书生，余伯刚编著. —成都：四川大学出版社，2015.4（2025.4重印）
ISBN 978-7-5614-8475-3

Ⅰ.①激…　Ⅱ.①侯…　②余…　Ⅲ.①企业管理－国际化－研究－中国　Ⅳ.①F279.23

中国版本图书馆 CIP 数据核字（2015）第 075740 号

书名　**激荡国际商海——企业的国际化经营**

编　　著　侯书生　余伯刚
出　　版　四川大学出版社
地　　址　成都市一环路南一段 24 号（610065）
发　　行　四川大学出版社
书　　号　ISBN 978-7-5614-8475-3
印　　刷　三河市天润建兴印务有限公司
成品尺寸　170 mm×240 mm
印　　张　17
字　　数　275 千字
版　　次　2016 年 1 月第 1 版
印　　次　2025 年 4 月第 3 次印刷
定　　价　42.00 元

◆读者邮购本书,请与本社发行科联系。
电话:(028)85408408/(028)85401670/
(028)85408023　邮政编码:610065
◆本社图书如有印装质量问题,请寄回出版社调换。
◆网址:http://www.scup.cn

前 言

在21世纪，世界走入全球经济一体化。国际经济愈来愈成为一个整体。中国也被卷入这场革命，愈发与世界融为一体。中国加入世贸组织的行动更为其融入全球经济一体化体系起到了催化作用。面对这一系列的变革与挑战，每一个企业都不得不考虑开展国际化经营问题，因此，非常有必要向广大企业经营管理者介绍有关国际化经营的知识。

从第二次世界大战之后，世界经济就呈现出一体化的趋势，这种趋势随着时间的推移而越来越强。今天，经济一体化组织已发挥着非常重要的作用，是世界经济活动的重要组成部分。

所谓全球经济一体化，就是世界各国在经济发展过程中，彼此之间互相开放，形成一个全球性的相互联系、相互依存的经济有机体。

第二次世界大战后的几十年来，在第三次科技革命浪潮的影响下，生产力国际化步伐大大加快。20世纪80年代以后，伴随着全球经济自由化和市场化改革的浪潮，各国的贸易和投资联系空前加强。经过大规模的跨国兼并和重组，在许多重要的生产领域，跨国公司已成为全球为数不多甚至唯一的生产组织者，它们将整个世界纳入其统一的生产和销售网络。

全球经济一体化改变着世界格局。首先，商品、服务、资本、人才、资源等各种要素流动的技术性和政策性障碍大幅减少，加快了世界贸易自由化趋势。其次，各国参与国际合作与分工，促进了世界范围生产要素的转移和资源的配置。例如，国际资金的流动，促进了发达国家的资金、技术、管理经验与发展中国家的资源、廉价劳动力和市场的有效结合。其三，全球经济一体化推动了世界经济结构的调整，全球工业化的重心正由西半球移向东半球。其四，全球经济一体化推动了全球竞争，推动世界性的企业兼并、重组和结构调整，促使企业突出核心业务、组成战略联盟、加大 R&D 投入和改革管理，以增强竞争力。无疑，这些活动都有力地加快了世界经济的发展。

中国加入世贸组织（WTO）已经十多年，中国融入全球经济一体化的步伐在不断加快。

对于中国来说，加入 WTO 既意味着机遇，也意味着挑战。首先，加入 WTO 将对刺激经济活力、增加进出口、促进外资流入、创造就业都会起到明显的促进作用，特别是在吸引外资方面意义重大。其次，在外资政策方面也将逐步转向有意识的产业导向，提高吸引外资的质量和水准，对外资企业实施国民待遇，促进一个公平、公正、公开的市场竞争环境的形成，而这与 WTO 体制相吻合。但同时，中国企业也面临着前所未有的挑战。中国企业在拓展国际市场、经济制度与管理、技术开发与创新等方面与发达国家仍存在相当大的差距。因此，中国企业要迎接 WTO 的挑战，就必须要走国际化经营之路。

现代国际分工的深化和发展，使企业的生产经营活动早已跨出国界。国际化经营可以使企业在全球范围内而不是局限于一国范围寻求合作，以达到优势互补，扬长避短的目的。这种跨越国界的合作，能够形成一种强大的集合力，创造出新的生产力，因此，国际化经营已成为西方发达国家企业的一种普遍行为，不少发展中国家已经实施了这种经营战略，中国企业也必须走国际化经营之路。

企业开展国际化经营，可以在带动商品和劳务出口方面、开发国内紧缺资源方面、广泛利用外资方面、学习国外经营管理经验和先进技术以及及时获取国外市场信息等诸多方面产生有利的影响和效果。可以说，国际化经营战略将从根本上改变我国企业现有的经济运行模式。

为满足众多企业开展国际化经营的需要，我们编写了这本《激荡国际商海——企业的国际化经营》，希望本书的出版能够对从事国际化经营的企业经营者、管理者有所帮助。

编　者

2014 年 10 月

目 录

第五章　*企业国际化经营中的组织创新*

第八章　企业国际化经营中的人力资源开发

第九章　企业国际化经营中的多元影响因素整合

经济全球化浪潮中的中国经济和企业

当今的世界正在融为一体，地球正在演变为“地球村”。经济全球化的浪潮一浪高过一浪。

中国经济已经融入了国际经济体系，30 多年的改革开放的过程，也就是中国经济参与国际分工、充分利用国际资源的过程。中国已经在国际经济舞台上扮演着重要的角色，也必将发挥愈来愈重要的作用。

一、当今世界已是经济全球化的世界

自20世纪80年代后半期以来，世界经济全球化特征日益明显，受到世界各国的广泛重视。新技术革命极大地提高了生产力，而生产力的进一步发展又加速了全球范围的资金流动，扩大了国际市场，从而促使各国经济更加开放，走向国际化。**全球性贸易往来、资金流动和技术革命，正在推倒各国之间的经济壁垒，在全球范围内形成一个相互依存、共同发展的整体。**

1. 经济全球化的表现和特征

"全球化"一词是美国学者T. 莱维于1985年提出的，他用这个词形容此前20年间国际经济的巨大变化，即商品、服务、资本和技术在世界性生产、消费和投资领域中的扩散。因此，**"全球化"的原意就是指经济的全球化。**

1995年英国出版的《科林斯商务词典》（第二版）对全球化作了如下定义："国际全球化是指公司通过出口向国外经济扩张，尤其是指通过对外国的投资，建立生产部件的工厂、制造车间和销售子公司。"显然，这里的定义把国际化和全球化等同了起来。

美国著名经济学家彼得·狄肯在1991年出版的《全球变动——经济活动的国际化》一书中说，当前"经济活动不仅变得越来越国际化，更重要的是变得越来越全球化。'国际化'仅仅是说跨国界经济活动在地理分布上的扩大，这并不是什么新现象。经济活动'全球化'有质的不同，同国际化相比，它是一种更先进、更复杂的形式，它意味着国际上分散的经济活动在某种程度上运作的整合。全球化是比国际化更新的现象，在范围越来越广的经济活动中，它是一种正在兴起的模式"。

经济全球化的明显特征主要表现在以下几个方面。

（1）经济全球化以全球市场化为前提

世界经济通行的规则就是市场经济规则。只有市场化才能使世界经济取得共同的规范与共同语言。抛开市场化就根本谈不上全球化。如果说第一次全球化浪潮是资本主义国家对一些所谓不文明国家施行扩张的过程，带有强迫性，第二次全球化过程则因计划经济国家实行“集体封闭”，带有“半球化”特点的话，那么，20 世纪 80 年代后这次全球化浪潮则是在各国推行市场化改革的基础上形成的。冷战后，占世界人口一大半的原有和现有社会主义国家以及多个发展中国家，开展了以市场为导向的改革，为市场经济体制在全球范围的形成和发展奠定了基础。而全球市场经济体制的形成则为经济全球化发展奠定了基础。美国财政部前副部长萨默斯说：“将来，当历史学家回顾我们这个时代的时候，他们视为最突出的事件也许不是两个集团之间斗争的结束。这么多的国家转向以市场为基础的经济这样一种前所未有的局面，也许是震动更大的变化。**这是一场把亚洲、东欧、拉美和非洲几十亿人送往繁荣的快速电梯的运动。”**不但社会主义国家和发展中国家正在改革市场经济体制，而且发达国家也在设法进一步发挥市场体制的作用，放松限制。实行市场经济，扩大对外开放，积极参与国际分工，实现资源和生产要素在全球的合理配置，以获得最大的经济效益，已成为各国的共识。因此，**经济全球化是在各国积极推行市场经济和对外开放的前提下形成的，具有很强的内驱力。**

（2）经济全球化以全球信息为条件

信息技术主要是指信息的获取、传递、处理和储存等技术，它是高技术的前导。轮船、火车、汽车、飞机、电话、电报等交通通信工具的发明和使用，曾使得经济全球化的进程大大加快。而以信息技术为标志的全新的“网络社会”的形成则使硕大的地球变成了一个“地球村”。现在的跨国公司不管其子公司距离多远，总部都能随时掌握它们的经营状况和进行指挥。而通信和交通条件的改善，使得小企业也能为远距离的市场经营服务。

（3）经济全球化促使国际资本快速频繁流动

近年来，国际资本流动出现了这样几个特点。

一是流动性进一步提高。国际资本流动总规模进入了有史以来最快的增长时期。

二是国际金融市场利率水平趋同。国际资本充分流动促进了国际金融市场筹资条件的趋同，接近不同国家的利率。

三是大量资金频繁进出新兴市场国家。流入新兴市场的资本结构也出现了变化。私人资本对新兴市场的流入远远超过官方资本，在流入的资本中，直接投资下降，40%以上的资本进入可交易的债券和股票市场。

随着互联网络的延伸，金融交易实现了电子化，全球外汇市场每天24小时都可以进行交易。货币流通的符号特征使它能通过电子网络在几秒钟的时间内完成成千上万亿美元的交易，这是人流、物流所无法企及的。人们形容外汇市场的资金以“光的速度”转移。“只要在计算机上敲几个键，成百上千亿美元的资金就可以转到世界上任何一个地方。”

金融市场全球化的发展及快速流动的特点，有助于资金在世界范围内优化资源配置，促进世界经济和贸易发展。但是，金融市场规模扩大、流速加快，与之伴生的风险也越来越大。1997年开始的亚洲金融危机就是证明。

（4）经济全球化以生产的全球化为重要表现形式

企业运营的一个趋势是世界上越来越多的公司企业走出国界，实行跨国经营，从而形成了一大批跨国公司。这些跨国公司在全球范围内组织生产和流通活动，成为经济全球化的动力和主体力量。这些跨国公司控制了全世界1/3的生产，掌握了全世界70%的对外直接投资、2/3的贸易、70%以上的专利和其他技术转让。跨国公司依靠自身优势进行跨越国界、地区界限的生产和经营，实施全球范围内最佳的资源配置和生产要素组合。美国波音公司生产的波音747客机，所需零部件来自全球的1500家大公司和1.5万家中小企业，全球3700架正在运营的波音飞机均装备有中国制造的零部件；日本马自达汽车公司的玛雅塔敞篷车，设计工作在美国加州，筹资在日本，样车在英国制造，主要零部件来自日本，组装在墨西哥，销货市场在美国；在美国市场畅销的芭比娃娃玩具，原料来自中东石油生产国，经过中国台湾提炼为半成品，假发来自日本、包装材料由美国提供，在中国广东省、马来西亚和印度尼西亚等国和地区加工组装。随着资源配置和生产要素跨越国界和地区界限，商标标签所注明的产地，实际只不过是产品最终装配地点。对由许多个零部件组装起来的产品，比如一部“英国”汽车、一台“美国”计算机、一台“荷兰”电视机、一架“德国”照相机，你既可以说它是那个地方的产品，又可以说它不是那个地方的产品，因为它们已是全球各地生产的零部件的组合。**由国际投资而形成的生产和销售的全球化结合，是当今经济全球化形成的一个新趋势。**

2. 经济全球化发展的基本原因

经济全球化之所以发生，其原因有以下四个方面。

(1) 越来越多的国家和地区接受自由市场思想

已经实现了工业化和正在实现工业化的国家的经济决策者们从“计划”精神向“市场”精神的转变是人所共知的。第二次世界大战以来，从发达经济体开始的自由市场思想已经冲积出韩国、中国台湾、中国香港和新加坡这些“龙”，接着冲积出东南亚的其他“虎”，现在正在带来像中国、印度、拉丁美洲、非洲的部分地区和包括俄罗斯在内的中欧和东欧地区的经济变革。越来越多的国家和地区正在放松它们的投资限制。

(2) 经济重心正在从发达国家转向发展中国家

对市场机制的接受已经使发展中国家的经济开始赶上发达国家的经济。一些曾被列为世界上最为贫穷的国家或地区，如今已经算得上经济居于领先。特别是中国，取得了长足的进展。

这些事实表明**世界的经济重心正在发生变化**。今天，差不多任何寻求增长的公司都几乎别无选择，只好去经济取得增长的地方。对于世界500强来说，这种增长速度在他们的国内市场上是难得的。

(3) 技术进步一直在改善通信联络状况

空中运输、电信和计算机的成本自20世纪50年代以来不断地大幅度下降。运输成本的下降使得运送商品的费用降低。以计算机和电信业为例，成本的大幅度下降以及电视会议和电子函件等技术的广泛采用，已经不仅使得对范围广泛的经营活动的协调更加可行，而且更加可靠和效率更高。

(4) 开放创造了新的市场机会

各国对贸易、投资和技术转让的开放，不仅为公司创造了新的市场机会，而且使得来自国外的竞争对手能够进入它们的国内市场。随着竞争的加剧，竞争对手竞相争取为全球顾客服务、获得规模经济、利用最佳场所降低成本和提高质量，并且利用无论在什么地方可能出现的技术上的进步。

3. 经济全球化影响着各国经济的发展

经济全球化对各国经济发展的影响是巨大的。在世界科技革命的推动下，生产力的国际化大大加快，国际分工与专业化协作的程度也越来越高。现代技术要求生产专业化。企业的最佳规模、批量生产的经济效益，以及产品的更新换代，也都要求实行专业化生产和国家间的协作。在许多行业中，没有专业化分工，即使是经济高度发达的国家，如果只靠本国的力量来完成生产的全过程也是不可能的。从经济效益的角度看，那也是不合算的。此外，高科技产品从基础研究、应用研究到技术开发；新产品从试制、中间性生产到大批量生产，环节多、耗资大、竞争性强，单一国家的企业或行业难以承担。科学愈发展，险阻愈大，愈需要各国联合攻坚。一件产品通常需要经数国共同完成，其中每个国家只生产本国具有比较优势的产品部件。

在当代条件下，参与国际分工本身就是生产正常进行的客观需要。也可以说，没有国家间的分工与合作，在许多情况下，不能进行正常的生产。例如，美国波音飞机零部件就是由全球1500多家公司分别生产供应的。日本本田公司在美国制造的协和轿车有25%的零部件是海外制造的。美国联合技术公司为开发电梯新产品，充分利用全球各国的优势，在法国制造电梯门系统，在德国制造电子器件，在日本设计电机驱动装置，最后在美国组装；由于国际协作，开发新产品的周期缩短了一半。各国国内市场的狭小和财力、物力、人力的限制，与大规模生产专业化的矛盾日益突出。这种生产力的发展客观上需要跨越国界，加强协作，走向联合。

现代国际分工主要有以下三种形式。

第一种是生产资源型。这种具有传统分工特征的形式，在现代国际社会发生了根本性变化，分工由过去的以资源的单一优势为特征，逐渐转化为以资源的综合优势为特征。在这种分工模式下，许多国家（无论是发达国家还是发展中国家）都可能生产同一类产品，使许多国家成为既是某类产品的出口国，同时又成为该类产品的进口国，所不同的是同类产品在型号、档次上有差别而已。

第二种是生产工序型。它以不同国家在生产工艺过程中对不同加工工序环节进行专业化生产为特征，这种类型尤其表现在发达国家与新兴工业化国家之间。发达国家在生产资本和技术密集型产品时，将其劳动密集型的加工和装配工序放到发展中国家进行。在合作生产过程中，发展中国家往往只是利用劳动力资源的优势完成那些需要大量手工作业的工序，而发达国家则利用技术优势去完成那些需要人力少的高精尖加工工序。

第三种是零部件生产专业化型。随着产品生产的复杂性的增大，产品所包含的零部件大大增多。这样，一国想要在所有零部件生产上都具有优势是不可能的。实际上，各国在不同的零部件生产上各具特色和优势，各国企业根据这些优势和特色形成对零部件的专业化生产。当前国际上零部件专业化生产发展极为迅速，各国通过发挥各自优势，专业生产某些零部件与整机产品配套，大大提高了生产自动化水平，促进了零部件产品的国际标准化和通用化，推动了社会生产力的提高。**零部件专业化生产是当代国际分工中最具代表性的形式，展示了各国的比较优势，并将各国经济活动紧密联系在一起。**

国际生产体系的形成，是国家间在生产领域实行分工协作、进行产业重组、结为一体共同发展的一种生产活动方式。这种方式使生产的全球联系越来越紧密，分工越来越细，跨国界的协作越来越多，从而使各国的生产活动逐步形成一种相互依赖、互为一体、共同发展的状态，使曾是局部的、分散的生产被有机地组成为国际生产体系的一部分。

二、开放的中国已与世界经济融为一体

1. 中国已成为世界经济大家庭中的一员

改革开放30多年，中国经济建设取得了举世瞩目的巨大成就，综合国力显著增强。这主要表现在以下几个方面。

（1）经济高速增长，经济总量不断跃升

30多年来，是新中国历史上经济增长最快的时期。由于一直保持快速的经济增长速度，超过了其他国家，所以中国的经济总量在世界的排名不断提前，2013年跃升至世界第二位，仅次于美国。

（2）主要工农业产品产量稳定增长，已跃居世界前列

30多年来，中国工农业生产水平大幅度提高。目前，农产品中，谷物、肉类、棉花、花生、油菜籽、水果、烟叶的产量已居世界第一位，茶叶、羊毛的产量居世界第二位，大豆、甘蔗、黄麻产量居世界第三位；工业品中，钢、煤、水泥、化肥、棉布、电视机的产量已居世界第一位，发电量、化学纤维产量居世界第二位，糖、轮胎的产量居世界第四位，原油产量居世界第五位。**现在是市场繁荣、商品充裕，过去那种商品长期供不应求的局面已根本改观，商品供求关系已由卖方市场转为买方市场。**

（3）科学技术水平不断提高

30多年来，中国的科学技术得到了快速发展，缩小了与国际先进水平的差距。中国在空间技术、高能物理、生物科学、计算机技术、通信技术等领域的科技水平已达到或接近国际先进水平。

（4）对外贸易突飞猛进，已跃升为世界第一大贸易国

1978年中国进出口总额只有206.4亿美元，仅占世界贸易额的0.78%，位居世界第32位，其中出口额只有97.5亿美元，居世界第28位。**到2013年，进出口总额增加到4.16万亿美元，在世界贸易中的地位跃升到第1位。**其中出口额增加到2.2亿美元，居世界第1位，出口总额中工业制成品所占比重由1978年的45.2%上升到86.9%，实现了由主要出口初级产品向主要出口制成品的历史性转变。中国利用外资增长迅速，已成为利用外资最多的发展中国家之一，仅次于美国，列全球第二位。同时，中国国际收支状况良好，外汇储备大幅增加，1978年只有1.67亿美元，截止到2014年3月末达到3.94亿美元，占全球外汇储备的三分之一。

以上资料充分显示，改革开放30多年来中国经济发展的成就是惊人的，中国经济已成为全球经济的一个重要组成部分。

2. 中国吸取外资与中国企业走向世界

当今世界上，任何一个国家的经济建设要想跟上世界经济发展的步伐，必然要利用国外的资金和技术。中国作为最大的发展中国家，由于经济发展的底子较薄，所以，从改革开放之初，就大力鼓励国外资本的投资。随着改革开放的进一步加深和扩大，各类经济技术合作也进入了一个日益高涨的发展阶段。技术的引进，提高了生产力水平，促进了经济发展。与此同时，利用国外贷款规模也日益扩大，外资的介入，引进了先进的管理模式，引进了竞争机制，增加了就业人数，促进了中国经济的发展。

资本的大量流入，使中国成为世界上投资环境最被看好的地区之一。外资的进入，所建立的三资企业，成为中国国民经济的重要的特殊组成部分。

经济全球化使各国经济相互依存相互融合，中国在大量吸收外资的同时，中国企业也开始走向国际市场。中国企业的跨国经营实践开始于1979年，首先是拥有进出口权的专业外贸公司及各省、市国际经济技术合作机构在对外开放政策的鼓励下，开始在以往海外业务联系基础上，尝试着进行跨国经营。企业对外投资的领域主要集中在承包工程、餐饮服务等行业，后来逐步发展到资源开发、加工制造、农业渔业、交通运输、医疗卫生、金融保险、旅游服务等行业。

进入21世纪后，中国的高新技术企业在国外的投资不断加大力度，有望成为今后海外投资的主力军。

三、中国在世界经济舞台上扮演着重要角色

1. 越来越多的中国企业开展国际化经营

在经济全球化的今天，走向国际市场，开展国际化经营，是企业发展的必然之路。经过改革开放30多年的奋斗，中国已发展了一大批面向国际

市场进行国际化经营的企业，特别是拥有了一批跨国经营企业，即国际化企业。

自 1985 年原国家外经贸部做出**“只要是经济实体、有资金来源、具有一定的技术水平和业务专长、有合作对象的，均可申请到国外开设合资经营企业”**的决定，中国海外投资逐渐增加，投资区域分布开始较快地扩展。特别是一批具有较强实力的国内大型企业及企业集团在国外投资步伐加快，除了中国化工进出口总公司、中国国际信托投资公司、中国五金矿产进出口总公司等一批贸易型公司开始在海外直接投资兴办企业之外，以首都钢铁公司为代表的一批生产主导型企业的跨国经营也开始初具规模，中国跨国经营的步伐开始加快，随着企业数目的增加，投资规模的扩大，投资区域也在扩展。

进入 21 世纪后中国企业进行跨国经营以来，不但在海外的企业数量不断增加，投资规模不断扩大，而且行业分布也不断扩展，最早主要集中在餐饮、建筑工程和咨询服务等行业，后来逐步向制造业、资源开发、交通运输、医疗服务、金融保险等行业扩展。较之跨国经营初期，行业分布发生了很大的变化。

一是从业范围扩大。外贸专业公司从单纯进出口扩大到与贸易有关的服务业，包括维修、运输、仓储等，一些外贸公司同时从事加工生产性的投资。例如，福建省珠宝首饰进出口公司同香港金龙行合资创办的福辉首饰有限公司，从事金银珠宝进口、加工和销售的配套业务；中国化工进出口总公司则在美国建立炼油厂、化肥厂和塑料包装厂，在泰国建立橡胶厂等。

二是生产性项目比重上升。如果把生产型企业定义为工农业生产和资源开发两种，那么，我国海外投资的 80% 用于生产领域。

就资源开发方面看，主要是渔业、林业和矿业资源。我国从 1985 年建立了第一支远洋船队，经过近 30 年的发展，已有 150 多艘渔船在西非、北美、南美及大洋洲的近 20 个沿海国家从事捕捞和渔业经营活动。在林业方面，中信公司在美国、加拿大有森林开发项目。在矿业方面，中国钢铁集团公司在澳大利亚有合作经营的恰那铁矿。首钢公司在秘鲁有大型的铁矿；中国五矿公司在巴西设立伊塔米纳斯矿业炼铁厂；中信公司在澳大利亚投资建立波特兰炼铝厂，在依阿华州建立中兴钢厂；中化公司在美国设控股公司炼油厂等等。资源开发型项目一般较大，中方投资额占总投资额的份额也大。

就工农业生产项目看，**初级加工制造业是海外投资的一个较为集中的部门**。这些行业由于技术简单，与新兴工业化国家和地区以外的其他发展中国家和地区相比，中国有一定的优势；又由于这些行业一般投资少、工期短、见效快，与中小型企业的对外投资要求比较吻合。因此，这类企业数目占全部海外投资企业的50%左右。

三是对技术密集型项目的投资近年有增加的趋势。中化公司与科研机构紧密联系与合作，选择一批有发展前途的高科技项目，组织力量进行开发，成立了中化生物高科技发展中心，使科研成果商品化，推向国际市场。但从整体上讲，中国目前在海外投资企业中高技术企业的比例还很低。

2. 中国积极参与国际分工与合作

参与国际分工与协作，是经济全球化时代对任何一个要求发展经济的国家的基本要求。中国作为一个最大的发展中国家，作为世界经济中一支重要的力量，在经济全球化浪潮中，只有积极参与国际分工与协作，才能在21世纪使自己的经济得到更大的发展。而实行跨国经营战略，就是参与国际分工与协作的主要形式。

中国目前有如下几类企业采取多种形式积极参与国际分工与协作经营活动。一是跨国性的外贸公司，如中国五金矿产进出口总公司、中国化工进出口总公司。二是大型工业集团，如首都钢铁公司、中国石油化学工业企业等。三是规模较大的国际经济技术合作公司、国际金融和服务业公司等，例如中国银行、中国国际信托投资公司、中国建筑工程总公司等。四是地方性的工贸、技贸结合的企业。

随着集团化、一体化世界经济的发展，开展联合集团投资成为中国对外投资主体存在形式的一种趋势。

为了实现主体联合化、追求集团规模效益，一是可以把海外分散的公司资本联合起来，形成股份制的企业、跨国公司，即把分散的指头攥成拳

头；二是可以把金融资本、产业资本融合起来，组建银企集团。

中国采取个体分散与联合集团投资并举的形式，应以联合集团投资为主要形式，以符合中国的国情和世界经济发展的新形势，适应当代国际贸易的一般趋势和基本特征。

中国企业在国际市场上面临的不是自由竞争，而是寡头垄断。竞争对手不是众多的中小公司，而是少数规模巨大的跨国公司。企业能够对生产进行统一计划，在集团内充分实现专业分工协作，这就在较大程度上保证了成员公司提高生产能力和竞争能力，使规模效益得以充分体现。

由于集团成员具有较一致的效益目标，因此，技术上可互通有无，联合组织攻关，并能改变单个公司技术力量相对薄弱的不利因素，以适应国际市场对产品技术的要求。

集团成员间的资金沟通和余缺调剂在一定程度上保证了成员公司的资金需要，缓解了公司资金短缺的矛盾。公司成员互相提供市场信息，互惠互利，以提高集团内各公司的经济效益，形成联合经营优势。

中国企业之间水平差异很大，因而走向集团化、国际化过程中不应采用一种方式，企业应根据自身情况，选择适合的发展途径。

那些在中国市场竞争中的优胜企业或具有深厚发展潜能的企业，更适于联合有关的中小公司，以名优产品为龙头，实行专业化分工协作生产，取得规模经济效益。这样，可将大中小公司的优势结合起来，取长补短，形成集团化的群体优势。大企业在技术层次上可分为两大类。

第一，具有国际先进水平的技术。这类企业一般都具有较强的实力和对外经营的历史，这类企业应该把国际化放在公司发展的首位，树立全球化观念，重视新产品与新技术的开发，不断开拓海外市场，积极开展对外投资。

在具体实施过程中，借鉴产品生命周期理论，在产品不同的生命阶段采取不同的经营方式。一般来说，在成长期，企业应以开拓市场为主；在成熟期，企业应该考虑到海外生产。

对某些技术来说，由于材料和制造工艺跟不上则无法转化为现实的生产力，与其卖专利，不如考虑以技术入股的方式到有条件的国家生产，这样不仅可以取得较好的效益，还可以学到别国的先进技术与制造工艺，弥补自身的不足。

第二，具有较成熟的工业技术。这类企业目前在我国居多，特别是在机械、电子、冶金、化工、轻工、纺织等行业，其中纺织、轻工行业具有投资少、周期短、利润大、见效快的特点，应采取出口导向战略。

对于我国需求缺口较大的行业，如化工、冶金、电子等行业，应把实力增长放在首位，采取以进口替代为主，出口导向为辅的战略，利用国内市场，不断积累实力，逐步向外发展。

值得注意的问题是：应在满足国内需求的基础上，重视国外市场的开发，特别要占领那些发达国家由于调整产业结构而产生空隙的市场以及那些与中国需求结构相似国家的市场。

企业国际化经营的动因分析

企业国际化经营的动因即是企业开展国际化经营最初的原因，也是其希望达到的预期目的。由于各企业在行业、规模、产品、技术水平、管理水平等诸多方面的差异，他们开始经营国际化的动机也就存在很大差异。同时在企业的实际的经营活动中，一个企业可能同时受到主动和被动原因的驱动而从事国际化经营，而被单一驱动力所推动的国际企业是十分罕见的。因此，为了分析需要，也为了反映历史演进过程，我们从多角度来分析企业的国际化经营的动因。

一、企业开展国际化经营的基本动因

企业国际化经营的基本动因，一般包括市场、成本、优势、技术创新、全球战略一体化等多重因素。多角度深入分析这些动因，既可以总结已经国际化经营企业的成败得失，又可以为即将迈入国际化之门的中国企业把脉，以避免重蹈覆辙走弯路。

1. 市场动因：开拓国际市场

纵观世界各国企业国际化的动因，首先是这些企业都凭借其在国内形成的比较优势，促使其积极利用海外资源，扩张企业规模，占领国外市场，是这些企业国际化的最初的动因，即市场动因。

经营国际化的市场动因是以占据和扩大海外产品市场为目的。这一动因在那些已经取得某些内在优势、拥有海外市场带来某些竞争优势的专业技术或著名品牌的公司中尤为明显。虽然他们最初的态度是机会主义的，但是许多公司最终认识到，在国外市场所增加的销售使它们能够拓展其经济的规模和范围，从而为公司提供了超越竞争对手的竞争优势。许多欧洲跨国公司在此方面尤为突出。这些公司本国市场狭小，难以容纳其在食品、烟草、化工制品、汽车等产业的大批量制造上扩大规模。雀巢、拜耳和福特等公司国际化扩张的主要动因就是为了寻求新市场。中国企业在海外进行并购，在当地进行生产、销售，也是为了有效地避开贸易壁垒，开拓当地的市场。例如，鞍山钢铁集团公司在美国建立螺纹钢厂，第一个工厂选在了邻近客户、原料充足的密西西比地区，体现出了真正从市场需求出发，可以有效地打开市场。根据鞍钢内部人士所说，“之所以在美国建厂，是为了充分利用美国刺激经济的计划，在开拓市场的同时，将钢厂布局到美国”。

市场动因包括以下几种具体情形。

(1) 领先进入国际市场

领先进入国际市场的主要是一些生产发明型产品的企业。当一个企业首先推出新产品时，就具有生产和销售这种产品的垄断优势。在产品开发成长期，一方面，国内市场尚能充分容纳其产品销售；另一方面，产品在设计和生产工艺上尚需进一步改进，需要设计人员、生产人员和消费者保持密切联系，以便及时根据反馈信息而消除技术缺陷，改进产品。这时，产品主要以内销为主。在产品进入成长期后，企业就要不失时机地将产品出口到其他国家，抢占海外市场。而随着产品趋于成熟，企业应利用自己的技术优势，迅速在国外设厂生产，就地销售或销往有关国家。**领先出口和领先设厂使企业获得了领先进入国外市场的机会**。这种领先进入，对于刺激国外消费者对该产品的消费欲望、提高消费者对该产品的偏好程度都有很重要的作用。同时，新产品在国外的就地生产就地销售，能节约运销成本，利用东道国低廉的生产要素，从而提高企业利润水平。同时，**领先进入也是防止海外当地厂家或其他同行仿造该产品、抢夺市场的战略之举**。

(2) 争取和扩充新市场

在世界范围内，面对各国不同的经济发展水平、不同的生活方式、不同的顾客与不同的经济条件，企业可以有选择地到海外投资。这主要是指企业为了进一步成长与扩大生产规模，即使现有产品出口市场并没有受到威胁，也会尽力谋求原有市场的扩大和对新市场的占领。当企业预见某国有强大的潜在市场且经营环境较佳时，往往会前往进行直接投资活动，在东道国建立自己的销售基地与销售网络，打通各种销售渠道，以期先入为主，待到将来市场成熟后，凭借业已建立起来的优势地位坐收强势市场占有率之利。反之，如果一个企业行动迟缓，原有的海外市场甚至国内市场也有可能被抢先行动的企业所侵占。

(3) 绕过贸易壁垒型

高额关税、低进口配额、进口管制等是贸易保护主义的主要手段。设立贸易壁垒主要是为了保护本国的民族工业，降低外国产品在国内市场上的竞争力。企业为了保护产品出口市场，可以通过直接投资，将生产基地转移到进口本企业产品的国家，以绕过关税壁垒，就地生产，就地销售，从而开展国际化经营。

中国企业中最典型的要算力帆摩托车进入越南。2000年，中国摩托车大量涌入越南，这时力帆的“走出去”主要是产品走出去。从2001年起，越南政府为了国产化，开始提高关税。到2003年，摩托车的整车进口关税从原来的60%提高到100%，还规定，国外企业如果不去越南投资建厂，其产品就禁止在越南销售。当时越南摩托车的年销量为160万至180万台，除中国外，再也找不到这么大的市场，因此，要把摩托车的销量扩大，不得不去越南投资建厂。此外，越南加入东盟后，力帆在越南的企业也将享有与东盟各成员国自由贸易的权利，这将使力帆能获得整个东盟市场。力帆在越南建厂，还可以绕过越南的进口配额许可政策与国内出口招标政策，绕过这两关可使出口利润增加近3倍。力帆正是在这样的背景下不得不去越南办厂的。海尔、TCL等企业到国外办厂，也或多或少地有这方面的原因。

2. 成本动因：获取国外低成本资源

西方国家跨国公司的产业转移方向，其在全球的生产布局基本上是建立在自己的发展战略上，同时也是对本国内生产成本上涨的反应。美国的很多跨国公司将制造环节放在了生产成本更低的地区或国家，在生产成本低的国家的工厂进行代工。这种企业国际化经营动因属于典型的成本动因，**目的是获取国外低成本资源，包括劳动力资源和自然资源。**

（1）劳动力资源动因

劳动力资源动因的经营国际化旨在利用东道国相对低廉的劳动力。劳动力价格是否真的低廉，既要考虑工资率因素，也要考虑劳动生产率因素。如果东道国工资率与劳动生产率都低于母国，或者说当两国劳动生产率的差异小于工资率的差异时，东道国的低工资率才真正意味着劳动力的廉价。

在工业发达国家，劳动力要素与资本要素相比显得越来越昂贵，生产劳动密集型产品越来越不合算；加之技术革命与革新使得这些国家技术密集型新产品不断推出，资本密集型的新兴行业迅速发展和涌现，因而有关企业将劳动密集型的传统行业和某些劳动密集型的新产品的生产转移到世界上劳动力价格低廉的地区，主要是发展中国家和地区。

劳动力资源动因的经营国际化通常不是为了占领东道国市场，而是要在东道国建立出口基地，将商品销往母国或第三国市场，这种动因与市场动因有不相同的地方。对于东道国而言，外国企业的这种进入不是为了进口替代而是为了创造出口。因此，往往更受东道国的欢迎。

(2) 自然资源动因

企业为了在经营上获得竞争优势，首先需要有充足的自然资源。如果国内市场上缺乏某种自然资源，或者某类自然资源在其他国家（或地区）比较便宜或限制较少，或者由于其他国家的某类自然资源不能移动，企业便会为了获得该类自然资源而到该国或地区从事国际化经营。

自然资源动因的经营国际化，在东道国和投资国之间建立了垂直型国际分工，东道国出产原料和初级产品，投资国生产制成品或高级品。有些大型跨国公司，通过在原料产地、产品市场等多国或地区设立子公司或分支机构，既控制原料产地，也控制市场，将垂直型国际分工与企业内部的分工合为一体，占有了利润的大头，留给原料国的利润只是很小一部分。

世界范围内自然资源分布不平衡。由于自然与经济发展方面的原因，现今资源丰富的国家多是发展中国家，多数发达国家自然资源相对缺乏，少数国家相当贫乏，对外投资建立的垂直型国际分工主要是发达国家与发展中国家之间的分工。发展中国家经济落后，部门结构单调，自然资源开采与原料出口对于这些国家十分重要，而国际市场上原料价格偏低，因而自然资源指向型的经营国际化，容易使投资者与东道国政府发生利益矛盾乃至冲突。

3. 技术创新动因：利用国外高新技术

随着经济全球化的进一步发展，跨国公司的研发机构全球化的趋势也会更加明显，要突破依靠自身研发的“瓶颈”，通过技术外包、技术并购、海外研发机构分支等多种途径才能够实现技术内部化的目标。所以，**跨国开展研发活动可以达到成本最优和利润最大的经济原则，是提升企业自主创新能力的重要途径。**综合来看，企业如果想要大力进军国际市场，研发创新是主要的动因之一，只有“走出去”才能获得更丰厚、更先进的科技资源，依赖全球研发体系获取研发成果为企业所用，是企业国际化经营的核心命题之一。

在全球化深入的今天，寻找良好的技术创新环境也是企业国际化经营的动因之一。知识共享、信息交流、设施的先进性、产权的保护等因素都是对企业发展的促进，跨国企业的研发机构都会选址国际著名的大学、高科技园区附近，如美国的硅谷等区域。在这些区域，跨国企业可以更好地掌握世界领先的科学技术和发展动向，从而调整自己的发展方向，同时也可以与世界顶级的研发团队进行合作和交流。区域中良好的创新环境、创业投资环境等也会促进科研成果的转化，企业可以迅速地成长起来。纵观世界上著名的科技园区，它们孕育了很多目前全球知名的跨国公司。

4. 全球战略一体化动因：全球化、多元化经营

经营国际化的最高境界是全球战略一体化。能够达到这种境界的主要是大型跨国公司。它们资金雄厚，技术先进，管理水平高，建立在这些优势基础上的全球战略与多元化经营，决定了其经营国际化活动具有多样化、总体战略优化等特征。这类企业的经营国际化动机主要包括：

(1) 配置生产基地

在全球战略下，企业强调通过在低成本国家生产，利用世界范围的设备生产标准化产品，开展全球一体化经营和对抢占国内市场份额进行补贴等手段，实现全球效益最大化。**跨国公司一开始就是基于全球市场来构思和设计他们的产品**。全球化的产品通常是要依靠各国的相似性，而不是文化差异来销售的。产品可在世界上任何一处制造，只要这些地方能以最低的费用达到必需的质量标准，当然费用中应包括把产品运输到主要市场的费用。事实上，大市场之所以吸引制造企业，正是由于制造企业的存在可以使公司扩大它的市场份额。自 20 世纪 70 年代前后开始，跨国公司根据专业化协作的原则，利用其世界领先技术，进行国际直接投资，在全球范围内最有利的地方配置专业化生产厂家，形成国际专业化生产网络。各专业分厂从事零部件，甚至某一工序的专业化生产，最后将零部件送到母公

司或其他有利地点进行装配，最后定向销售。例如，福特汽车公司生产的拖拉机，就是在比利时生产传动装置，在英国生产引擎等装置，在美国生产变速齿轮系统，然后互相提供部件，装配而成的。

(2) 多元化经营

这主要是指产品生产的多元化。大型跨国公司在激烈的国际市场竞争中，凭借自己的巨人地位，通过购买中小企业股份来控制这些企业的生产经营，利用价格策略与技术优势挤垮并接收大量中小企业，结果是使自己的经营领域由一部门扩展到多部门，形成混合型垄断公司。同时，在国际市场行情瞬息万变、竞争激烈的情况下，为了立于不败之地，跨国公司也有计划地通过国际直接投资设立跨部门的海外企业，通过产品多样化来分散风险，做到左右逢源。多元化经营投资活动，使一些大型跨国公司包揽了众多行业。如美国的国际电话电报公司，原来主要经营电讯器材，而现在则发展到许多与电讯器材毫不相干的行业，如保险、银行、旅馆、广播、军火、宇航、人造卫星、化纤、玻璃、出版、出租汽车等许多行业。

大型跨国公司，通过一系列投资活动，在全球范围内建立了生产、销售、服务网络和情报搜集与调拨系统，使企业变成了全球村落，充分获取机动经营与规模经济的好处。

整体来看，市场、成本、优势、技术创新和全球战略一体化是企业国际化微观层面的重要驱动力。企业进行国际化经营，不仅能够有效地开拓全球的市场、降低企业的经营成本，从而实现利润最大化，同时对于提升品牌的国际价值、掌握具有全球性的核心技术资源、提升企业的国际竞争力有着推动作用。

在企业国际化经营的初期，一般是以市场为导向的。对于发展中国家的企业来说，它们往往无法与国外的跨国企业相抗衡，所以应该选择合理的海外市场，积极尝试不同的国际化方式。

二、中国企业国际化经营的动因

中国企业的国际化营之路，起始于20世纪80年代末，目前，走出国门的中国企业日渐增多。与西方企业国际化有所区别的是，除了市场、成本、技术创新、劳动力资源优势之外，品牌发展也是其主要动因之一。这与中国企业的实际现状和发展需要有着直接的关联。

1. 开拓国际市场，避开贸易壁垒

通过对中国500强企业国际化经营历程的回顾，可以看到，“开拓国际市场”是中国企业国际化最明显且最直接的目标。2008年金融危机后，中国政府的4万亿资金的刺激，虽然有效地拉动了国内制造业和其他相关行业的发展，但是国内市场中产品过剩是一个不争的事实，很多中、低端制造业领域竞争甚为激烈，利润空间被进一步压缩，**只有“走出去”，很多企业才能找到出路。**

从长远来看，国际市场的潜力并没有被中国企业所发掘，中国企业的很多产品是可以更好地满足海外市场需求的，依靠国外市场作为中国经济高速增长的另一个驱动力。中国企业在东道国建立工厂生产、销售产品，依据当地的销售渠道建立分销网络，可以更好地适应和满足当地居民的购买情况，从而能更好地调整生产结构，开拓产品领域，扩大产品在全球的市场占有率。现阶段，中国500强企业拓展海外市场的空间还很大，在未来10~20年中，市场动因还将是企业进行国际化的重要原因。

除了开拓市场以外，规避贸易壁垒是另外一个市场动因。2012年世界银行、国际货币基金组织均认为全球新兴产业领域的贸易摩擦会越来越严重，中国企业进行国际化经营，到海外投资并购，在当地生产销售，可以有效地避开贸易壁垒，改变贸易关系中被动的局面。与进行的贸易相比，直接在东道国生产销售更容易被当地接受，可以有效地促进企业国际收支的平衡。

2. 降低企业的生产经营成本

我国企业面临的成本压力主要有三个方面：人力、土地以及原材料。从1998年开始，我国职工的实际平均工资保持着不断上升的态势，城镇人员的工资尤为突出，其平均增长率几乎超过10%。就目前状况来看，我国的劳动力成本已经高于周边国家，尤其是东南亚的部分国家，这也导致了

美国的一些跨国企业（阿迪达斯、耐克等）将生产基地由中国内地向越南、柬埔寨等国家转移，从而保证其较低的成本优势。**高成本的生产，也让中国企业的产品出口时没有了原有的竞争优势，如果一味地将生产放在国内，必将失去企业在全球范围的竞争力。**

除人力资源成本上升外，土地成本的不断上升也给企业的发展带来压力。虽然我国不断地出台建设用地、工业用地和商业用地的调控政策，但是需求和供给严重不匹配，土地价格持续上升。从统计上来看，2012 年的地价是 2000 年的 2. 25 倍，例如截止到 2011 年底全国主要工业用地地价为 652 元/平方米（约 43. 09 万元/亩），比 2005 年上涨了 32. 52%。如果企业在现有地址上进行扩张生产，势必使利润空间进一步缩小，因而企业必须有重新布局产能的动机。

原材料、资源价格的上升是另外一个重要的原因。传统理论认为企业国际化的一个原因是获取战略型的资源，这些资源往往具有较低的成本。虽然我国有 960 万平方公里的土地，但是自然资源和生产要素是有限的，加上我国人口众多，原材料价格上涨是可以预期的。国际战略型资源的生产供应商大部分由国外的一些巨头公司所垄断，中国企业在利用资源时往往处于被动的局面，缺乏市场的控制力量，导致了购买价格偏高。中国的企业采用“走出去”的方式直接来经营这些资源，是具有企业发展的战略意义的，**中国的大企业以其资金、技术等优势，在海外获取维持社会发展的战略性资源和能源，是企业对外直接投资的重要动因。**

所以，在自然资源和劳动力成本持续上升的今天，中国企业按原有模式继续在国内进行经营将会失去未来的竞争力，甚至生存都会受到威胁。中国的 500 强企业可以借鉴世界一流跨国公司的做法，进一步将生产环节转移到成本较低的国家和地区，在国外开展原材料开采和产品的生产，保证企业的成本竞争力，从而真正达到可持续的发展。

3. 充分利用我国的劳动力资源优势

展望中国经济的发展历程，自改革开放以来，我国快速的经济增长主要依靠的是发展外向型经济。外向型经济实用的劳动力十分丰富，使得我国企业生产的劳动密集型产品价格低廉，占据了巨额的国际市场。

(1) 与发达国家相比，我国企业具有劳动力要素优势

有资料显示，我国劳动力成本占企业成本的比例为20%左右，而美国等发达国家占到50%~60%，两者相差很大。虽然我国劳动力整体素质和水平较低是主因，但是这也从一个方面说明我国劳动力价格确实过于低廉。尽管目前中国劳动力的工资水平出现了增长，但中国企业的劳动力仍然相对便宜。2005年中国制造业劳动力工资与其他世界发达国家相比，只相当于英国时薪的2.72%，美国时薪的2.95%，日本的3.21%，韩国的5.14%和葡萄牙的9.58%。

(2) 与其他发展中国家相比，中国仍然具有一定的劳动力低成本优势

中国制造业的工资水平仅为墨西哥的25%。当中国工资水平增长的同时，其他各国的工资水平也有不同幅度的上扬。不过，目前中国的平均工资已经超过了巴基斯坦、斯里兰卡等国。也有一些调查显示，印度和越南的劳动力成本比中国便宜。据2005年各国制造业时薪比较数据显示，中国与发展中国家相比，仍落后于巴西、墨西哥和泰国。这说明我国与目前同期的第三世界的部分国家相比，工资水平仍然偏低。**中国企业的劳动力具有很强的价格优势。除此之外，中国的劳动力成本低，但质量很高，这是中国的优势。**

依据近几年来我国国内劳动力价格的变化，虽然劳动力价格随着国民经济的快速发展有了提高，但从亚洲的整体水平来看依然处于较低的位置，不仅大大低于发达国家日本以及韩国、新加坡等亚洲新兴国家和地区，而且也低于整个亚洲的平均水平。与美、日等发达国家相比，中国劳动力价格仅为其1/25。

4. 推动我国企业的技术创新

创新能力不足是中国企业在国际竞争中面临的突出问题，因此提升创新能力是企业做大做强的关键。美国经济学家萨缪尔森曾指出，市场经济最终的两个主宰是消费者和技术。技术好比木桶的底，其他因素构成木桶的帮，没有桶底，桶帮再高也没用。中国企业最缺少的就是核心技术，而这正是跨国公司手中的王牌，也正是中国企业最大的软肋。因为技术研发

水平的落后，中国企业将面临更加艰难的处境。因此，吸收高新科技，推动技术创新，成为中国企业国际化经营的另一个动因。

通过国际化的进程，中国企业充分利用国际技术资源和创新环境，提升创新能力、实现创新发展，是提高企业核心竞争力的重要手段。

以2012 年中国500 强企业为例，研发创新强度超过5%的只有11 家企业，超过10%的只有华为技术有限公司一家，研发强度排名前三的企业分别为华为技术有限公司、中兴通讯股份有限公司和腾讯控股有限公司；专利数和发明专利数量排名前三的企业分别为海尔集团公司、中兴通讯股份有限公司和国家电网公司。从这些数据不难看出，这些企业都是国际化程度比较高的企业，例如华为2012 年国际化指数排名第二，海尔与中兴分别排名第三位和第十一位，这在一定程度上反映了国际化与技术创新之间有着明显的关联。究其原因，一方面，企业在国际化的过程中，为了适应国际竞争，必须全面提升自己的研发能力，进而能在竞争中获取一席之地；另一方面，正因为有了创新的投入和提高，才能更清晰地发现企业在国际上的地位，有利于其“走出去”。所以，**技术创新和国际化是一个相互影响、相互促进的过程，两者有着一定的叠加效应。**

5. 在世界塑造中国企业的品牌

从我国众多大企业所处的生产环节来看，很多处于国际产业链的低端环节，从而提升自身产品的品牌价值是当务之急。中国很多企业起家于代工，转为其他跨国企业代工生产产品，并没有自身的品牌，虽然有着一定的规模效应，但是利润空间相对较低。

虽然我国制造的玩具占全球产量的80%，鞋类产品占全球产量的50%，体育用品占全球产量的30%，空调占全球产量的30%，纺织品服装贸易占全球的80%，有近200 种产品的产量位居世界第一，但真正具有国际竞争力的品牌很少。我国各类进出口企业中拥有自有商标的不到20%，出口产品中拥有自主知识产权品牌的不到10%，自主品牌发展严重滞后。相比较而言，美国品牌所创造的价值占GDP 的比重达60%，而在我国却不足20%。过去对价格竞争、规模制造的过分依赖，使中国企业必须重新寻找开拓国际市场的最佳选择。**树立“全球化生产”的品牌就是一种很好**

的发展战略，它不仅能促进中国企业经济的发展，也代表着一个国家、一个民族生存和发展的竞争力的提高。

企业在不同的发展阶段有着不同的盈利模式和运营方式。对目前的中国企业来讲，需要注重提升产业链的附加值，应该从产业链的低端向高端迈进，在实现产品技术升级的基础上，应注重产品品牌的建设，逐步开拓国际市场。通过国际化，将自身产品的品牌导入海外，无论是发达国家还是发展中国家，都会将企业的文化引入。品牌是企业文化管理水平、技术水平以及很多相关因素实力的集中体现，这些因素是大多数人看不到的。这些因素影响了企业对风险的偏好和承受能力，也影响了企业的品牌管理水平和国际化能力，同时制约了企业国际化的路径选择。整体来讲，为了打造自己企业的品牌，让品牌进入国际市场，合理地进行国际化是企业发展必经之路。

中国企业国际化经营的发展状况

改革开放以来，尤其是中国加入世界贸易组织后，在大规模引进外资的同时，我国企业也加快了走向国外的步伐。经过多年的探索和发展，中国企业对国际化经营的认识越来越清晰，国际化策略越来越灵活，国际化道路越来越成熟。目前，无论是投资规模、区域分布，还是结构方式、经营模式，都表现出中国企业自身的特色与发展特点。

一、中国企业对外投资的现状与特点

改革开放以来，中国企业国外投资的发展呈波浪形趋势，特别是20世纪90年代以来，由于国家宏观经济政策调整，海外投资波动很大。在中共中央提出“走出去”开放战略和积极鼓励境外加工贸易的政策背景下，1999年和2000年中国海外投资大幅增加，创历史最高水平。进入21世纪后，中国企业对外直接投资呈现出新的增长态势和发展特点。

1. 中国企业对外投资的发展过程

中国的对外直接投资始于1979年。1979年8月13日，国务院提出了15项经济改革措施，其中第13项明确提出：**要出国办企业**。这是中国在经过30年的建设历程后政府第一次把发展对外直接投资作为政策确立下来。这项政策的确立，为中国企业的跨国投资开辟了道路。

中国跨国投资大体经历了以下四个阶段。

（1）1979—1986年：探索起步阶段

改革开放初期，一些长期从事进出口业务的专业外贸公司和具有对外经济合作经验的企业，首先跨出国门到海外投资。这些公司凭借其涉外经验、进出口渠道稳定等的优势，在国外开设海外代表处或海外贸易公司。例如，1979年11月，北京市友谊商业服务公司同日本东经丸一商社株式会社合资在东京开办了“京和股份有限公司”，建立起中国对外开放以来第一家国外合资企业，拉开了20世纪80年代中国企业跨国投资的序幕。1979—1986年的8年间，中方企业对外直接投资累计总额为2.5275亿美元，年平均对外直接投资3159.38万美元；共兴办境外合资、独资企业277个，平均每年兴办35个。

（2）1987—1992年：迅速发展阶段

1985年，原对外经济贸易部根据国务院指示精神，制定了在国外开办非贸易企业的审批管理办法。新规定指出：**“只要是经济实体，有资金来**

源，具有一定的技术水平和业务专长，有合作对象，均可申请到国外开设合资经营企业。”此后，一些有实力的大型生产企业和综合型国际信托投资公司等非贸易企业开始加入跨国投资行列，如首都钢铁总公司、中国国际信托投资公司、深圳赛格公司等，出现了投资主体多元化的发展态势。从1987—1990年，中国政府共批准兴办非贸易性境外独资、合资企业569家，4年中，中方对外直接投资额8.077亿美元，平均每年新增直接投资2.02亿美元。4年中各年份兴办的境外企业数都在100家以上，除1990年外，各年份的对外直接投资额均超过了1亿美元。

特别值得注意的是，1992年中共十四大提出建立社会主义市场经济体制以后，许多部门、地区和企业都把发展跨国经营提高到进一步扩大改革开放、促进经济发展的战略高度来加以规划。这使得中国参与对外投资的企业类型大幅度增加，投资的领域也进一步拓宽。从而使得1992年成为中国FDI历史上发展最快的一年。

（3）1993—1998年：稳步调整阶段

一国资本的扩张不仅同国际经济形势的变化密切相关，同时与国内经济变动也高度相关。由于中国国内经济发展过热，产业结构不合理的问题越来越突出；同时，我国一些投资海外的企业由于盲目发展而导致效益低下，甚至出现持续亏损。另有一些企业以开展国际化经营为名，大肆抽逃资金。中国的海外投资有进入无序状态的危险。因此从1993年开始，国家实行经济结构调整，收紧银根，力图实现经济软着陆。与此相适应，国家决定对海外投资企业进行清理整顿，对新设海外企业实施严格的审批登记制度，并对原有的境外企业进行重新登记。因此，中国的海外投资增长出现趋缓的势头。

（4）2001年至今：迅速发展阶段

2001年12月，我国成为世界贸易组织的正式成员，这对我国进一步融入经济全球化进程提供了新的平台。我国企业的对外直接投资也进入了一个迅速发展的阶段。2002年，中央再次提出加快实施“走出去”战略。2003年中共十六届三中全会又明确提出要促进中国企业跨国经营的发展，与此同时，政府出台了一系列鼓励企业对外直接投资的措施，中国企业以更大的步伐向海外转移国内成熟的技术和产业，通过开展境外加工装配，就地生产与销售，或向周边国家与地区销售，带动国产设备、技术、材料与半成品的出口，扩大对外贸易。在这一阶段，中国企业对外直接投资规模逐年扩大，投资行业更加多元化，投资分布的国家和地区更为广泛。

2. 中国企业对外投资的规模与产业、行业分布

近10年来，中国企业对外投资的总规模逐年上升，其投资产业及行业的分布也日趋多样化。

（1）投资的总规模

2013年，中国对外直接投资净额创下1078.4亿美元的新高，较上年增长22.8%，连续两年位列全球三大对外投资国。截至2013年底，中国1.53万家境内投资企业设立对外直接投资企业2.54万家，分布在全球184个国家（地区），对外直接投资累计净额6604.8亿美元，全球排名升至第11位。

值得注意的是，与投资总规模较大相反的是，单项投资规模相对较小。单个项目超过百万美元的不多，相当数量的中小企业创建的境外企业投资额只有十几万美元甚至更低。这种小型化的海外投资项目和经营组织规模虽然较为灵活，但在国际竞争中难以同实力强大的跨国公司相抗衡。形成这种特点的主要原因，一方面是由于中国企业尚处于跨国经营的起步阶段，缺乏参与国际竞争的经验，在对外投资的规模上态度谨慎；另一方面是由于参与跨国投资比较活跃的大多是中小型企业，其经营实力决定了它们往往追求投资少、见效快的战略目标。这些中小企业大多选择经济发展水平相近或更低的发展中国家作为投资区域，因而投资设立的企业自然也是适应当地经济发展水平和就业水平的中小企业。此外，**由于中国大多数国外投资经营企业缺少利用国际资本市场各种资金的经验和手段，只有依靠自有资金，限制了投资规模。**

（2）投资的产业、行业分布

有关统计资料显示，目前中国企业对外投资行业分布的大体态势是：大部分投资集中于贸易领域，绝大部分投资集中于贸易和资源开发领域。具体来说，海外贸易型机构投资占总投资的近60%，加上资源开发型投

资，则占总投资的80%以上。各行业分布比重依次为：贸易占59%强，资源开发占20%强，生产加工占12%弱，交通运输占2%左右，其他占7%左右。这个数据，仅是经国家有关部门批准备案的投资，至于未报政府审批的民间自发的对外直接投资、行业分布则难以准确判断，但根据典型案例分析，这类投资的大部分属于贸易型企业投资，生产、加工型投资比重不大。

3. 中国企业对外投资的区域分布

中国企业对外投资分布的全球区域分布，大体呈现三个特征。

一是按照投资的分布区域划分，绝大部分投资位于亚太地区。在亚太地区的投资份额依次为北美、东亚、拉美与澳新，整个亚太地区占中国对外投资的近70%。

二是按照接受投资的经济发展层次划分，投资最多的当属发达工业化国家，其次为NIES（新兴工业化经济），这两类经济占投资总额的比重在70%以上。

三是按照企业数量全球分布，中国多半非贸易型企业设在10个国家和地区，依次为美国、俄罗斯、中国香港、泰国、澳大利亚、加拿大、新加坡、日本、南非和马来西亚，总共有经政府批准的非贸易型中资企业1520家。占全部海外非贸易型企业数量的53.17%。

上述投资全球分布在产业上具有一定区域集中特征。其中资源开发型投资主要集中在拉美、非洲、澳大利亚等资源丰裕的地区和国家；加工制造业则主要投资在非洲（32%）、东南亚（主要是越、柬、老三国，20%）、拉美（18%）及东欧、中亚等发展层次较低的地区与国家；高新技术产业主要投资于发达国家与新兴工业化国家和地区。

同时可以看出，到目前为止，中国企业在亚洲地区的投资量最多，所占比重达到对外直接投资总额的71.4%。这是因为亚洲国家和地区与中国地理相近，文化习俗和需求偏好比较接近，海外华人比较多，信息获得较便利，当地劳动力价格低廉等投资环境因素在起作用。**中国企业亚洲地区投资的主要动机在于寻求低廉的成本和当地较大的市场空间。**

由于中国是经济正在迅速成长的大国，既需要多种多样、来源广泛的经济资源，也需要日益广阔的国外市场；加上对外投资主体构成的多样化发展，多种行业和规模的企业及其他经济主体不断加入和扩大投资者队伍，中国对外投资流向的地区分布将会逐步突破目前这种相对集中的格局，呈现更为多元化和全方位的流向分布，它有利于中国不同规模和行业的投资者发挥各自优势，从中国企业跨国发展的总体来看，已形成对国际市场的全方位开拓和对国际资源的多渠道利用。因此，总体上的全方位和多元化发展，同企业个体的相对集中化经营，将可能成为中国企业跨国经营在全球发展的一种基本格局和趋势。

4. 中国对外投资主体的结构

目前，中国对外直接投资的跨国企业，主要是一批外向型的企业和企业集团，包括各种所有制、各种行业、各个地区和各种经营规模的企业，但国有大中型企业仍占主导地位。大致可分为以下几种类型。

（1）大型工业企业集团

这类集团大都以一个大型工业企业为核心，周围聚集着十几家、几十家甚至上百家的中小企业。由于这类企业在生产规模、产品制造、技术开发、资金融通以及市场营销等方面拥有单个企业无法匹敌的集团优势，因而有利于它们利用相对成熟的技术和国外资源，扩大技术和产品的出口规模。特别值得注意的是，一大批高科技企业虽然跨国经营起步晚，但凭借其雄厚的技术优势，在高起点上参与国际直接投资活动，取得了显著成效。**高科技企业将是中国企业对外投资的一块战略“高地”。**

（2）大型专业外贸公司

这类公司有着悠久的对外贸易历史和良好的国际信誉度，同时，其资金实力雄厚，拥有外经、外贸专业人才的储备，如以中化、华润、五矿等专业外贸为代表的中央部委和各省市的专业外贸集团等，它们率先走出国门，成为迄今为止中国对外直接投资最主要的力量。而这类企业 FDI 动机主要是绕过国外的贸易壁垒，扩大中国商品在世界市场的占有份额；同时，也为了在海外建立进出口商品基地，利用国外的丰富资源，组织加工生产，以便提高其在国际国内两个市场的占有率。

（3）金融型跨国集团

以中国银行、中国国际信托投资公司等为代表，它们在海外的分支企业的业务内容主要是在国际资本市场上筹集国内企业所急需的资金，通过这些分支机构向中国海外企业发放贷款，并进行一系列非信贷业务的投资。如中国国际信托投资公司以资金为纽带，全方位开展金融、贸易、生产、技术、服务、航空等领域的投资，兴办了30多家海外企业，海外投资总额已超过30亿元人民币。通过海外投资活动，这些金融型跨国公司正在逐步演变成具有“综合商社”性质的跨国企业集团。

（4）大型工贸、技贸、农贸公司或集团

这些公司在资金、技术、生产、人才等方面有竞争优势。其从事跨国投资的动机主要是向国际市场渗透，提高中国公司在国际市场中的地位。

（5）民营企业及中小型企业

目前在中国从事跨国经营的企业中，中小型企业占据大多数，这些企业的投资规模虽然不是很大，但投资领域和兴建项目却很多。尤其是民营企业，随着产权进一步明晰和经营机制的不断完善，这类企业将成为一股不可忽视的力量。虽然现阶段走出国门的民营企业还不多，但已经有了一些非常成功的案例。**这些迅速崛起的民营企业在国际市场上的成功范例表明，它们必然会成为中国未来资本输出的一支主力军。**

从现有情况看，中国主要的对外投资者呈现出多元化的结构。这种多元化的投资主体结构反映了改革以来利益主体多元化的发展倾向，同时也表明几乎各个行业领域的企业经营行为都在发生变化，这些企业日益把投资视野从仅局限于国内扩展到国外。这种多元化的投资主体结构也有利于调动社会各方面的积极因素，更为广泛地开展对外经济交流与合作，从而形成多层次、全方位对外开放的战略格局。它为中国企业对外投资和跨国经营的兴起与进一步发展，奠定了十分重要的组织基础。

不过，**建立在利益分散化基础上的多元化投资主体活动，也有可能给国家整体利益造成负面影响。**这主要是不同投资主体可能在同一地区或行业领域进行重复投资，以致发生互相竞争，造成肥水外流。因此，面对跨国投资主体多元化已成定局并日益发展的趋势，由国家设立权威机构加强宏观协调和战略指导，以消除多元主体的利益冲突，维护中国投资企业和国家的整体利益，将显得日益重要。

5. 中国企业对外投资方式结构

中国对外投资企业可以划分为以下四种投资方式。

（1）绿地投资型

这种投资是指投入资金设立独资或合资子公司，在家电、电子、轻纺领域特别明显。海尔在全球建立了13家工厂，在美国和巴基斯坦建有工业园。TCL在越南建立年产50万台彩电的生产线以及年产30万台数码相机和电工产品的生产线，总投资逾亿美元。格力在巴西生产空调，中兴在巴基斯坦建厂，都属于这种投资类型。在珠三角、长三角等经济发达地区，民营企业开始成批向海外投资。无锡市光明集团在柬埔寨建立的金卡门制衣有限公司，其产量占集团总产量近1/3，产品百分之百外销，每年带动国内原材料出口约750万美元。

（2）跨国并购型

这是在国际上非常普及，而在我国却是近年来才迅速发展起来的投资类型。按目标或做法该类型又可以归纳为四种。

①资源开发。中海油采取的是购入东道国现成油气田股份的方式，目前已成为印度尼西亚最大的海上石油生产商。中石油也收购了印度尼西亚部分油气田。

②生产与营销全球延伸。这类情况最多。上海通用集团购入通用大宇10%的股份，走上国际化经营第一步。新疆德隆则购入了美国具有70年历史、年销售额8亿美元的户外机械开发生产商穆瑞，用后者的品牌和销售渠道销售自己的合金产品，利用中方基地加工末端产品，共同开拓欧美市场。

③逆向代工。万向以280万美元购入纳斯达克濒临摘牌的美国汽车零部件厂商UAI，后者每年从万向购入2500万美元的制动器，使万向销售成本大为降低。

④获取技术。中国高端显示器的生产技术距国际先进水平有一定差

距，京东方科技购入韩国现代显示株式会社，是一举获得它的产品和技术的很好途径。

（3）研究开发型

表现最为突出的是华为。华为的海外研发机构遍及8个地区总部和32个分支，在硅谷、达拉斯、班加罗尔、斯德哥尔摩和莫斯科设立了研究所，同摩托罗拉、英特尔、微软、日电等成立联合实验室。截至2002年底，华为申请国际和国外专利198项，是发展中国家企业里最多的。华为作为中国驰名商标在86个国家和地区注册600多件次，受到《巴黎公约》和世界贸易组织保护。2003年，其交换机接入网连续三年居全球出货量第一。这是通过海外研发取得居国际先进水平的自主知识产权的成功案例。

（4）战略联盟型

这种类型比跨国并购型又复杂一层，指通过同跨国公司的某方面联合，达到优势组合和跨国发展的目的。2003年11月，TCL同法国汤姆逊公司合并双方彩电和DVD业务，使彩电年销量达到1800万台，为全球第一，并占有世界市场10%。TCL从而可以利用“汤姆逊”和“RCA”品牌和销售网络，并在亚洲、欧洲、北美每个主要市场拥有一个高效率的制造中心。这比自己直接投资快得多，又不需要并购汤姆逊这样的大公司。

中国对外投资企业的市场进入方式，以绿地投资型为主，跨国并购型很少。据统计，中国对外投资企业中创建新企业占80%左右，跨国并购型的企业只占20%左右，而发达国家和新兴工业化国家与地区对外直接投资采用并购的方式是占绝大多数的。我国采用跨国并购型形式少的原因主要还是我国缺乏高级国际金融人才以及相关的各种法律、财务、管理高级等专门人才有关。因为并购活动要涉及对被购企业的评估，涉及如何为此融资，还涉及如何对被并购企业的改组或调整。没有对国际市场的深入研究与了解，没有对被购企业的深入了解，贸然收购很可能使母公司背上一个沉重的包袱。当然，随着我国日益参与经济全球化，我国的国际并购的专业人才也逐渐增多，因此，我国企业的对外并购活动开始逐步增多。

6. 中国企业国际化经营的若干模式

总结中国企业近年来国际化经营的实践，其模式选择有以下几种。

（1）对外直接投资模式

对外直接投资模式是指中国企业在海外建立自己的生产基地，直接建立和推广自己的品牌，树立当地企业形象，以便更好更多地销售自己在当地和中国所生产的产品，避免更多的关税壁垒等。

海尔是国际化的先行者，也是这一模式的典型企业。早在中国加入WTO之前，海尔就已经走出国门，如今在美国、巴基斯坦等国都建立了自己的生产基地。这种模式的优点一方面是容易获得所在国消费者的信任和欢迎；另一方面还可以直接提高销售额，回避关税壁垒。但是这样模式的特点是其成本较高，难以扩大规模。这种模式需要解决的问题是：如何才能像日本汽车企业在美国市场上竞争过GM等美国的主流企业。

（2）品牌收购或共享模式

品牌收购或共享模式，就是将自己在国际上不知名的品牌与国际上知名的品牌相结合，带动中国国内产品走出去。例如TCL与德国斯耐德，特别是与法国汤姆逊及阿尔卡特等品牌的结合，来带动TCL产品的出口，同时也带动TCL品牌在全球市场的提升。

这种模式的优点是品牌的共享，但风险也很大，特别是国外品牌的团队和文化的整合，非一朝一夕所能解决，对缺乏国际化团队的中国企业来说，难度很大。

（3）核心技术导向模式

华为与中兴的摸索使中国企业在国际化中注重建立和开发自己的技术体系，有明确的国际市场目标，先占领发展中国家市场，后大力出击发达国家市场，形成了自己品牌的拳头产品和技术优势。其国际销售已占到公司销售的60%～70%，华为研发人员占到48%，市场部人员占到38%。

这种模式是中国企业“走出去”较为成功的一种以核心技术为导向的模式。该模式面临的挑战是如何在国际市场前行中更进一步发挥技术创新而又避免知识产权纠纷。

（4）贴牌加工出口模式

长虹的贴牌加工出口模式从形式上来看，是中国现阶段相当多企业走出去一种主要的模式。目前国内许多企业产品的出口主要依靠海外的代理和贴牌。

这种模式的优点是产品出口有现成的指引或渠道，可以获得一定的利润，缺陷是企业自有的品牌不突出，有时过于依赖海外代理或他人品牌，有时甚至有难以回收货款的风险，具体的案例如长虹和APEX代理的纠纷。

（5）海外资源拓展模式

中国目前还有不少大中型企业在石油、天然气、矿石和林业等资源方面需要“走出去”。这些大型企业需要寻找新的资源来支撑中国经济更快的发展。**这种模式一般来说以政府主导的国有企业为主，是中国为自身发展需要企业在拓展发展所必不可少的一种模式。**

这种模式一般投资额较大；拓展其挑战是如何加强对投资国的投资环境、政策风险、政治风险等做好细致的可行性研究，加强监管，搞好国外政府和院外活动的公关，避免决策上的失误和损失。

（6）收购海外股权模式

中国现在有许多的企业资金充足，国家外汇储备也到达历史新高，但外汇储备只靠购买美国国债是不明智的。中国企业或政府的外汇资金可以拿出来，比如购买全球1000家最好企业的部分股权，不用控股，也不向我们有的企业那样国际化做得如此辛苦。这样一来，既得到了高于债券的高回报，还能进入国外企业的董事会，直接了解和学习国外企业在世界各地运作经验，增加中国企业在国外的管理经验，运作起来风险还小得多。万向集团就是其中的一个典型。

万向集团在国际并购中，不仅在海外市场上拥有了自己的一席之地，更重要的是成为中国国际化程度最高的制造企业之一。2003年，万向的出口产品价值达到3.8亿美元，持有海外25家公司的股权。被称为**在洋人的地方，用洋人的资源，做洋人的老板，赚洋人的钞票。**尤其是近10年，万向集团已从国际营销、国际生产发展到配置国际资源。

二、对中国企业国际化经营状况的分析

加入世界贸易组织后，中国的对外开放进入了一个新的阶段，中国经济将进一步融入国际经济体系。作为中国市场经济的主体——企业，也会面临更多的机遇和挑战。若想要分享扩大市场的好处，进一步扩大国际化经营，中国企业就不仅必须在国内市场上与国际企业竞争，更须在广阔的国际市场上与其他国家企业进行竞争。在从计划经济转型到市场经济的环境中成长起来的中国企业在国际化的过程中，具有其特定的优势与劣势。

1. 中国企业国际化经营的优势

中国企业国际化的时间虽不长，但相比之下仍具有独特的经营优势。

（1）适应国际化经营的综合规模优势

由于各国经济发展的不平衡，市场经济发展程度、科技水平、综合国力等都因国家而异。因此，各个国家和地区对投资需求的规模和层次有相对差异。企业的优势也正是体现在，它是相对于不同市场、不同竞争者而言的。许多发展中国家由于投资环境尚不完善，生产规模小，市场范围狭小，客观上限制了国际大的跨国公司的进入。而我国跨国直接投资具有大中小企业并举的特点，许多中小企业具有规模小、项目小、劳动密集型技术、项目容易上马和转产的相对优势，更适合发展中国家投资环境的需要。有些发展中国家由于管理水平较低，吸收消化先进技术的能力较差，因而对其他发展中国家相对成熟和易掌握的技术更感兴趣，而对发达国家先进但复杂的技术反而不欢迎。

中国具有较雄厚的工业基础和完整的工业体系，拥有一批有一定实力和优势、具有国际竞争能力的大企业和企业集团。这些大企业和企业集团具有集雄厚资金、先进技术和规模经济于一身的综合优势，有能力进行对外直接投资、参与国际竞争。它们将成为中国对外直接投资的主力军，在国际经济舞台上起着日益重要的作用。

（2）成熟技术和传统产品的优势

与许多中等或落后的发展中国家相比，中国有许多较为成熟的技术，具有明显的优势。这些发展中国家由于自身经济发展水平、接受技术的能力有限，相对于发达国家的先进技术，中国的成熟、适用技术对它们更具吸引力，中国所提供的中等水平的技术设备也受欢迎。例如，中国某些已趋成熟和稳定的大量中间技术和加工制造技术，如机电、轻纺、食品加工技术以及传统的中药、园林、烹调技术等等。上海自行车集团在不断扩大出口的基础上，在加纳设立了凤凰自行车加纳有限公司，年生产能力达 15 万辆；在巴西建立了 2 家合资企业，年生产能力 50 万辆。这些生产技术和层次正好适合当地市场的消费需求偏好。

发达国家，其技术水平总体偏高，但对于各行业乃至行业中的企业来说，技术发展水平又是不均衡的。因此，中国某些成熟技术对发达国家某些行业及某些企业来说，也具有相对优势。中国在高科技领域也取得相当的优势，在航天、软件开发、生物工程、超导技术等方面已赶上和超过世界先进水平，通过向发达国家直接投资，在内部转移这种优势，也成为中国企业跨国投资的战略之一。

中国许多传统产品在世界市场上也颇具竞争力。据美国《市场论坛》杂志 1993 年的调查，有 8 类中国商品在美国市场具有很强的竞争力：①资源类产品，如石油化工产品等；②稀土原料；③电子产品及计算机软件；④丝绸纺织品；⑤食品和饮料；⑥机床和小五金；⑦科学仪器和医学用具；⑧工艺美术品。这些商品以其优良的质量和低廉的价格在美国具有很强的竞争力，可以通过直接投资在国外发挥其优势。

（3）低廉产品成本的竞争优势

发展中国家的企业往往寻求工资水平低于本国的国家和地区投资，以形成低成本的竞争优势。中国跨国企业可以利用东道国廉价劳动力和丰富资源，输出设备和技术，建立小规模劳动密集型企业，使生产成本相对低廉，并可以节省广告费用和管理费用；加之中方派出人员和输出设备，零部件和维修服务的费用和价格较低。因此，中国跨国企业生产的产品能以较低价格进入东道国市场，进而扩展到第三国市场和国际市场。

(4) 种族纽带优势和良好的国内国际环境

依靠种族纽带，在侨民集中的地区开辟对外直接投资领域，是发展中国家的一种特有的竞争优势。中国分布在世界各地的华人有几千万，共同的文化背景使他们互相之间容易沟通与合作。这些华人生活在当地，熟悉当地的市场和法律、政策。在这些地区开展跨国直接投资，可以迅速获得信息，取得当地华人支持，容易进入当地市场。这种优势一方面体现在中国跨国企业为东道国华人提供传统的中国产品和服务，另一方面体现在与华人合资、合作创办海外企业。在中国对外直接投资的起步阶段，更应该重视外籍华人、港澳台同胞的亲情和向心作用，他们在海外工商界的地位、雄厚的经济实力和在当地从事生产经营的经验，使他们成为中国对外投资可以信赖的良好合作伙伴。

当前，中国的经济和综合国力在国际上的地位日益提高，国家为对外直接投资制定了宽松或鼓励的政策。世界上大多数国家和地区对外国企业进入本国投资都采取欢迎的态度，并提供了较宽松的投资环境。**中国企业以其几十年的跨国经营实践，与东道国建立了良好的合作关系，树立了诚实、友好、勤劳的信誉和形象，这些都是中国企业开展国际化经营的宝贵资源和优势。**

2. 中国企业国际化经营的劣势

与西方企业相比，中国企业国际化经营具有一些明显的劣势，主要表现在以下几方面。

(1) 体制方面

中国企业从事国际化经营的体制环境并不优越。尽管经济体制改革已取得了显著的效果，但国有企业产权结构不清晰的问题仍未得到根本解决。多年来产权没有人格化，造成的结果是：①在海外的部分国有资产缺乏监管，国有资产流失较为严重。②海外投资经济效益较差、投资回报率低。虽然近些年随着企业能力的提升，企业经济效益有大幅度的改善，但从总体上来看，中国海外企业的盈利水平依然较低。

(2) 企业的组织结构、管理机制方面

现代管理理论研究表明，企业创造的财富，50% 以上来自技术创新，另外 50% 靠管理，而在技术创新的有效利用中，80% 是来自管理。因此，企业的组织结构及相应的管理体制是企业进行资源整合以实现企业目标的基础。

中国企业正处于转制阶段，大多数企业还没有按国际惯例完成现代企业制度的建立。中国的海外企业在组建形式、管理模式、经营方式等方面仍残留着计划经济时期企业经营管理模式的痕迹和烙印，如企业组织结构单一，企业在科技开发、生产、供给、销售方面脱节，管理权结构尚未摆脱"家族式""作坊式"的影响，等等。

(3) 企业国际化经营的动机和发展战略方面

中国企业经营的着眼点仍是国内市场，大多数企业与国际市场联系还是间接的，它们还没有把国际市场当作经营的着眼点，而仅仅是把国际市场当作国内市场的补充，缺乏长期、明确的国际化经营战略规划。

(4) 在产业结构和产品结构方面

中国企业的对外投资过分偏重于对加工、制造等初级产品产业的投资，对高新技术产业的投资严重偏少。另外，出口商品结构单一，缺乏产品特性，产品质量体系未得到国际认可，产品竞争力相对较弱。从产品品牌来看，中国企业品牌的国际知名度、美誉度都比较低。据联合国工业计划署调查表明，我国的名牌在整个产品品牌中所占比例不足 3%，但其市场占有率却高达 40% 以上。世界上按商标价值排在前 50 位的名牌产品中没有一个是中国产品。再加上一些企业缺乏品牌意识，许多已有一定知名度的品牌在国外已被他国企业抢注，失去了法律保护的合法权益。

(5) 国际化经营经验方面

中国企业缺乏对国际市场的全面性、动态性了解。企业参与国际竞争，必须要对国际市场信息掌握得准确、迅速，能对国际市场的变化做出快速反应。而中国目前的状况是：一方面，企业很难收集到国际市场的情报资料；另一方面，不少跨国经营企业根本就不进行国际化经营环境分析，在对国际惯例、目标国市场和中外文化差异、投资所在国的法律、法规等情况不熟悉的情况下盲目对外投资和选择合作伙伴，结果导致投资失误和受骗上当时有发生。

(6) 企业能力和优势转化方面

能力是企业在长期的生产经营活动中对资源进行组织和协调以完成特定活动所形成的累积性的知识资本，这一资本确保其拥有者——企业能从事生产经营活动，尤其是促使企业以自己特定的方式更有效地处理生产经营活动中各种现实难题。它是企业竞争优势的主要源泉。企业能力差异是导致企业获取和利用资源差异的根本原因，从而成为企业国际化经营成败的决定性因素。企业内部能力的培养和各种能力的综合运用是最为关键的，它决定企业是否对国外经营有足够的控制力。

总体说来，**中国企业能力普遍较低，在国际竞争中处于弱势，对瞬息万变的国际市场环境缺乏应变能力，对国内市场与货源过分依赖，对国际经营环境适应性较差。**

3. 中国企业国际化经营所存在的主要问题

目前，中国企业的国际化经营就总体看还是处在迅速增长的开始阶段。一方面，中国企业的国际化经营增长很快，但另一方面我们也应当看到相当多的企业国际化经营还处在“试水”阶段，正在不断探索这方面的经验，无法形成规模效益。中国企业国际化经营方面存在的问题，主要体现在发展战略与实践脱节、国内外经营不平衡、人力资源缺乏、缺乏核心技术等。克服这些问题是我国企业进行国际化经营，进一步扩大对外投资的关键所在。

(1) 发展战略与实际操作相脱节

从现实来看，我国大多数500强企业都制定了国际化的发展战略，但是从它们的经营目标和方向性来看，是很不明确的。一些企业国际化的目的是为了名声与领导的荣誉，并没有注重企业自身的发展规律，一些企业走出去仅仅是为了“走出去”而“走出去”，并没有一个可持续发展的规划。**如果在国际化之前没有一个合理的战略规划，缺乏机会上的分析论**

证，更多的将会以失败而告终。例如 TCL 并购汤姆逊之后，出现了业务的萎缩以及大额度的亏损，从很大层面上是由于战略准备的不足，缺乏对未来电视战略走向的认定。很多企业认为可以兜底，以为可以便宜地买到一个世界知名的企业，但是并没有认真去研究这个企业的真实经营情况、对企业自身的发展有何好处等问题。

（2）国内外经营不平衡

当前很多中国企业把跨国经营作为战略行为，这是无可厚非的。但是，如果针对这一目标而不惜代价，为国际化而国际化，这就有待商榷了。首先，如果企业不能在国内市场脱颖而出，具有一定的资金支撑和实力，而一味地去追求不确定的国际化经营，在很大程度上会给企业的发展带来风险。所以，这就要求中国企业的国际化经营应从协调本国与东道国之间的经营入手，然后转向母国与多个东道国之间的经营关系的协调，最后才能转向全球化的平衡，成为真正意义上的跨国企业。所以，中国企业“走出去”有着自身的特色，并且注意到本土与国际化经营的平衡，一些企业做到了，这是它们成功的因素，值得更多准备进行国际化的企业学习。

（3）人力资源的缺乏

怎样建立人力资源管理价值体系也是中国企业融入全球经济一体化必须要解决的问题。中国企业以往只关注劳动力，而不重视资源。如何体现人作为一种资源的价值以及如何形成一条完整的人力资源价值链，这是很多中国企业走向国际化时应该研究和探索的课题。人力资源规划、人员招聘、薪酬激励、人员培训、人员派遣及退出以及人员管理信息等问题都应引起关注。通俗地讲，就是企业如何才能留住人才。现在很多员工培训计划与员工自身的职业生涯设定间存在很大偏差，问题在于中国企业管理不够细致。在资讯发达的今天，任何好的做法都能很快地传播，中国企业也都知道管理制度这一概念，那么中国企业和国外企业在管理上的差距来自哪里呢？那就是中国企业的管理比较粗线条，西方企业管理工作相当细致。当然这是经过很多年发展的结果。中国企业倘若能够在管理细致程度上有所提高，就能够给企业发展带来更大的变化。

(4) 整合困难与资源配置能力的弱小

由于我国大企业国际化的范围较广，所以企业在并购、建立国际联盟过程中，会受到不同国家、地区、民族的价值观、经营理念以及宗教信仰、风俗习惯的影响，这些文化差异必定会带来诸多不利的影响，都将加大企业国际化经营的难度，甚至导致企业国际化经营的失败。因为，**国际化经营要求这些企业在营销渠道、治理结构、企业文化等方面协同、无缝整合等**。一些企业缺乏对中外双方管理理念和办事方法等方面差异的研究，不能做到彼此理解、互补优势，使得协同效应不能充分发挥。

(5) 缺乏核心技术、研发能力等

中国企业在国外的投资大多数集中在劳动密集型的下游产品，生产的产品技术含量较低，缺乏核心技术。绝大多数的中国企业在国外仅进行贴牌生产，企业不能成为技术创新的主体，因而在国际市场上缺乏技术竞争优势。中国企业的研发人员的数量与质量也明显低于国外的跨国企业。

4. 中国企业国际化经营的新趋势

跨入21世纪，中国企业国际化出现以下新趋势。

(1) 对外投资流量日益增大

自2001年中国加入世贸组织以来，中国企业国际化经营的步伐不断加快，取得了良好的成效。仅仅在2002—2009年8年间，中国对外直接投资（非金融类）的年均增长速度就高达60%。

(2) 对外投资方式不断创新

中国企业以投资办厂、建生产基地、设营销网络、跨国并购、参股、境外上市等多种方式进行投资。其中，通过收购、兼并实现的直接投资目前已占到当年流量的近四成。

(3) 大项目不断增加，技术含量日益提高

一批大型境外加工贸易项目纷纷建成投产，经济效益逐步显现。同时，高科技企业对外投资崭露头角，一批以通信网络、应用软件等高科技产品开发为主的国内高科技企业，通过在我国香港、美国等地设立公司，

加快了建立国际营销网络的步伐。

（4）多元化的对外经营格局正在形成

目前，中国的跨国经营主体大体上分为三种类型：一是专业贸易公司，二是具有一定实力的生产企业，三是从事海外投资的金融性企业。经过30多年的发展，中国对外投资主体已逐步从贸易公司为主向大中型企业为主转变。生产企业对外投资所占比重不断提高。一批骨干企业的跨国经营已成为中国对外投资的主力军。

中国对外投资仍以国有企业为主，但民营企业发展势头良好。目前国有企业境外投资额占43%，混合所有制的有限责任公司、股份有限公司等占34%，私营企业则占到了10%。中国对外直接投资主体中，既有像中石化、中石油、中远、中化、海尔、康佳、中建、TCL等一批领军的国有企业，也有像新希望集团、万向集团、中兴、华为、力帆、创维等一批开拓能力强、发展势头猛的民营企业。民营和股份制企业已成为广东、福建、浙江等省新批境外投资企业的主体，并正从个体分散投资向成片海外投资发展。

（5）行业分布广泛

对外直接投资涉及的领域涵盖了贸易、生产加工、资源开发、交通运输、承包工程、农业及农产品综合开发、医疗卫生、旅游餐饮及咨询服务等。目前，在中国对外直接投资存量中，商务服务业、采矿业、金融业和批发零售业占到了存量的七成。

企业国际化经营的战略运筹

国际经济活动的内容非常丰富，空间和地域也很广阔，加之科学技术的进步和管理创新，使得企业进入国际市场的方式呈现多样化。选择什么样的市场进入方式打入国际市场，采取怎样的战略推动企业在国外的成长，都是国际化经营成败的关键问题，按照“价值链”的概念，价值链的每一个环节都有一个在世界范围内选择经营点的问题。因此，我国企业迈入国际化经营大门前后，一项重要的基础性工作，就是做好战略运筹。

一、国际市场进入战略

企业选定了目标市场之后，接下来就需要进一步研究如何将自己的产品、设备、技术、商标、管理等资源进行组合，制定一个最好的战略进入国际目标市场。

1. 对国际目标市场的筛选

企业经营国际化历程中的许多失败例子提醒我们，要把对海外市场的选择建立在科学分析的基础上。但困难的是，国际市场调查的种种特殊性，全球200多个国家和地区，各国和各地区条件均不相同，另外，世界市场上的风险因素是无限的，企业资源和学习能力却是有限的。需要分析的因素无穷无尽，可供用作分析的资源、时间却不能不有所限制。这就决定了企业不可能对所有的市场进行分析，因此，目标市场筛选，实际上就是让企业学会放弃。因为资源有限，我们不得不放弃一些市场，而将有限的资源用到“刀刃”上。但是放弃哪些市场？如何判断哪一个市场对我们来说吸引力最大？哪一个市场其次？哪个市场与本企业的实力相匹配？要回答这些问题，可不能凭一日之功。企业只能是在可能的决策误差和必须投入的调研费用之间寻找一种合理的平衡，有效利用某些国家或地区的资源，筛选出对企业长期发展和赢利有最大贡献潜力的国家或地区，并以合理的方式进入。

对国际目标市场的筛选标准，显然跟企业经营国际化的动机或目的直接密切相关。寻求投入要素的，主要关注和考虑的是目标市场是否有丰富和便宜的资源，比如林产、矿产、水产资源等。寻求更好生产环境的，则不仅要关心相应的生产要素市场情况，例如当地原材料的供应情况和价格是否有竞争性等，而且还要关心劳工素质、劳资关系、管理水平、企业经营自主权和有关政策法令对外资企业生产的规定，以及基础设施条件，如交通、通信条件等。这些因素将决定企业在当地生产的可能性和效率。到海外寻求产品市场的，则所关心的主要是关于产品销售市场的因素。例如，当地购买力、市场容量、增长速度、市场密度（主要用户的经济地理分布，分布越是集中对企业营销越是有利）、竞争情况，等等。

企业在对国外市场做调查和分析比较时，首先需要决定的是上述三大类因素中，哪一类对本企业的经营国际化来说是最重要的，哪些则是次要、甚至不相干可以忽略不计的。这时，首先应当考虑的是企业经营国际化的动机或目的。

国外目标市场的三大类因素（要素、环境、市场）孰轻孰重，取决于企业的经营国际化的动机或目的。如果主要动机是扩大和占领产品市场，则当地要素市场和经营环境的因素相对次要。市场分析、筛选的重点应放在对市场潜力、消费偏好、购买习惯、价格弹性、渠道结构、竞争情况等方面的调查。如果企业走向世界的原因主要是由于本国要素市场或人工费太高，目的是想通过跨国经营寻找国外生产基地，然后把产品返销本国（例如美国的彩电行业、一般手工工具行业均采取国外生产返销本国的办法），或是因为某些生产要素本国无法满足，通过跨国经营去获取所需的生产要素（例如我国一些家电企业分别到美国、日本或欧洲去投资开办研究所，以获取最新技术），这时，当地市场的容量、消费习惯等等，就可以忽略不计，而把调查重点放在当地的要素供应、管理水平等跟要素市场和经营环境直接相关的因素上，着重调查有关劳工法规、自由贸易区、经济特区的法规和实践上的执行情况等。

除了要素、环境、市场这三个因素，评价国际市场环境，筛选目标市场，往往需要对多种因素进行综合分析。美国学者罗伯特·斯托伯早年提出了一种多因素评分法。它的基本做法是把影响国外市场投资环境的重要因素列举出来，以表格的方式逐级确定分数。投资者只需按表格所列各项比较评分，即可比较出不同投资环境的优劣。

因此，筛选目标市场，必须对多项因素进行可行性调研，聘请当地知名咨询机构、顾问公司协助调研，以取得第一手的、详细的真实资料，特别是在境外企业地区或国家的选择上，一般都选择那些政局稳定、劳动力丰富、产品有出口配额的地区或国家。

2. 进入国际市场的战略模式

一般而言，企业进入国际市场的模式大致可以分为四大类：贸易型进入模式、契约型进入模式、投资型进入模式和战略联盟进入模式。贸易型进入模式分为间接出口与直接出口。契约型市场进入模式包括通过授权经营进入海外市场（包括普通授权经营和特许经营两种）、通过服务合同进入海外市场（包括技术协议、服务合同、管理合同等）、通过建设合同或生产合同进入海外市场（包括交钥匙工程、合同生产以及分包等）。投资型市场进入模式是指国际化企业通过对外直接投资进行扩张的方式，包括独资经营、合资经营、新建、兼并和收购等方式。战略联盟则是指某个企业的结盟对象超越了国界，在世界范围内与对自己发展有利的企业结成合作伙伴，包括公司契约式联盟、国际协作式联盟、合作备忘录式联盟以及企业式战略联盟四种。这四种全球化经营战略模式表现了国际企业的纵向成长轨迹。根据我国企业的实际情况，下面着重介绍贸易型、契约型和投资型这三种模式。

(1) 贸易型市场进入模式

不同国家和地区的经济实体之间进行的跨边界商品交换活动是国际化经营过程中最初级、也是最重要的市场进入方式，是世界各国经济在国际分工的基础上相互联系、相互依赖的主要形式。一个国家通过在生产率方面具有较大比较利益的水平或服务的出口以及进口比较利益较小的商品，可以获得可观的比较经济利益。

所谓**贸易型进入模式，就是通过向目标国家或地区出口商品而进入该市场**。出口是国际化经营的初级阶段，出口能够实现区位经济和经验曲线经济。比如，我们通常所说的首都经济、珠江三角洲经济、长江三角洲经济，它们都体现了区位经济的特点。随着经验的不断积累和丰富，成本会下降，经验曲线经济也就显示出来了。

(2) 契约型市场进入模式

契约型进入国际市场，就是本企业通过与目标国家或地区的法人之间订立长期的非投资性的合作协议而进入目标国家或地区。这种合作协议可以是转让无形资产——包括各种工业产权（如专利、商标、秘诀、管理技能、营销技能等）和版权，也可以是劳务出口或工程承包等。它与贸易型进入的主要区别是企业输出的是技术、技能、劳务和工艺等，而不是直接输出产品，虽然它也可能带来出口的机会。契约型进入有多种形式，大致可以分为授权经营类、服务合同类、建设与生产合同类。

（3）投资型市场进入模式

投资型进入国际市场是通过直接投资进入目标国家或地区，即企业将资本连同本企业的管理技术、销售、财务以及其他技能转移到目标国家或地区，建立受本企业控制的分公司或子公司。从生产制造的角度来讲，这类分公司或子公司可能有种种不同的模式，从完全依靠由母公司进口半成品的简单组装厂，到那些承担产品制造全部任务的生产厂。从所有权和管理控制的角度来讲，设在国外的企业可以是独资经营或合资经营，可以从投资起家或从购买当地企业开始启动。

3. 中国企业进入国际市场的实践模式

国内外学者对企业国际化进入模式进行了研究，有学者按照可控制程度高低分为独资、合资、许可授权三种。也有学者按照股权等级分为三类：第一类是不牵涉股权的，例如出口等；第二类是股权介于0到100%之间的，例如合资的模式；第三类是独资模式，即100%控股。从操作层面上分为四种模式：一是设立全资子公司，二是成立合资企业，三是特许经营，四是出口。从上面的研究来看，学者们主要是针对以股权为核心对企业进入国际市场的模式进行了研究。综合上面的结论，依据目前中国500强企业的实际情况，以及与其进行国际化的目标关联，大体有下面四大类的进入模式。

（1）以获得国际市场为目标的进入模式

企业进行国际化，很大的一个目的是缓解国内市场的饱和，获得更大的国际市场。为了达到这个目的，企业可以通过下面的模式进入国际市场：

- 自建销售网络的模式。
- 并购国外企业获得销售渠道模式。
- 先建销售网络再建生产基地模式。
- 建立研发基地模式。

- 全球化的 OEM 制造模式。
- 工程承包和劳务输出模式。
- 全球化的业务服务模式。
- 全球采购与销售模式。

(2) 以获得国际技术为目标的进入模式

过去中国企业多通过招商引资，在国内进行合资、合作，以“市场换技术”的方式获得技术。随着中国企业参与国际分工的逐步深入，尤其是一些高新技术类企业，开始通过主动“走出去”的国际化方式获得技术，以获得技术为目标进行国际化。企业可以通过以下模式进入国际化经营：

- 跨国并购获得技术的模式。
- 境外建立研发机构的模式。

(3) 以获得资源为目标的进入模式

随着中国经济的快速增长以及产业的转移，中国的企业对一些重要的自然资源的对外依赖性加强。当国内资源不能满足本土企业时，国际化就成为资源型企业的重要发展战略。这类企业国际化的主要内容是获得或控制境外自然资源，战略目的是满足国内市场需求，提高企业在国内的资源供给能力；通过引进海外资源，利用国内生产能力，满足国际市场的需求；也可利用海外资源和海外生产能力，开拓海外市场。企业可以通过以下模式进入国际市场：

- 收购海外油气资源的模式；
- 收购海外资源公司的模式；
- 收购海外能源生产资产的模式；
- 利用海外能源开拓市场的模式。

(4) 以资本国际化为目标的进入模式

中国企业在高速成长过程中需要不断补充资本资源，中国国有企业和民营企业各种方式的海外上市日益增加，并呈逐年递增趋势，这也成为中国企业进行国际化的重要模式。企业可以通过以下模式进入国际市场：

- 国有大型企业的海外融资模式；
- 民营大型企业的海外融资模式；
- 科技型公司的海外融资模式。

二、国际化经营企业的成长战略

国际化经营企业，都是从本国企业成长起来的。不同国家，不同行业的企业在其国际化过程中，会采用各具特色的企业发展战略，但概括起来不外乎横向成长战略、纵向成长战略和混合成长战略三种。

1. 国际化经营企业的横向成长战略

横向成长战略模式是指国际化经营企业将其在母国生产和经营的产品平行地扩展或转移到国外，实现自身国际化经营战略。这种发展模式只是国际化经营企业的生产经营在地理分布上的扩大，母公司和世界各地的子公司从事相同种类产品的生产和经营，企业内部的专业化协作水平并无多大提高。

（1）采取横向成长战略的因素

国际化经营企业采取横向成长战略一般是出于对以下因素的考虑。

①产品的同质性。当企业的某种产品在市场上有较高信誉和名牌效应，而当地市场容量有限时，企业往往选择横向成长战略模式，向海外市场进军，进行国际化生产和经营。

②企业实力和自身优势。横向成长模式中，国外子公司的业务与母公司业务完全相同，这有利于母公司在生产技术、管理技能和市场营销方面对子公司进行扶植和帮助，以充分发挥母公司自身现有的优势。

③市场占有率。**选择横向成长模式可以大大提高国际化经营企业同一产品的国际市场占有率，有利于控制市场。**

④产品当地化。国际化经营企业产品在当地生产，就近销售，就东道国而言，可直接替代进口，所以比较容易接受。

（2）横向成长模式的不足

横向成长模式也有明显的不足之处。

①由于国际化经营企业的母子公司都有自身独立的生产体系，企业内部缺少分工和协作，母子公司之间关系较松散，母公司对子公司的控制较难，有时难以获取国际化经营企业整体的规模经济效益。

②经营稳定性差。母子公司经营产品的单一性使国际化经营企业在东道国市场的经营稳定性较差。虽然其产品有较高的市场占有率，但竞争对手一旦将其具有竞争优势的产品投入市场，国际化经营企业将很快在竞争中陷于被动。

③易招致东道国的国有化或征用。国际化经营企业海外子公司的产品以在当地销售为主，很容易与当地竞争对手或社会其他方面产生矛盾和冲突。

2. 国际化经营企业的纵向成长战略

纵向成长战略模式是指国际化经营企业的母子公司各自生产不同的产品，经营不同的业务，但这些产品和业务具有行业关联性，并组成一条生产链。从行业类别上看，纵向成长战略模式可分为行业内的生产链和跨行业生产链两种形式。行业内的生产链实际是同一产品不同加工工艺过程的连接，例如汽车生产的零部件加工与总装两部分。跨行业的生产链是企业国际化经营的另一形式，它是通过经营国际化把不同行业的生产过程连接在一起，这种形式多存在于资源开发与加工企业。例如，石油化工产品的生产链为：原油开采、石油提炼、精细化工制造与产品销售，这种横跨几个行业的生产链由国际化经营企业众多的母子公司共同组成。从产业方向上看，国际化经营发展模式也分为前向发展战略与后向发展战略。前向发展战略即国际化生产经营领域向产业生产链条的上游方向发展，就是把自己的业务范围朝原材料生产加工方向发展，把资源的开发、供应纳入自己的国际化生产链中。后向发展战略就是国际化生产经营活动向下游产业方向发展，由原来的资源开发与初步加工向资源的深加工方向发展，或由原来的中间产品生产向最终产品生产发展。

国际化经营企业采用纵向成长模式的原因有以下几个方面。

①确保资源的供应。这往往是一些企业国际化经营的主要动机。特别是一些产品生产对资源依赖性较大的企业。对这些企业而言，资源的稀缺或供应不稳定可能会对生产造成较大的威胁。因此，当本国的资源供应不足以满足生产时，它们就会进行对外投资。从事资源的开采和初级加工，以确保整个企业的资源供应。

②增加生产的稳定性。与横向成长模式相比，选择纵向成长模式一方面可以使国际化经营企业能在内部专业化分工协作的基础上形成完整的生产体系，使企业减少对外部环境的依赖，生产的稳定性大为增加。另一方面，通过市场的内部化减少了交易费用，降低了生产成本；同时企业可以较容易地控制本企业的专有技术的利用。所有这些都有利于企业竞争优势的保持。

③减少国有化的风险。纵向成长模式下国际化经营企业的海外子公司只从事产品生产的一个或几个工艺加工过程，提供的只是一些生产原料或中间产品，并且这些产品往往以出口为主，不在东道国市场上销售，因而该子公司对东道国扩大出口大有帮助，较容易得到东道国政府的接受和肯定，这大大减少了与东道国的摩擦，降低了东道国实行国有化政策的可能。同时，原料性的初加工产品附加值较低，即使东道国对子公司实行国有化，也无法得到国际化经营企业全部的产品生产工艺和完整的生产体系，这就更加降低了东道国国有化的意愿。

④增加了转移定价的机会。在纵向成长模式下，国际化经营企业内部子公司之间以及子公司相互之间存在着大量的货物、技术等资源的流动，这就为国际化经营企业实施内部转移提供了大量机会。

国际化经营企业纵向成长战略模式存在的不足之处，主要是组织机构的设计和控制协调问题。在纵向成长模式下，要使国际化经营企业母子公司之间形成的分工协作的生产体高效、协调运作，国际化经营企业必须建立紧密型组织机构和强有力的控制协调机制，这必然涉及母子公司集权分权关系问题。母公司的集权有利于公司内部的协调统一，但子公司的积极性主动性往往会受到抑制；分权式管理则与之相反，在发挥子公司的积极性和主动性的同时却往往使公司的整体协调性削弱。

3. 国际化经营企业的混合成长战略

混合成长战略模式是指国际化经营企业在保持原有经营业务的基础上向其他一些新的部门和行业拓展业务。这些部门和行业一般与国际化经营企业原来所处的部门和行业没有直接关系。

(1) 混合成长模式种类

根据原来业务在整个国际化经营企业业务中的地位的不同，混合成长模式又可分为两种。一种是以原来业务（或母公司业务）为主营业务，兼营其他部门、行业业务的发展模式，另一种是各部门各行业不分主次、齐头并进的发展模式。前者往往是实力雄厚的大型国际化经营企业在保持其原有部门垄断优势的同时向其他行业渗透发展而采用的战略模式。后者一般是实力不是特别雄厚，在原有部门也没有垄断优势的国际化经营企业寻求更多市场机会所采用的发展战略。

(2) 采用混合成长模式的目的

国际化经营企业采用混合成长模式的主要目的有以下几点。

①寻求发展机会。单一的部门和行业中市场机会总是有限的。在一个有众多竞争对手的成熟行业内，激烈的竞争往往使企业只有很小的获利空间，而即使国际化经营企业付出高昂代价取得了某一行业的垄断地位，又往往会遭到东道国反垄断法的限制与制裁。因此，国际化经营企业倾向于采取混合成长战略模式，在对原有部门的业务采取维持策略的同时，面向其他部门和行业寻求新的发展机会。

②分散经营风险。由于国际市场需求瞬息万变，各国产业竞争态势变化日益剧烈，**混合成长模式不仅有利于分散市场行情波动对企业生产经营的风险，而且更能使国际化经营企业在较长时期的产业或价值结构变动中处于有利的地位**。因为在该模式下企业的生存和发展可以通过其他部分和行业的业务来分散风险。除此之外，它也可以使企业通过母子公司间资源的灵活调拨和转移而降低在某行业的退出成本，迅速地把资源投入新的经营领域，而不必从头开始。

与以上两种成长模式相同，混合成长模式也有其缺点和不足之处，这主要是企业在多个行业和部门中分散资源，往往会使优势力量分散化，形不成拳头产品，同时行业过于分散的公司结构很难统一协调，获取整个国际化经营企业的最大化整体利益。

4. 国际化经营企业对成长战略的选择

国际化经营企业选择成长战略，要结合企业自身条件与外部环境来决定。影响企业选择战略模式的因素有下列几方面。

(1) 企业的国际化程度

一般来说，国际化经营企业在初级发展阶段时往往会选择横向成长模式，以更多地利用母公司已有的生产技术和管理经验。处于国际化经营中级阶段的国际化经营企业则较多地选择纵向成长模式，这是因为此阶段国际化经营企业在母国的经营业务市场地位已非常稳固，同时企业已累积了海外经营的经验，更倾向于向新的相关市场机会拓展业务。**处于国际化经营高级阶段的企业一般会选择混合成长模式**。这是因为对于这种实力雄厚的国际化经营企业来说，其原有的主营业务已无更大的行业发展空间，在相关的部门和行业也都择机建立了完善的国际化生产销售网络。因此**向其他不相关或关联性小的具有前途的行业发展是这些大型国际化经营企业的必然选择**。

(2) 国际经济环境

当国际经营环境较为宽松，东道国经济较为景气时，国际化经营企业往往选择更富有扩张性的混合成长模式，加大投资力度，力求把握更多发展机会；反之，如果东道国经济不景气时，国际化经营企业往往选择带有收缩性的横向成长模式，固守原有的阵地，伺机东山再起。

(3) 行业特点

企业所在部门或行业的特点以及企业产品的性质也会影响企业国际化经营战略模式的选择。例如，企业本身处于符合社会技术经济的发展趋势、具有良好行业前景的行业或部门中，自身的产品又有独到的优势时，它一般会选择横向成长战略，致力于本行业的国际化竞争。而衰退产业的国际化经营企业为了实现产业转移的目的，往往未雨绸缪，在原有行业经营的鼎盛时期就开始采用混合发展模式，在国际范围内向新兴行业转移。

(4) 企业综合实力

企业实力是资金、技术、人才和管理技能的综合体现。实力强大的国际化经营企业往往选择混合成长模式与纵向成长模式，实力较弱的企业一般选择横向发展模式。

(5) 决策者的风险偏好程度

企业决策者的经营思想与作风对国际化经营企业战略模式的选择也有较大程度的影响。一般而言，思想较为保守、力求稳健经营的决策者往往选择横向成长模式，而具有冒险精神、勇于开拓进取和善于承受压力的决策者则会选择混合发展模式与纵向成长模式。

通过对以上因素的综合考虑，企业在国际化经营中可以选择一条最适合本企业的发展战略。

三、国际化经营企业的所有权战略

国际化经营企业由于涉及多个国家的经营，所以企业的所有权问题非常重要。采取有效的所有权战略，是国际化经营企业健康发展的保障。

1. 国际化经营企业的所有权特征

从技术角度讲，任何控制股权在50%以下至10%之间者，即是某业主或某企业的少数股权合资企业或称附属公司。如果股权不足10%且不负任何管理责任者，即作为企业的证券投资。如果主要所有者控制着企业90%以上的发行股票，这个企业则为独资企业。由于有些国家法律要求某些实体（个人或公司）签订组成公司的合约时，规定当地企业必须拥有一定水平的份额。因此，如果一个企业的所有权的50%以上至90%被某业主或企业所控制，这个企业则为合资企业，这个企业也就是该业主或该企业的子公司。当然，事实上，即使是一个附属公司也会被外国母公司通过某些重要手段所控制。

纯粹的国际产权合资企业的所有权由不同国家或地区的两个或两个以上的公司或业主所划分，各方都投资一定的资产，分担一定的风险，承担一定的经营责任，以及收取一定的收益，这种收益是以股利的形式获得的。同时，国际合资企业还可以是合作式企业，它的特征是，不同国家的两个或两个以上的法人同意以合约形式向合资企业提供某些资产、承担一定的经营责任，并按合约规定收取利润。尽管不一定有必要，但这种企业一般总是有时间和范围的限制。它们常常没有独立的公司实体，而是作为两个合作方的分公司来经营。无论是股权（或合资）企业还是合作式（或合资）企业，各投资方所投资产的形式可以是有形的（如设备、土地或现款），也可以是无形的（如技能、技术或有价值的权利等）。

当前，在国际化经营企业所有权理论领域尚存在不少疑问，国际所有权与纯粹的国内所有权有所不同。导致这一现象的原因至少有 4 个方面。

（1）资源配置

由于各国对资源、土地、水道、矿产、人力、能源、产品研究与开发努力及金融资本等配置有不同的态度，因而外国企业的进入也会面临不同的影响。**外国企业的进入意味着本国某些资源的消耗，也就是说，一国的资源配置会因此而受影响。**

（2）法律

国际化经营企业所有权与国内所有权区别的另一必须考虑的原因是因为不同的国家有不同的法律概念。有些国家甚至不承认本国人和外国人私人占有某些种类的不动产、矿产、大楼、生产机器或者有价值的无形资产等权利。例如，西班牙继承法否定私人占用地下矿产资源的权利。许多国家限制外国企业对不动产的占有。在社会主义国家，对占用不动产的限制更为严格，事实上，从不动产中获得的派生的私人利润是犯法的。

外国的财产占有权利有时是互惠的，也就是说，若一国承认另一国居民的权利，则后者也同样承认前者居民的权利。美国的一些法律条文中有关银行、财产和矿产所有权的规定就属于此类。在其他情形下，所有权可能被认为租赁或公共信托（如南斯拉夫），如果某些法律所限定的最低条件不能实现的话，这种租赁或信托制度就会受到定期的重新评价和转移。

（3）国民财富水平

国际与国内所有权区别的另一原因是各国国民财富水平的差距。如果这一差距是巨大的，则稀有资源的利用对国民利益会有极大的影响。假定政治决策人物与一般群众消费者的时间观有极大差别，那么，**市场力量就可能不被那些为实现国民发展目标而努力的决策人物所接受**。因此，负责任的决策人员（表现在试图追求最大利润、长期发展）评价外国人员利用本国稀有资源的效益常常不是用内部的财务盈亏指标，而是通常采用资产负债表、国民收入、公共收益、长期发展或资源配置效应。因此，一个外国企业申请在当地开办企业的批准与接受程度显然与国内企业就有所不同了。

（4）货币制度

货币制度及经济水平的差异会导致国际与国内所有权区别的进一步扩大。假设外国子公司的总部是美国某公司，则利润必须以美元为货币汇回本国，有价值的东西最终也兑换成美元汇回本国。由于政府控制存款和强迫在较高水平生产能力方面投资，政府常常注意节约那些稀少资源，包括诸如美元在内的外汇，以使用它们进口急需的物资、技术。因此，外汇汇率（如美元与本币的交换比例）就不能仅仅由市场力量来决定，而应是“钉住汇率”，即短缺外汇储备常常定期进行外汇贬值。所以，一个美国企业以官方钉住汇率将美元汇回国内就可以得到比本币计价的价值更多的美元，这些美元对长期发展的边际价值可能远比官方汇率下的情形要大得多。

来自上述的政治因素决定的资源配置、法律制度、国民财富、货币制度等压力产生了各具特色的国别主义。这种国别主义通过所设限制对外国企业带来了很大影响，或通过设在本国境内的有产业价值的国外资产，或通过外国企业所获得的利润（如通过临时特别税、人为地提高成本或控制价格等），或通过外国企业利润汇回路线等施以各种限制。因此，在所有权理解上，或在各国政府的评价方面，国际化经营企业所有权问题与非国际化经营企业所有权存在着极大差别，对一国政府来说，他们通常是通过给外国所有者一整套限制来体现这种区别的。

2. 国际化经营企业的所有权限制

事实上，国际化经营企业在外国经营时常常受到东道国的各种限制。

东道国政府在评价外国企业在当地的利益时常常采取各种手段。对一个外国公司来说，为使其海外企业结构符合主权国所理解的利益，它必须将其长期保证和商业资产贯彻到这种利益中去，有关的经济手段通常是新增价值、资产负债状况、公共收益和引入经济增长效应——这一效应系资源配置与革新效应的组合。很显然，一个企业的政治脆弱程度是以上四种手段的变化因素，这些非经济手段的政治影响涉及：

- 企业的经营方针；
- 企业结构；
- 企业规模；
- 产品特征。

除避免政治风险因素外，外国投资商为追求最大利润，常把其投资及所有权限制在那些能取得最大收益的项目上。从长远看，这些项目肯定是那些对当地企业和东道国也具有最大价值的项目。有时，外国企业也不得不通过保留其权利和资产所有权的方法以保证其利润流动。例如，为保证从母公司持续地购买中间商品，或者为保证管理合同或保证技术的购买，人们常常选用多数股权的所有权战略。显然的，如果一个企业觉得以它认为是必需的方法占有其利润时，在东道国政府看来，企业所创价值可能不能达到政府的目的。

当企业的影响与主权国利益相反时，企业的合作权利或产权所有权就不可能长期得到保证。例如，如果一个企业通过与东道国企业签订制造业合同，保证其产品进入东道国市场，那么，建立一个外国拥有的制造企业就可以考虑了，因而也就与东道国政府及其利益相违背了，除非这对当地所关心的就业问题具有吸引力。

从外国企业所在的当地社会角度看，企业从东道国经济活动中获得的收益和其他成本的价值要比外国企业的母国公司投入价值小。当然，这些对当地社会的成本是很难以数量计算的，因为当地企业增长率是很难量度的，但社会所支出的收益是显而易见的。为降低风险，这些收益应该（如果可能的话）通过成本/收益比率定期地进行调整。

有些研究表明，企业可能更愿意新建的国外企业以许可证或合资企业形式搞新产品。然而，**随着产品的逐渐成熟，企业开始试图通过全部独资企业的形式保护其已有的地位**。在这一点上，产品差异、促销努力和产品专业化变得越来越重要了。所有这一切迫使企业向集中控制和取消当地伙伴的方向发展。但这种政策将招致更强的政治冲击。

为了与东道国利益保持一致，一些西方企业从国外所获得收入的非流动性导致许多国家采用“入境开业协议”做法。所谓“入境开业协议”是指东道国与企业签订的，通过直接投资形式作为企业进入该国市场的协议。这种协议的主要内容，一是外国公司占有和使用工业财产的期限限制。最常见的是20到30年，但在一定条件下可以延长期限；二是东道国政府保证，外国企业在限定的期限内不会被没收；三是各级外国雇员的定位方案；四是提高当地增值的方案。此外，通常还对所谓的“自升股权”作出规定，如，10年内股权升为30%，20年内股权升为100%。最后，某一项目只有达到诸如就业、资本借贷、外汇收入、出口、生产和地点等条件后，协议方可获批准。

从各种目的看，入境开业协议实际上意味着股本权利具有合作性质。只有该外国企业一切按协议行事，它的权利方才有效。协议的东道国政府一方，一般要求协议的各项条款要符合其民族利益和经济发展计划，当然，在此情况下，企业所预见的经营中的不确定因素也会因而相应降低。

当然，东道国的这种利益和计划，要求公司一方进行调整以维持与东道国利益和计划的一致性。有些国家（如印度尼西亚和马来西亚）用彩色的国际合作书代替了这种协议形式，并且在合作提交国际投资问题解决中心之前附有争议的解决办法。另一些国家（如智利）规定，当发生争议时，外国企业有权将争议递交给当地政府。

有迹象表明，**由于政府的干预，外国企业的权限逐渐降低**。在国际混合型合资企业中（一种东道国也拥有部分股权的国际合资企业），这种迹象更加明显。但是，如果企业将其部分股权和收益限制在与只有国外才能供应的投入物相等金额的投资上，那么，它的杠杆能力或调节水平就会得到提高。这种战略要求有持续的成本/利润分析。但如果管理人员认为合资企业形式减弱了它的控制能力，且不属比较利润计算之缘由，那么，管理人员必须注意追求其权力最大化而不是利润。

3. 国际化经营企业的股权战略安排

(1) 股权获得的方式选择

国际化经营企业在进行对外直接投资时，必然要在收购和创建这两种方式之间做出选择，即是完全地创建一家新企业，还是以并购方式获得股权，把当地原有的某家企业直接纳入自己的经营系统。对于现代的公司来说，究竟是选择并购方式还是创建方式获得海外股权，一方面取决于两种方式的不同特点，另一方面则取决于企业自身的实力、目标以及东道国投资环境的特点。

并购东道国当地现有企业较之新建企业具有重要的优势。

- 并购方式可以迅速进入目标市场，而创建方式则要慢很多。
- 与创建方式相比，并购方式可以迅速扩大自己的经营范围。
- 并购方式有利于企业得到公开市场上所不易获取的经营资源。
- 通过并购方式可以利用被收购企业的分销渠道及现有营销能力。
- 并购现有企业对经营带来的不确定性和风险远较创建企业少，投资者常常能较快地取得收益乃至收回投资。

显然，从减少进入风险和障碍、加快进入速度、获得稀缺经营资源等方面看，并购方式显然要优于创建方式。但是从另一方面看，正如并购方式的优点恰是创建方式的缺陷一样，创建方式本身所具有的优势，也恰恰是并购方式所难以克服的弊端。

创建方式也具有如下优势。

- 在创建方式下，整个项目的投资预算可以做得相当准确，但是对所收购目标企业的价值评估，其复杂程度远甚于创建方式，很难做到准确估价。
- 创建方式成功率较高，而与创建方式相比，并购方式失败率较高。
- 创建方式可以完全依据企业国际化经营的战略目标来进行经营管

理，如企业规模、区位、管理制度等；而并购方式则往往没有这么大的选择余地。

并购方式和创建方式是企业在海外获取股权的两种可替代的方式，选择哪种方式，一方面取决于两种方式自身的优势和缺陷，另一方面还要分析企业的内外环境因素。

①企业的内部资源条件和战略目标。如果企业拥有最新技术或其他重要的专有资源如著名的商标、品牌等，那么它更倾向于选择创建方式，如IBM公司、卡特彼勒公司等；如果企业没有什么特殊的资源，直接投资的战略目标是为了进入新的经营领域或获取专有资源，那么并购方式将是适宜的选择。

②市场特点。如果打算进入的市场竞争十分激烈，进入障碍很大时，宜选择并购方式。

③东道国的投资环境。一般来说，发展中国家更欢迎外国投资者以创建方式进入，而对并购当地企业则施加较多的管制。因此，创建方式通常成为进入此类国家的唯一选择。

(2) 控制权的独占与分享

关于独资子公司与合资公司的选择问题，是股权战略的另一重要方面。所谓独资子公司，是指企业在海外拥有100%股权的子公司，公司的所有经营管理权（控制权）都由母公司一家掌握。而合资公司是指由两家或两家以上的企业共同投资设立的子公司，各投资方分享经营管理权，共担风险，共负盈亏。**独资与合资的选择，其实质是控制权的独占与分享的问题。**

对于进行直接投资的企业来讲，设立独资子公司的有利方面表现在：一方面，由于母公司拥有全部经营管理权，可以保证子公司在经营目标、手段以及管理理念、管理组织和方法上的协调和统一，符合母公司的战略利益要求；另一方面，可以使企业的核心资源或能力完全“内部化”，由于母公司拥有完全控制权，企业就不必担心转移至子公司的核心资源（如专有技术、管理技巧、商标等）会流失泄密。相应地，在东道国设立独资子公司也有其不利的一面。首先，独资子公司常被东道国政府及当地社会视为外国企业，易遭敌视和排斥，面临的政治风险比较大。在平时，这种排斥感也会给独资子公司的生产经营带来微妙的不利影响。其次，由于对东道国的社会政治环境不够熟悉，在争取东道国各方面的理解与合作，处理与东道国各方面的纠纷时比较困难。最后，某些东道国对独资公司与合资公司实行差别待遇，往往对独资公司只给予较少的优惠，而限制却比较多。

和独资子公司相比，合资公司主要的优势在于：第一，可以降低风险，获取多方面的优惠。由于有东道国的合资者，合资公司在当地比较容易获得理解和合作，东道国政府部门一般会对合资公司给予较多的优惠。第二，东道国的合作伙伴熟悉当地情况，有利于子公司在当地市场打开局面。第三，通过向合资方学习，有助于提高自身的管理技能和技术水平。而合资公司的不利之处则在于：第一，合资各方的文化背景、管理风格、战略目标往往具有很大差异，这种差异所导致的矛盾摩擦和利益冲突常常会使合作关系破裂，这使合资公司成为公认的最难管理的企业组织形式。第二，不利于投资者保护自己的核心资源和能力。如果把自己的核心资源投入合资公司而被合资方所掌握，那么就有可能为自己树立一个未来的竞争对手。第三，**企业在通过合资公司实施自己的国际化战略时，会受到其他合资伙伴的限制。**

影响对独资子公司和合资公司选择的因素可以分为两个方面：一方面，要看企业是否具有关键性的核心资源和海外子公司在整体战略中的重要性，核心资源越关键，子公司战略地位越重要，企业越倾向于选择独资形式。另一方面，要看东道国法律及政策的有关规定以及在当地能否找到合适的合作伙伴。

(3) 合资中的股权比例

一旦企业决定要在目标国家设立合资公司，那么在合资中占多大的股权比例是一个必须考虑的问题。股权比例一方面体现了对合资公司经营管理控制权的强弱，另一方面反映了企业对控制力度、风险及灵活性的综合考虑和权衡。

一般而言，股权比例越大，对合资公司的控制力度就越大，同时风险也越大，而灵活性则相应越小。因此，为了达到控制力度、风险和灵活性

的最优均衡，在实践中跨国企业往往通过更巧妙的“扩展”的股权方式来实现有效控制，即除了股权比例之外，企业还可以利用其技术优势、营销优势、品牌优势及管理优势等多种手段等来获得超出股权比例的控制权。股权比例只是这种扩展了的股权方式中的一个要素，它要受其他因素的影响和制约。

因此，影响股权比例选择的因素，除了考虑对经营管理的控制之外，其他还有：第一，经营风险的大小。如果风险很大，特别是东道国的投资环境不完善时，企业往往选择较小的股权比例以降低风险；反之，风险较小，盈利前景很好时，则选择较大的股权比例。第二，东道国的法律规定和政策限制。有些国家明确规定了外资在合资公司中只能拥有的最大股权比例。第三，企业的核心资源条件与战略目标。如果拥有独特的核心资源，那么就可以利用更灵活的扩展股权方式实现控制，无须占有多数股权；如果合资公司在企业整个国际化战略中地位不高，那么企业也会倾向于选择较低的股权比例。

(4) 海外撤资战略的选择

企业在做出向某个目标市场直接投资战略决策的同时，还应考虑到将来如何退出的问题，即所谓“撤资”。和对外直接投资一样，海外撤资决策也是国际化经营企业对不断变化的国外经营环境的一种战略反应和战略运作。当海外子公司因面临不利条件而经营不善时，如果撤出障碍较低，那么企业就可能做出撤资的战略决策，即关闭、清理以及出售其在目标国的投资项目或子公司股权，退出该市场的部分或全部经营活动。

从其战略决策的分析过程看，海外撤资大体有以下三种情况。

①自然撤资。在海外所设企业经多年运营，已趋老化，而当地发展前途又不大，故不再继续注入资金，不再更新设备，而是通过多种方式（如多发红利、股息、转移价格等）抽走资金，使企业自然萎缩、“死亡”。

②战略撤资。为了在跨国企业内部调整资源配置，使之更趋合理，决定在某个目标国家停办缺乏竞争性的企业，以集中资源支持全球战略目标的实施。

③被迫撤资。一般是由于目标国的经营环境已经或将要发生重大转变，不利于或无法正常经营，决定撤出。

四、企业国际化经营战略的实施

企业制定国际化经营战略，包括经营使命的确立、战略环境的分析、经营战略与策略的制定、战略的规划实施控制等方面的内容。这几方面的内容相互联系、相互依赖，形成一个系列化的动态过程。各阶段的基本内容如下。

1. 确定企业国际化经营的使命

企业国际化经营的使命规定了企业在全球市场上应该努力成为一个什么样的企业，一般包括国际化经营的管理哲学、总体经营意图与任务以及经营范围。通过对国际化经营使命的描述，企业应该清晰地与全球市场上的竞争对手相区别。这种自知之明与自我形象的确定，有助于企业在国际化经营过程中不断认清其市场所在、重点技术领域和资源优势，同时也是制定正确的国际化经营战略最为根本的前提。

2. 进行国际化经营的战略环境分析

战略环境分析是制定战略的基础。它是进行国际化经营活动的企业对其所面临的国内环境、东道国环境和国际环境的现实状况与未来发展趋势进行评价和预测的活动。战略环境分析包括的内容主要是。

（1）外部环境分析

外部环境分析的目的，是要确定企业国际化经营所要面对的环境机会和威胁，从而在战略制定中能充分预见和把握机会，避开威胁和风险，增强企业在国际化经营中的竞争优势。外部环境的分析又可分为以下几个层次。

①国际经营环境的分析和预测。国际经营环境包含一系列多样化的政治、法律、技术与经济因素，主要国际机构、国际货币体系以及国际协议构成国际环境的主体。通过对国际经营环境的宏观考察，企业应认清各种

环境要素的现状及未来发展趋势，把握国际经营环境的最新动向，确定哪些因素的变化将对企业的国际化经营产生影响以及影响程度的大小等等。

②对各国市场情况的评价。分析的内容主要包括：第一，经济因素，考察的核心是市场容量和市场潜力。如东道国的人口总量、人口增长率、国民生产总值、人均国民收入等。第二，政治与政策因素。包括政局的稳定性，政府的经济发展战略，对待外国投资者的态度和政策、贸易政策、税收政策等。第三，法律因素。主要包括东道国的法律体制、法律的健全程度以及司法程序的完善程度等。涉及国际化经营的法律主要有保护消费者权益的法律、保护生产者和销售者的工业产权法、公平竞争法以及调整国际贸易、国际投资行为的法律等。第四，技术环境因素。包括东道国整体科技水平、企业准备涉及的经营领域的技术水平、工业生产技术水平以及相关的所有影响经营项目发展的技术因素。一般来说，当地的技术水平越高，竞争就会越激烈，但另一方面也更有利于企业在当地组织生产和经营。第五，社会文化环境因素，这是与跨国经营管理密切相关的“软环境”，包括沟通方式与信息交流、教育水平、宗教、社会风俗、价值观与态度、社会群体与社会组织等。第六，自然环境与基础设施。自然环境包括地理位置、面积地形、城市分布、自然资源、气候条件等。基础设施包括交通运输条件、能源状况、原材料供应、金融市场完善程度、通信条件、市场中介与服务组织发达程度、生活设施、文化卫生状况等。

③产业环境分析。**企业国际化经营所属的产业（或行业）是对其影响最直接、作用最大的外部环境。**产业环境分析主要包括对产业特点、产业结构以及竞争态势的分析。

产业特点可以从产品性质、生产过程、生产要素密集程度、产业生命周期、产业集中度（产业内企业的数量结构）等不同角度和方面进行分析。

国际产业环境和竞争态势是国际化经营企业必然考虑的重要因素。波特的行业结构竞争理论对国际产业竞争环境的分析同样适用。该理论认为，产业结构和竞争态势取决于产业内部的五种基本竞争力量，即产业内现有竞争者、潜在的进入者、替代产品或服务、买方的谈判能力和卖方的谈判能力，通过对以上产业环境的分析，企业应明确自己在产业中的位置，把握产业竞争态势，制定合适的战略。

（2）竞争对手分析

严格来说，竞争对手的分析应从属于产业环境的分析，但考虑到竞争对手分析对企业国际化经营战略的制定具有特别重要的意义，我们将其单独作为环境分析的一个方面加以阐述。

企业的国际化经营战略在很大程度上是针对竞争对手而制定的。因此，竞争对手分析的主要目的就是要揭示现存和潜在的竞争对手可能做出的战略变化的性质和基本行动方向，竞争对手对本企业战略行动的可能反应，以及竞争者对可能发生的产业变化和宏观环境变化所可能做出的反应。竞争对手分析要回答的问题是：在产业内部我们的主要竞争对手有哪些？潜在的具有威胁的竞争对手有哪些？这些竞争对手战略行动的意义何在？我们应如何做出反应？竞争对手对我们的战略行动会如何反应？我们应进入或回避哪些领域？我们如何确定自己在竞争中的地位？等等。

（3）内部环境分析

外部环境分析的主要目的是找出外部环境中的机会和威胁，**内部环境分析则主要是找出自己的优势与劣势，其目的是判断企业自身的战斗能力。**内部环境分析主要包括企业人力资源状况、企业管理水平、研究与开发能力、组织结构状况，市场营销能力、财务状况等内容。

①人力资源状况。对企业人力资源的考察和评估包括：企业现有各类人员的数量、质量、结构（年龄结构和专业技术结构）与增减变动状况。尤其要强调的是人员质量。人员质量表现为各类企业人员能够在素质和能力上满足国际化经营对企业各个岗位所提出的要求，特别是企业的主要领导人必须具备跨国经营的决策领导能力。

②企业管理水平。管理水平的高低直接影响企业内部各项资源的配置和有效利用。对管理水平的评估包括：管理思想是否科学先进；管理组织是否合理高效，充满活力；管理手段是否现代化。

③研究与开发能力。科技时代中技术研究与开发能力无疑是保持企业生命力的源泉。对企业研究与开发能力的评价包括：第一，本企业的先进技术设备、装备情况和高科技人才的拥有与利用状况；第二，本企业的技

术发展潜力如何，特别是在对企业所在的本行业的发展有重大影响的技术方面；第三，本企业与竞争对手相比所拥有的技术优势。研究和开发能力的评价指标有新产品开发数量、开发速度和储备量等。

④市场营销能力。包括企业产品的市场占有率和增长率、企业的销售网络状况、消费者对企业产品的印象等。

⑤财务状况。对企业的财务状况评价主要包括以下几个方面：第一，企业目前和未来的资金筹措能力和需要量；第二，企业资金的周转能力和变现能力；第三，企业是否有严密健全的成本预算和控制制度。

在内部环境的分析中，企业从战略角度出发应考虑的问题有：

- 评估企业各个管理层目前的战略运作绩效；
- 评估各项业务的市场地位；
- 辨别和评价每个战略业务单位的相对实力和弱点。

通过内部环境分析，企业应能确认它在特定国家和市场可能胜过竞争对手的竞争优势，并通过战略将其转化为自身实际的竞争力量。

3. 确定国际化经营的战略目标

国际化经营的战略目标是企业在战略周期内所预期的具体成果，它为企业指出跨国经营未来的努力方向，同时也是企业制定和选择战略方案的判断标准。战略目标的确定包括以下3个环节。

(1) 总目标的制定过程

企业总体战略目标的制定应充分考虑环境因素、竞争对手状况、资源条件、企业的价值体系以及企业既定的目标、战略及发展道路。

(2) 目标的排序

企业的经营战略目标往往是由一系列分目标组成的目标体系。在目标制定过程中，要对各个目标的相对重要性进行排序，并审查所选择的目标是否相互衔接、相互一致，对相互矛盾或很难整体实现的目标做出调整。

(3) 战略目标的分散

大型国际化经营企业的战略目标具有较鲜明的层次性：一般由公司总

体战略、各战略业务单位（SBU）战略以及各战略业务单位的职能战略组成。因此，将战略总目标确定后，还要将其分解为适合不同战略经营单位或不同职能部门的分目标，为公司总体战略的实施打下基础。

4. 战略备选方案的制定和选择

针对国际经营环境的动态变化特征，在确定战略目标后，国际化经营企业必须制定多个战略备选方案。这是战略规划中一项很重要的工作。要对各个备选方案从战略效果和战略实现能力两个方面进行评价和选择，分析各个方案的特点，了解各种方案的长处及其局限性。所采用的方法主要有风险和意外事件分析、灵敏度分析等，即要明确该方案适用于什么样的环境，什么情况下不适用，万一发生意外事件，对这项战略方案会有什么影响，如果此方案此时不能适用，应采用什么样的应变措施。通过评价和选择，最终确定可行的战略方案。

5. 国际化经营战略计划的实施

企业国际化经营战略是依靠国际化经营企业严密的战略计划实施与计划管理工作才得以实现的。

（1）战略计划的实施过程

国际化经营战略计划实施的过程，就是把组织、人事、领导和管理等方面的全部技能集中起来，为实现跨国经营的战略目标服务。主要活动包括：将战略计划分解为具体的经营计划；按战略目标将资源合理分配给每一战略业务单位或每一职能部门；按照已定的产量、销量、利润或成本等具体目标检验实施效果；分析计划实施过程中发生偏差的原因，及时进行修订，或改为实施应变计划。

（2）实施国际化经营战略计划的管理要求

在企业国际化经营过程中，仅有战略计划是不够的，要使计划能真正付诸行动，还必须有各种管理职能相配合。

①组织结构。企业的组织结构应顺应经营环境与经营战略的变化而不断调整演化。因此，当企业实施国际化经营战略时，必须逐渐发展起新的

组织结构，才能适应这种管理上的更高要求。

②企业文化。任何战略计划都必须与企业的文化相一致。企业文化是指做好人的工作，使上下一条心，把国际化经营作为企业内部共同的价值观和信念，战略计划才可能长期顺利实施。

③资源条件。国际化经营战略计划的实施往往需要付出高昂的代价和成本，所以企业必须有充足的资源条件作为基础。

④信息系统。国际化经营战略计划的实施对企业信息系统也提出了更高的要求，因为国际化经营过程中各种信息的搜集、选择、分析和反馈更为复杂多变。

6. 国际化经营战略计划的控制

（1）控制的目的

控制是企业影响其国际化经营活动的组织和决策能力。通过控制要达到如下目的。

①发现各部门或各子公司偏离国际化经营战略目标的误差，并为采取措施纠正偏差提供标准，借以确保计划的实施和战略目标的实现。

②促使母公司和子公司之间、各子公司之间保持总目标与分目标的平衡，保持战略计划和经营计划的协调。

③保证国内外子公司和各部门（尤其是海外分部）管理人员的责任和经营绩效。

（2）有效控制的实现

在国际化经营战略执行过程中，要实现有效控制，必须采取三方面的措施。

①通过战略计划、经营和财务政策、内部报告制度、经营预算、市场进入方式等控制机制的合理选择，使下属单位偏离总目标的各种行为减至最低限度。

②通过信息系统的正常运转，使企业总部及时了解整个国际化经营情况及其变化。

③通过保证使各管理层级只对其可以控制的事项负责的措施，使各管

理层级处于责权利相统一的状态。

五、国际化经营企业的成长与发展路径及其创新

企业国际化有四个阶段：不规则出口、独立代表进行出口、设立海外销售子公司、从事海外生产和制造。在此基础上，学者们提出了渐进式和跳跃式两种不同的企业国际化发展进程。对于中国的大企业来讲，可以归纳为三种主要的成长路径：渐进式成长与发展路径、激进式成长与发展路径和跳跃式成长与发展路径。

1. 渐进式成长与发展路径

20 世纪 70 年代中期以来，北欧学派使用企业行为理论研究方法，提出了企业国际化“渐进论”或称“阶段论”，开创了企业国际化理论研究的先河。

根据渐进式国际化理论，企业的国际化开始于受到国外的订单，从而开始设立出口商品的国际经营部门，并逐渐地建立一个国际化的公司。企业渐进式成长路径在地理位置上的选择遵循本地市场—地区市场—全国市场—海外相邻市场—全球市场的路径；在经营模式上遵循国内经营—间接出口—直接出口—设立海外销售机构—海外直接生产的路径，所以渐进式的成长路径是采取了“先易后难，逐步升级”的策略，发展路线是从国内逐步走向国际。

渐进式的成长路径适合民营企业和国有的较为小型的企业。采取该路径的企业往往是那些进行国际化的企业中的先行者，此时所有的企业都缺乏国际化的经验，并且，相对于国外的跨国企业来说比较弱小，为了规避不确定的经营风险和国际风险，这些企业只能采取先出口后投资、先合资后独资的渐进式成长路径。所以，采取渐进式的企业，最初国际化的经营意识相对较弱，在具有一定发展实力后才开始有国际化的经营意识。国际化经营是企业产品走向世界的过程，也是企业的管理者认识世界和国际产业的过程，所以渐进式的成长路径也是企业逐渐走向成熟的过程。

例如，华为的国际化路径就是“渐进式”的，表现为一个发展的过程，且这一发展过程表现为企业对外国市场逐渐提高投入的连续形式。一是进入国家（地区）的选择。从中国香港—俄罗斯、南美—东南亚、中东、非洲—欧美这个顺序中可以看出华为基本上是沿着“心理距离”由近到远选择国家（地区）的。二是进入模式的选择。从出口到合资，再到创立销售、研发机构，随着华为试验性活动的增加和对当前经营活动的掌握，其对国外市场越来越有信心，也愿意投入更多的资源；同时，华为通过开展国外经营来了解外国市场，在经营活动中获得国外市场的实践经验。可以说，华为的国际化过程是一个动态的学习和反馈过程。**渐进式路径可以分为严格渐进式和弱渐进式。**严格渐进式是按照上述的路径发展和经营的模式。弱渐进式的成长路径有两种，分别是创立企业—国内经营—非股权安排和创立企业—国内经营—直接投资。

2. 跳跃式成长与发展路径

在2000年之前，中国企业的国际化成长绝大多数遵循渐进式成长的路径，少数珠三角和长三角地区的高科技企业采取激进式路径。新世纪以来，无论是国有企业还是民营企业都纷纷涌向海外，并购等方式达到了顶峰。这些企业既不是天生的全球化企业，也不遵循渐进成长路径，而是采取了一种跳跃式的成长路径。

跳跃式的成长企业，在目标市场选择上，一开始就瞄准国外市场，采取海外相邻市场，全球市场或直接进入全球市场；在经营方面，跨过了纯国内经营阶段，通过中间商间接出口，再进入企业直接出口—设立海外销售等环节。跳跃式的成长路径主要表现为以下四个方面的特征。

（1）国际化扩张建立在国内经营基础上

通过跳跃式路径成长的企业，通过进口、代工生产、代工设计等方式在国内进行经营，并建立起一定的资源和核心能力，通过对内投资方式参与全球价值链和获得投资收益，以与国外企业建立战略联盟、股权合资企业的方式来克服在市场信息和知识体系方面不完备的缺陷，获取资源优势。在与国外企业合作的过程中，中国企业对国际经营加深了理解，**将国**

外管理模式引入国内，积累资本和技术实力，最终提高了企业全球竞争力并促进了对外直接投资。

(2) 国际化过程与本土市场紧密相连

对于大多数中国跨国企业而言，本土市场仍然是其主要的业务领域。目前情况是这些市场正逐步被发达国家和新兴工业化国家的跨国公司所蚕食和控制。跳跃式成长的中国跨国企业如 TCL、春兰等，已经意识到要想发展成为真正的全球化企业，必须赢得诸如美国、欧洲、日本等关键国外市场的消费者；需要利用本土市场的生产基地和供应体系来满足日益增长的全球市场需求；同时也需要通过收购国外的技术和商标来重塑本土品牌形象。此类企业全球化策略的成功很大程度上依赖于它们在本土市场的表现，如销售额、市场份额和品牌声誉等，并且需要将本土生产基地视为其国际化运营的制造中心。**中国跨国企业的长远生命力和成功，同时取决于它们整合本土市场的领先优势和开拓海外市场机遇的能力。**

(3) 通过并购和对外直接投资作为跳板

发达国家的跨国公司往往利用自身品牌、技术能力等独特竞争优势来占领海外市场，而跳跃式成长的中国跨国企业并不具有品牌优势，更不具备技术优势，在投资发达国家时，往往通过并购拥有专利技术的国外公司来获取高端技术和先进的制造工艺。另外，中国跨国企业在海外市场经常会遭遇严厉的贸易壁垒，通过直接投资目标消费国的方式，或在第三国投资后以此为跳板来进军目标发达市场的方式可以绕开贸易壁垒。例如，海尔在美国建立制造和装配中心来避开美国配额限制和反倾销诉讼，保护其在美国的出口市场。另外，有越来越多的中国企业在中南美洲、加勒比海、墨西哥等地投资建立战略据点来生产出口到美国的服装、鞋、自行车和家电，以此来避开配额限制和其他限制条件。

(4) 以获取战略性资产为目的

由于发达国家市场拥有大量的优质战略资产，跳跃式成长的中国企业往往选择在这些市场进行投资。不同类型的跨国企业在海外寻求资产的侧重点有所差别：民营利基型企业很少会出于寻求全球化品牌、研发设备或分销渠道的目的而进行激进的并购，往往更愿意通过战略联盟寻求诸如管理技能、目标市场研发经验等资产；民营全球型企业在海外并购时，更看重技术、品牌以及分销渠道能否弥补自身的缺陷以及满足分布广泛的商业需求；国有跨国型企业更多出于母国政府支持国内经济发展的需要，进行并购获取自然资源或构建服务网络；国有专家型企业聚焦于从部分国家或地区获取特殊资源，如2009年中国五矿集团对澳大利亚OZ矿业公司的投资即是为了获取铜、锌、黄金等多种金属矿。

所以，跳跃式成长的企业对国际化经营已经有了一定认识，其了解进入国际市场的各种规则，在跨过纯国内经营阶段后，先以间接出口的方式进入国际市场，企业在间接出口阶段逐步成长。**企业采取跳跃式成长路径，并不是盲目前进，而是在具备了一定国际化的认知后快速实现国际化进程**。综上可见，采取跳跃式成长的企业普遍具有较强的国际化经营意识，产品可以迅速地进入国际市场，快速提高其国际市场占有份额。

3. 激进式成长与发展路径

1994年Oivatt等提出，在众多的国际企业中，那些规模较小、资源有限、没有经历过国内成长的企业，在成立之初就直接进行了国际化经营，利用国际化程度很高的方式如国际投资方式进行国际化经营，进而在国际市场上取得成功。Knight和Cavusgil（1996）定义了这些企业：一个在其三年内向国外市场出口其总销量至少25%的产品企业组织。这些企业国际化的成长方式为激进式的路径。

激进式成长路径是**指一个企业没有经过国内经营的成长和扩张，创立开始就试图通过对生产要素进行全球一体化配置来谋求国际性的成长**。其特征主要体现在两个方面：第一，企业首先成为国际经营的企业，涉及两个或者更多国家的经营活动；第二，企业跨越了国内经营的阶段，成立之初就直接从事国际化经营。从这个角度来看，企业直接跨越了国际化经营的低级阶段，进入了高级阶段。

对于企业来讲，采取激进式的成长路径要具备三个条件：第一，企业直接进入国际市场有利可图或者存在潜在的机会，这样的机会存在于外部环境也可能存在于企业内部，众多新型市场或者是利基市场的出现，让激进式成长具备了市场条件的可行性；第二，企业的创始者或者高管具有丰富的国际经营经验，则企业愿意并且能够在成立的初期就可以进入其他国家，采取出口或者间接投资的行为，所以，富有国际化的企业家精神是企业选择激进式成长路径的必要条件之一；第三，企业具有国际资源的积累和组织能力，国际资源和国际组织能力对企业的边界有着决定性的作用，企业经营的纵深程度和横向多元化程度是由企业的资源和能力决定的，企业可以依赖有价值、稀缺的、难以模仿的、不可替代的战略资源和核心能力而获得稳定的超额收益。

所以，对激进式成长路径的描述可以是：一些国际化经营管理经验丰富、对国际市场的发展具有洞察力的创业者和企业管理者，可以发现和识别新兴市场或利基市场出现的商业机会，通过整合企业资源和能力，开拓出成功摆脱依赖国内市场的路径，满足国际性的市场需求，并获得超额收益。

企业之所以能够持续发展依赖于企业的市场力量和产业拓展。企业国际化的激进式成长中，外部环境的影响也是非常重要的。企业的可持续发展重要的一环是发现潜在的市场机会，激进式的国际企业存在一个富有国际企业家的精神团队，优秀的企业家团队是企业可持续发展的保证。在企业激进式成长的过程中，随着企业量的增加，主要表现为企业资产的增加、国际性人才的增加、销售额的增加等，在此基础上，企业也达到了内涵式的成长、国际资源能力提高和核心能力的增加等。所以，激进式的成长路径有两条：一是企业家国际精神的不断更新，企业不断积累资源和提高核心竞争力；二是不断利用新的机会。激进式国际企业的可持续发展是沿着这两条路径交叉前行的。

4. 成长与发展路径的创新

对三种国际化的成长路径，中国企业依据自己不同的情况而走上了不同的发展道路。例如，民营利基企业一般会采用渐进式路径，因为这类企业实力与能力都稍逊一筹，采取复制创新的模式较为合理；一般的国有企业根据市场和企业自身的发展会采取跳跃式的发展路径，并利用外资和对外直接投资获取关键性资源和战略型资产。这类企业机制灵活，可采取合资、上市等形式进行国际化；民营大企业和国有跨国型企业会采取渐进式与跳跃式相结合的国际化路径，在熟悉的区域内并购或者直接投资，在不熟悉的区域渐进式成长。

随着第三次工业革命的不断深入，跨国公司针对自身业务的主要价值环节，将会采取不同的发展路径进一步对其产业链进行全球范围内的整合和控制，从而保持其在价值链中的优势地位。所以，通过产业的整合来进行国际化的发展成为经济全球化背景下的崭新路径，通过产业升级的路径走上国际化经营之路。

在以生产为主要价值链环节的全球经营中，发达国家更多的是通过对零部件制造价值环节进行控制来达到控制整个价值链的目的。例如，我国汽车企业大多只能进行简单的总装生产，跨国汽车公司通过独资公司和控股、并购等方式牢牢地控制了零部件尤其是核心零部件等高技术高附加值制造环节。可以说，发达国家的主要跨国企业由于其累积的各方面优势，在以价值为导向的全球产业链分解与整合中占据了绝对的优势，产业链的分解与整合更多地被发达国家跨国企业作为利益获取的工具，我国企业进行全球化分解与整合必将面临固有势力的挑战，任重而道远。

部分学者认为，亚洲国家的产业升级路径为组装—OEM—ODM—OBM。这种通过学习、吸收、自主研发的产业升级方式是以全球贸易为基础的，企业通过进行低端的生产与制造环节逐步学习所需的技术、管理、生产工艺等技能，一步一步走上自主研发并最终拥有自己的品牌。随着产业价值链在全球范围内的分解与整合，处于低端环节的发展中国家制造企业与跨国企业产生交集，形成合作关系，作为跨国企业全球价值链中的一部分，上述学习模式成为可能，所以该类方式是发展中国家可以选择的一条路径。当然，这种扩张也应当是循序渐进的，而根据微笑曲线，企业向产业链上游方向最终的发展目标无疑是使得其主要的产业链环节为产品设计。

基于同样的道理，不同行业的特性以及不同企业的企业定位决定了企业也有可能在进行影响力系数和感应力系数计算时，在下游环节，也就是仓储运输、订单处理、批发经营、终端零售这四个环节的投入产出更具有效率。那么，此时企业最优的选择方向就是向下游方向扩张。同样地，根据微笑曲线，企业若要达到利润最大化的目标，最终应当使得批发经营和终端零售成为产业链的主要环节，也就是在市场和品牌上占据一定的优势。当然，西方大型跨国企业的经营现实表明，**一个在世界上具有竞争优势的大型跨国企业在上游和下游环节的端点都是具有极强的竞争力的，这也应当是我国大型企业发展的终极目标。**

企业国际化经营中的组织创新

企业从事国际化经营活动，选择合适的组织结构和管理体制是经营成功的基本保证。企业的组织和体制模式是随着企业经营国际化程度的提高而逐步演化过来的，企业应根据自身的规模、条件、战略，正确确定其组织结构。

一、企业组织的国际化演变

企业组织结构的国际化演变的基本轨迹是先在企业销售部下设出口部，然后经由母子结构阶段、国际部阶段，最后进入全球性组织结构阶段。当然，并不是每个企业必须经过上述阶段，其演进的速度也各不相同。

1. 国际化经营企业的雏形：出口部阶段

出口部结构，是企业在国内组织结构的基础上，在销售部下设立一个出口部，全面负责企业产品的出口业务，并在国外建立销售、服务机构和仓储设施。**出口部是责任中心，国外的销售机构是利润中心。**这种组织机构的优点是有一个统一的对外机构来引导和协调企业的对外经营，有利于了解国际市场行情，企业除赚取生产利润外还可赚取销售利润。其缺点是简单的出口结构难以适应企业发展起来的综合性业务的要求，并且出口部起初隶属于销售部容易与其他部门产生冲突。

2. 海外组织的初期发展：母子结构

企业的国际化经营的起步阶段，大多以扩大产品销路为目的，产品出口是其主要的经营形式，其原因在于此时企业着眼于扩大规模，提高自身竞争力，或是其国内市场容量有限，相对饱和。由于企业涉外业务规模较小，对整个企业的经营活动影响不大，同时产品订单来源不稳定，出口主要是通过国外进口商或代理商进行。这时企业一般设一个出口部专门负责出口业务。随着企业海外业务的增加，规模的扩大，公司国际化经营的目的转向以占领和巩固海外市场为目标，于是直接投资就会取代单纯的产品出口而成为主要经营战略。支持这种经营战略的组织结构是母子公司制，它是一种直接由母公司管理海外子公司，而海外子公司又具有相对较大独立性的组织结构。

设立这种组织结构的首要目的是通过国外的各子公司，在东道国独资或合资经营、生产、销售，**避开东道国政府出于保护本国经济而设置的贸易壁垒，提高产品的竞争力，占领当地市场**。同时，母公司对子公司的经营活动赋予很大的自主权，使得国外子公司能够在东道国政策、经济环境等因素发生变化时，迅速调整经营方针，以适应市场的突变，从而也保证了总公司的利益。

母子结构主要有如下优点：子公司在东道国具有法人地位，受当地法律保护，外部环境稳定、安全；子公司在东道国吸收当地资金和人才资源，降低了经营成本，同时也给东道国提供了新的就业机会，与当地政府有双向的互惠，比较受欢迎，有利于生产经营的进行；母子公司间通过控股而构建了稳定、规范的关系，母公司直接通过子公司获取海外市场的第一手材料，以便于对子公司提供切实、及时的指导和建议。

母子结构也存在一定的弊病。主要表现在各子公司往往过多关注本身的经济利益，而忽略全公司整体效益最优化原则；加之其经营自主权较大，母公司对其控制较难，有时会由于失控而导致总公司全球经营战略的落实受到影响。因此，这种组织形式一般适用于海外业务规模较小时，并且凭总经理个人的知识、能力、经验能够直接负责各子公司。

3. 更高层次的过渡：国际事业部结构

当企业在海外的子公司达到一定规模和一定数量时，就需要设立一个国际事业部，统一负责协调其海外业务，各子公司不再事事直接向总经理请示汇报，而是向负责国际事业部的副总经理寻求决策支持。国际部利用各种融资手段为海外子公司筹集资金，减轻其利息负担，利用转移价格降低各子公司和整个公司的负税水平。但另一方面，国际部统一的涉外经营政策，使得各子公司的经营灵活性相对降低，以致有时对东道国市场变化无法及时做出反应。

国际部与公司各国内部门在行政关系上是平行的，直属总经理领导，是相对独立的经营中心，它虽然与国内各业务部门不发生直接关系，但负责向海外推销全公司各部门的产品。通过国际部，可以加强海外各机构、子公司之间的信息沟通，明确各地区市场的划分，有效地避免各子公司间出于各自利益最大化而引发的无序竞争等情况，这既有利于针对全球市场联手采取应变措施，确保总公司在海外市场的整体形象，又有利于合理统筹资金，调配资源，切实体现保证公司整体利益最大化的原则。

国际部制组织结构比较适用于公司海外业务规模不很大，产品已经标准化，拥有一定国际经营人才的国际公司。

国际部制的不足之处在于，国际部对公司的技术、生产部门没有管理权，而后者多以国内市场为出发点组织运作，很少急国际事业部之所急；同时国际部和国内各部各自为政，自成体系，容易产生利益上的冲突；由于人员等资源有限，国际部很难细致了解和切实掌握全球各地市场的变化情况，加之信息传递、交换环节的限制，容易造成决策滞后，从而痛失经营良机。

就世界范围来看，美国、日本的跨国公司更多地倾向于采用国际部组织结构，而欧洲的跨国公司偏好选择母子结构。究其原因，欧洲跨国公司的规模稍为增大，由于其母国幅员有限，其经营业务就可能逾越国境；同时，欧洲各国间地理距离较近，便于采用母子结构的组织形式进行管理。而美国的跨国公司除拥有广阔的美洲市场外，主要的投资对象是大西洋对岸的欧洲国家，事业部制更适合美国母公司与欧洲子公司之间的联系。对于日本的跨国公司，一般就是指日本的综合商社，这是日本特有的从事国内外贸易和海外投资，经营各种商品的垄断企业。这些综合商社的组织结构受美国跨国公司影响较大，因此设立国际事业部的较多，由国际部统一掌管海外业务，制定市场对策。

从上面的叙述可以看出，国际部组织较之母子组织，其海外业务的规模、分布地域、公司经营一体化的功能一般较大，较高，通常我们将国际部组织结构（以20世纪50年代美国公司为代表）视为此母子公司组织结构（以20世纪50～60年代欧洲公司为代表）较高层次的组织设计战略。

4. 国内国外的统一协调：全球性分部门组织结构

全球性结构，不同于母子公司结构和国际部结构的设计形式，它基本上放弃了地区上的国内外二分法，而代之以一体化法，根据全球范围的经营一体化的要求，重新划分分部门。这是一种超国家范围的将公司划分为若干分部门的组织设计方法。

全球性结构大体上可分为以下四种形式：全球性职能分部结构，全球性地区分部结构，全球性产品分部结构，全球性混合结构。其中以全球性产品分部结构最为常见。

(1) 全球性职能分部结构

全球性职能分部结构是欧洲国际化经营企业广为采用的一种传统的组织形式。这种结构根据各种不同的职能，在母公司总部下设若干分部，各分部之间相互依存度较高，并由母公司总部协调相互间的关系，是一种决策权高度集中于母公司的组织形式。按照生产、销售、财务等职能分部来管理企业的全球业务，即负责生产的副总经理直接控制企业的国内和国外所有工厂的产品生产、质量控制、研究和开发等活动；负责销售的副总经理直接控制企业在国内和国外的销售机构的活动；负责财务的副总经理则直接控制企业在国内和国外的各个公司的财务状况。

全球性职能分部结构的优点是：企业的各种业务职能专业化，有利于增强全球范围内的竞争能力，强调集中控制、成本核算、利润获取均集中于母公司总部，这样便于协调各部门的利益关系，避免了产品分部结构下以利润为中心的各分部间的冲突。

全球性职能分部结构的缺点是不易管理。这种结构要求各职能部门都有熟悉不同产品的管理人员，而管理人员的知识和能力毕竟有限，使得企业难以开展产品多样化经营；即使是同一职能部门，地区间的协作也比较困难；在缺乏充分的信息沟通的情况下，各职能分部的工作容易脱节，尤其是生产目标与销售目标往往会产生差异和矛盾。

(2) 全球性地区分部结构

全球性地区分部结构就是按照地区设立分部，由母公司副总经理担任各地区分部经理，负责企业在某一特定地区的生产、销售、财务等业务活动，而总公司负责制订全球性经营目标和战略，监督各地区分部执行，这种结构主要适用于那些产品高度标准化的企业（如饮料、制药业），和产品成本较低、生产技术相近、市场条件相似的国际化经营企业（如石油企业）。

全球性地区分部结构的优点是：国际化经营企业能在同一地区的市场

上协调产品的生产和销售，可根据地区市场的特点和变化采取灵活的营销组合策略，有利于简化企业最高领导层对全球业务的管理；同时，也有利于企业向该地区内的某一新东道国进行投资和营销拓展；另外，把地区分部作为利润中心，还有利于地区内部各子公司之间的协调。

这种结构的最大缺点是：**各地区在管理制度及手段上往往不能统一。**各地区分部较多考虑本地区的利益，不利于企业整体经营战略的实施，各地区之间在生产标准和转移价格上的矛盾也很难解决。当企业生产多样化程度稍有加深时，地区分部结构便会阻碍地区间新产品、新技术的转让以及地区间的生产协作。同时，地区分部结构还容易造成企业内部在人员和机构设置上的重叠，从而增加企业的管理成本。

（3）全球性产品分部结构

全球性产品分部结构把企业经营的重点放在产品市场和技术诀窍上，认为各产品的差异性比各地区各东道国的差异性更为重要，因此这种结构将全球作为目标市场，按照产品种类设立分部门，以产品分部作为该产品在全球范围内产销活动的基本组织单位。全球性产品分部结构由企业总部确定企业的总目标和经营战略，各产品分部根据总部的经营目标和战略分别制订本部的经营计划。

全球性产品分部结构的主要优点是：使企业的内部化加深，促使企业在全球范围内降低产品生产成本；这种组织结构形式还有利于国际化经营企业在世界范围内进行同类产品的标准化生产，有利于同一产品的生产技术在不同地区间进行内部转移，有利于实现产品的全球销售。

全球性产品分部结构的主要缺点是：①这种组织结构形式意味着企业可能会随产品种类的不同而在任何一个特定的地区建有多个机构，导致机构设置重叠和管理资源的浪费；②因为在这种结构中，地区不作为利润中心，故难以对该地区范围内不同产品的营销活动做出及时有效的调整，所以，在同一地区各产品分部之间协调比较困难。

比如，某一企业为全球性产品分部结构国际化经营企业。其A产品部为开拓欧洲市场，花了大量费用委托欧洲某公司生产A产品。而与此同时，该企业B产品部正好在欧洲有一家工厂，因生产任务不足而导致亏损。本来由于技术上的相似性，该厂很容易转产A产品，但是因为各产品部之间信息封闭，导致企业整体利益蒙受损失。为了克服这种障碍，国际化经营企业逐渐在产品分部的结构基础上引入地区管理体系。

(4) 全球性混合结构

全球性混合结构，是将上述三种全球性结构加以综合的一种组织结构形式。全球性混合结构有多种类型，其中最常见的是产品分部和地区分部并列的混合结构，称为产品—地区混合结构。

在这种混合结构中，产品分部和地区分部各由一名副总经理负责，企业总部则从全球范围来协调各产品分部和地区分部的活动，以取得各种产品的最佳地区合作并管理各子公司的经营活动。这种混合结构形式能够使国际化经营企业针对不同产品或劳务的具体特点进行不同程度的集中决策和控制，并尽可能使集中决策和分散决策结合起来。

全球性混合结构同样利弊兼具。仍以上述全球性产品—地区混合结构为例，一方面，它吸收了产品分部结构和地区分部结构的优点，使企业能够根据自身特点设计出较为灵活的经营单位；另一方面，这种组织结构的不对称性又使得分部门之下的子公司必须接受产品部和地区部的双重管辖，这往往会延误决策时间，一旦产生矛盾又容易引起权力摩擦。这种由于多头领导所引发的矛盾，还增加了企业总部协调的复杂性。

5. 多维立体的管理与协调：矩阵性组织结构

所谓矩阵结构，就是在组织设计上通过给予两个或三个层面的单位以同等的权限与责任，用以解决全球分部门结构中一维（或称一个层面的）的控制、管理和协调方面的问题。

矩阵组织结构可以说是在全球分部门结构的基础上发展起来的。它适应了跨国经营企业对组织生产、营销、财务、技术转让、内部半成品和成品流通等活动进一步一体化的需要，节约了巨大的组织成本，弥补了原有组织形式的不适应性。公司总决策者可以以矩阵结构来达到业务活动一体化这一组织战略目标。

矩阵结构的设计者意图**通过组织上的多重结构来保证对公司营运的多**

维协调和管理，以解决产品、地区和职能三个层面之间的矛盾。因此，在以下场合中采用矩阵结构是比较合适的。

- 公司产品的多样化程度和地区分散化程度均较高，销售市场比较广阔。
- 营销、财务、人事、研究与开发等职能既难于全部下放给各分部门，而同时又与产品分部门下属各单位有密切联系。
- 来自产品、职能、客户等方面的信息和知识能够在公司内部为公司全球战略目标服务的，也适合于矩阵结构。

在这些场合，矩阵结构可使这些多层次的信息同时集聚在公司整体营销战略目标的实施过程中。

但另一方面矩阵结构也有其自身的缺陷。

(1) 组织结构复杂，不利于统一控制

矩阵组织结构设立多重机构，使许多公司面临管理双重或多重报告关系所引致的问题，不利于公司进行统一控制，从而对组织机构要求很高，稍不注意或指挥不当就容易造成混乱。

例如，产品厂长既要接受地区公司和子公司经理的指令和建议，同时又要向子公司的经理和产品组的副总经理报告和负责。这种多头领导的做法往往成为矩阵结构的重大缺陷，会使此组织结构被跨国经营企业所抛弃。

(2) 矩阵结构下的管理成本和部门间的协调成本较高

矩阵组织中的高层管理者要进行有效的管理，就必须使自身和参谋部门具备足够的产品、顾客和地域方面的广泛知识，掌握这些知识就要付出很大的成本。另外，在矩阵结构中，有的公司在母国国内和国际分部门设置双重的产品管理机构，以获取产品知识，这种做法也增加了矩阵组织的经营成本。

在矩阵结构中，为公司内一切行业服务的参谋部门与基层部门之间，可能会因为经营目标取向上的不一致等种种因素导致协调成本太高。

(3) 公司总部与子公司之间矛盾有可能加深，影响工作效率

由于矩阵结构的约束，东道国子公司在利益分配上与总公司或地区总部的矛盾加深了；总公司所表现出来的官僚主义的影响在多层面管理和多

头指令下的矩阵组织中被强化了，一家海外子公司经理因多头领导而可能不知该服从何方指令为宜，从而影响公司整体的工作效率，使矩阵结构也难以有效运转。

矩阵组织的多维管理成功的关键在于：矩阵结构中的各级管理人员是否有处理采用矩阵结构所引起的各种矛盾和冲突的能力，而且高层级管理人员是否能够使经营单位在执行各自计划时形成一个高度协调的整体也是个问题。

为了达到以上的要求，**就必须在管理行为、企业文化和组织技术系统等方面做出重大改变。**

在公司文化方面，经理们必须改变以往处理问题上的毛病，而应该尽可能地在最低的层级上解决问题。属于本部门的问题要尽量自行解决，而不要依靠上级领导的权威性。

如果矩阵组织形式是跨国经营企业做出的各种形式之间的权衡选择，那么，组织改变的结果比较明确，风险比较小，所付出的代价也较小。但是如果这种组织结构的选择是公司组织设计上没有回旋余地的唯一选择，并且此选择将在公司组织结构方面导致质的突变，那么组织改变的结果可能不甚明确，承担的风险也较大，所付出的代价也可能很高。因此，新采用矩阵结构的公司会在开始时对控制系统进行较大的投资，对双重会计核算、预算系统进行投资，在该公司的矩阵结构逐步进行巩固的过程中，才注重经营业绩的改进。

二、全球化与信息化：国际化结构的新发展

20 世纪 90 年代以来，随着信息技术的高速发展和经济全球化的加快，众多国际化经营企业的内部信息交流渠道更加通畅，管理协调手段日益先进。其组织结构也出现了一些崭新的发展趋势，其目的是为了顺应信息时代国际化经营管理的更高要求。

1. 变“扁”和变“瘦”：基于信息化时代的组织结构再造

随着信息时代的到来，世界市场环境已发生了根本性的转变。互联网的高速发展让人们真正领略到“天涯若比邻”的含意，让全世界的人们感觉到生活在一个村落——“地球村”，所以基于信息时代的组织结构变革迫在眉睫。

信息时代微电子技术的发展、信息处理技术的进步，使得企业中工人与管理人员的职责不再泾渭分明，几乎每个人的工作都是操纵键盘，观察屏幕，都是某种形式的技术管理人员。于是身处生产一线的工人越来越需要了解市场变化的情况，以提高应变能力，这就对传统金字塔形纵向管理组织结构提出了挑战。信息技术的进步，通过计算机参与决策和管理，加快了信息的收集、传递和处理，缩短了组织结构的高层与基层之间的信息传递距离，提高了决策的速度，以往需要一大批职员进行几天的数据分析等工作，现在利用计算机可以在几小时，甚至几分钟之内就能完成，而且许多日常事务性工作的处理日益程序化、标准化、过程化，工作效率大大提高，过去十分忙碌的中间管理层因此显得人浮于事，甚至完全多余。面对这种信息技术的发展，生产指令可以一步到位，现代公司需要更多能够明确领会高层管理者的意图，而不是像在传统的公司中工人仅仅是执行自金字塔顶部层层下达的命令。据《幸福》杂志对一千家大企业进行调查发现，几乎一半的企业已经拟好彻底改变传统纵向管理体制的计划，这些计划以最新的信息化技术为后盾，为寻求一种**低成本、高效率、重人性、讲团队、精干、灵活、机动而又能实现规模经济优势的新体制，让传统的组织结构变“扁”、变“瘦”**。具体表现为以下几个方面。

其一，所谓变“扁”，就是指形形色色的纵向结构正在被拆除，中间管理阶层被迅速削减，使原来一项指令由金字塔顶部传到生产线上的工人所必须经过的漫漫长路得以大幅缩短，充分保证了迅速直接、准确高效。据预测，美国现在一般公司的管理层有 11 ~ 13 层，今后将会减少 1/3 左右，而中间层管理人员将会削减 10% ~ 40%。比较理想的组织是，在最高层只保留一个精干的高级经理小组，以发挥在财务、人事等方面的辅助作用。公司中的每一个人都要在产品开发、营销等小组中与别人合作，这样的小组与公司董事长之间仅有3～4个管理层次，可消化内部分工和由分工带来的控制、协调，创造最短的信息流。目前，世界上许多跨国公司都在进行着这方面的组织改造，力求压缩中间管理层次，使信息流更加快捷、畅通。

在世界级的大公司中，美国英特尔公司在它迅速发展时期，却没有使中间管理层膨胀起来，这一点是难能可贵的。英特尔公司总裁格罗夫的策略是，当公司规模不断变大时，要忽略这个规模，尽力继续小公司时那样的行动。基于这个决策，英特尔公司年销售额近100亿美元，但公司只有3万人，平均每人年产值达30万美元。从它的组织结构上看，总部下面只是四个独立的企业单元和一些小的支持组织，十分简洁，正是这种组织结构保证了市场驱动模式，造就并保持了英特尔公司的辉煌。

其二，所谓变“瘦”，是指组织部门横向压缩，将原企业单元中的服务辅助部门抽出来，组成单独的服务公司，使各企业能够从法律事务、文书等各种后勤服务工作中解脱出来，以往文山会海和条条块块之间反复权衡与扯皮的现象将因此大大减少。组织横向的收缩势必要求人员的素质全面提高，职员有同等的视野和相同的工作价值观，他们能够自我协调而无须领导和控制，齐心协力平行作业。在组织变“瘦”的改革中，任人唯贤是一个日益重要的原则。

在美国阿莫科公司组织机构重建中，总公司和各企业单元的服务支持系统，如环境、健康、安全、采购、公关、设备服务、企业设计、企业咨询等等，全都被抽出来，成立了一个共享的服务部门，使企业服务专业化。同时，各部门精减人员，让具有号召力和责任感的职员留下，保证了目标的一致性和各企业单元、各部门生机勃勃。

变“扁”、变“瘦”都是信息化的结果，**公司组织变“扁”、变“瘦”的目的，是为了更快更好更省地面向市场和顾客，这意味着企业单元拥有更多的自主权**。一般来说，具体的决策责任下放到组织下层，上层领导者来把握策略方向，各企业单元只要了解总公司经营战略，在方针制订上与总公司保持一致，而无须事事向上级汇报。

伴随着组织结构重造的进程，现代跨国公司的组织结构正逐步转向横向管理体制的网络型结构。如果说金字塔形结构是制造业时代企业的代表性组织结构，那么网络结构则是信息服务时代的代表性结构。因为这种结构能够更有效地实现知识的交流和才能的发挥，企业将上下级之间实行命令和控制，转向以知识型专家为主的信息型组织。现代公司的组织协作需要大量的专家通过高效的信息传输途径来传达指令，互通信息，于是中间人员往往多余，信息技术使公司更加透明。由于较多的横向协调关系取代了较多的纵向命令，公司管理的民主化程度进一步提高，传统上研究、开发、制造和销售的前后相继也基于信息化的组织结构支撑而逐渐趋于同步，各环节专家们从新产品的研究开发到推向市场销售，都始终处于一个网络中而密切合作。这样的组织结构，既确保了总公司总体经营战略的实施，又精简了机构，减少了管理层次，提高了公司运作的灵活性，进而提高了效益。总公司在对下属公司实施有效管理和控制的同时，又最大限度地激发了各子公司的主观能动性，增加了他们的责任感，充分体现了“分散经营，集中调控”的管理原则。

2. 全球网络：国际化组织的新突破

无国界经营战略导致了复杂的管理体制，在跨国公司内部，企业职能权力下放，地区总部兴起，地区总部的权力扩大，设在某一东道国的产品总部负责特定地区乃至全球的生产与销售安排，设在某一东道国的职能总部可以管理整个公司的某一特定职能。新的战略要求新的组织形式紧跟其后，于是在一些跨国公司，一些非正规的网络型组织结构应运而生。

网络组织的最大特色是流程短，流程不重合而使信息充分，失真度小。网络组织结构由两个部分组成：一是由战略管理、人力资源管理、财务管理与其他功能相分离而形成一个由总公司进行统一管理和控制的核心；二是根据产品、地区、研究和生产经营业务的管理需要形成组织的立体网络，这一网络具有柔性，即网络中机构的重要性随项目性质而变化。在这种组织结构下，核心控制总的设置主要是为了使管理的网络流程路径变短，使其有适当的集中性。

网络组织有如下特点。

其一，整个组织分为技术部门和非技术部门，在权力集中程度上呈反向流动，技术部门包括研究与开发、生产厂和市场营销部门，营销部门之所以划入技术部门是因为在高技术企业中，**技术支持和服务的能力是营销中的关键**，由于高技术的深度分工协作要求技术部门的进一步分权和无等级化。非技术部门包括的人事、财务、劳资关系等则实行高度的集中，这种功能的分解和反向流动导致了组织的网络化。

其二，网络组织的“网络”含义，既包括机构设置的多维，也包括组织营运的多维。机构设置的多维在于进行组织设计时要综合考虑产品系列、地区分布和技术流程的规模经济性等多方面因素。组织营运的多维体现在技术部门根据市场性质和项目性质组织技术流程和市场信息流程等，非技术部门则通过合同来组织资金流程对技术流程进行控制，这种不同流程的分离也构成了多维网络化。

其三，网络组织的控制是间接控制。从表象来看网络组织似乎和矩阵组织相类似，其实两者有很大的区别，矩阵制最大的特点也是它最大的问题就是它的双向报告线，导致多头领导和权力的交叉设置，而网络型组织在内部关系的处理上则简单得多，它保持了单向的权责链，从而保持了统一指挥系统的效率。一个核心控制点只设一个经理。网络组织中是通过合同管理来间接控制的。技术部门没有人事权，也没有财权，网络组织设计了 SOP（standard operation procedures，标准操作规程），用岗位责任说明来确定员工的责任和权益。同时通过技术服务合同、采购合同、供货合同来对组织的其他环节进行控制。

正由于网络组织有上述特点，所以对推行无国界经营的跨国公司就比较适合。这类公司一方面产品复杂多样化，另一方面市场涉及国家多，同时面临激烈的竞争。采用这一组织形式，公司总部就可抛开许多具体、繁杂的管理和控制，集中精力研究把握公司的总体战略，集中财力和人力进行更合理优化的配置，而下层的经营网点可以主动抓住机遇，快速地适应市场，灵活地顺应千差万异的环境。网络制缩短了信息的流程，保证了信息的开发和分享，有利于子公司经营决策的协调和合作，**更重要的是网络组织减少了中心，减少了等级，调动了网络内每个管理者的才能与优势。**

网络型组织结构虽然由矩阵型组织结构发展而来，但在内部关系处理上要简单得多，它保持了单向的责任链，一个核心控制点只有一个经理，从而保证了整个系统运用的效率，特别是它着眼于建立丰富的有感召力的公司远景目标，着眼于有效的管理过程而不仅仅是结构上的设计，更关注于发展员工的能力。它的最终目的在于全公司所有员工都能够进行立体作战，全面出击，抓住一个项目，以项目为纲，上下左右同心协力，以一个柔性的网络组织迎接全球市场的挑战。

下面以 IBM 公司的全球组织结构为例加以说明。

IBM 公司的运作模式实质上就是一种网络式组织结构，它按照全球各大战略地区划分管理系统，如美洲区、亚太区、欧洲区等，将公司生产经营活动的主要环节纳入地区总部进行管理。在这种结构下，IBM 公司总部负责全球市场规划与调整控制，各地区总部则负责本地区所属分公司的市场运作，包括产品研制、开发、设计、生产、推销、服务等事宜。例如，IBM 公司亚太地区负责大中华地区，大中华地区再分管中国大陆、香港和台湾地区的公司。这种组织机制使得公司经营事务掌握在对该地区市场非常熟悉的有关人士手中，有利于公司总部、地区总部和各国分支机构之间的沟通与联系。但是，如果仅采用单一的上下级职能部门之间的管理模式，往往存在各地区公司各自为政，因过分注重自身利益而忽视全公司整体利益的弊端。于是 IBM 公司又在地区职能部门管理的基础上，按照有关行业部门（如金融业、保险业等）和产品结构要求，把行业规模庞大、产品系列复杂、技术要求较高的机构，都归上级有关部门进行管理和协调。产品部门、行业部门经理主要负责下级所有有关产品生产的研究与开发、制造、销售等活动，总公司再通过下属职能部门协调各生产部门之间的业务活动。对于大中华地区而言，它是一个网络组织中的一个管理中心，同时处理中国大陆、香港、台湾三个市场不同的客户。由于这三个市场发展历程不同，因而各具特点，网络式组织结构就是要在产品部门与地区职能部门之间推行一种全方位的动态管理模式，以充分发挥了解当地市场的人士的作用。基于此种原则，IBM 大中华地区在统一管理协调人事、财务、战略方面的基础上，对三个地区市场分别进行管理，使三家地区公司既保持信息沟通、观念一致，又充分发挥了各自的专业水平，从而保证了大中华地区的整体利益最大化，IBM 在中国大陆、香港、台湾的三个市场都取得了令人瞩目的营销业绩。

现代公司网络化组织结构意味着一个个大公司组成。网络为小企业的集合，它的中心负责全局战略计划的制定和提出，并将各个分部门、子公司连接起来。网络上的各个连接点，往往具有充分的自由权，可以视如一个个小企业，它们又与其他网络建立着某些经营业务上的关系。于是就全球范围来看，没有公司的“内”“外”之分，只有距离公司战略中心地理上的远近之别。如此联系又扩展到另外的战略中心，后者又同其他集团相联系，形成一种新型的全球扩展的网络。这种新的网络组织结构，随着信息时代的到来和发展，正以不可阻挡的力量冲击着传统的金字塔式的组织结构。这意味着现代公司的组织结构正由稳定的“金字塔”形的组织结构转向适应性强的网络化组织结构，以顺应全球化和信息化对经营管理的更高要求。

三、企业选择组织结构的标准

通过前面的分析不难看出，每种组织结构形式有其特定的内涵和功能，这也决定了每种组织结构形式有其特定的应用场合、应用范围。所以，国际化经营企业在进行组织结构选择时要充分考虑组织结构的这种内在要求，即：产品与技术的要求，职能与专业的要求，地区与环境的要求。这也就是所谓的国际化经营企业组织结构的三度线。根据这三个因素的不同组合，国际化经营企业对于组织结构的选择呈现出各种不同的状态。国际化经营企业在设计其组织结构时，常常会遇到这样的问题，就是怎样才能把产品、职能和地区这三个要素进行最佳组合。显然，组织结构的选择不可能有统一的标准可循，每一个企业的外部环境和内部因素的各种变化，都会对其组织结构的设计和选择产生影响。

1. 影响国际化经营企业组织结构选择的权变因素

国际化经营企业在选择组织结构方式时，需要考察五种关键变量。在某些场合，这其中的某一种变量会压过其他变量，因此组织结构将根据这一变量而设计。但在绝大多数场合，组织结构必须要根据 3 ~4 个相互作用

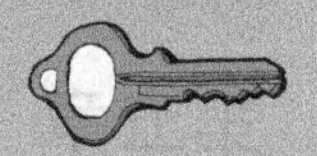

的变量而设置。

第一，**企业要评价国际经营在当前和今后3～5年内的相对重要性**。如果公司目前有5%的业务是对海外进行，并且是由一个出口部门从事海外销售，这一组织结构在当前来说也许就能够适应业务需要了。然而，如果跨国公司预计对外销售在今后5年中将增长到总销售额的25%，那么企业便应考虑采用国际分部结构或某种全球结构。如果不进行这种转变，企业将难以处理预期的快速增长业务。

第二，企业将考虑其以往从事国际商务的历史和经验。如果企业只进行了很少的海外经营，它便可能选择容易理解和控制的简单的组织结构。如果企业已从事海外经营多年，它将可能拥有能在更为复杂的组织结构中工作的有经验的管理者，因此便可能采用混合结构或矩阵结构。

第三个需要考虑的因素是企业的业务及产品战略。如果企业只生产少数几种产品而且无须使产品适应国外的消费口味，那么全球职能结构便可能是最佳的选择。但如果产品必须被改进以适合当地市场需求，那么全球产品结构便可能更为有效。如果企业要在多个不同的地理区域从事经营，则全球地区结构便可能被采用。

第四种影响变量**是管理者的经营方针**。如果企业要迅速扩张并准备承担风险，那么其采用的组织结构就会完全不同于那些要慢速扩张并不愿承担风险的企业。企业总部要给予海外分公司自主权，鼓励它们自主决策，以保持在当地有竞争力的公司会采用不同的组织结构。例如，法国和德国分公司就倾向于实行比美国分公司更加集中化的管理。各企业在对业务经营的控制方式上也存在差别。例如，日本跨国公司乐于采用面对面的非正式的控制方式，而美国跨国公司则更倾向于使用预算、财务数据以及其他正式的管理工具。

最后一个关键变量是企业适应组织变化的能力。跨国公司在其国外销售不断增加的过程中，将不断调整其组织结构。例如，当公司规模还比较小时，国内分部居于主导地位，而随着国际经营的增加，国内分部的经理将不得不放弃自己的一些权力，其对公司整体经营的影响力也会下降。如果他们不能或不愿这样做，组织结构就会受到影响。类似的，如果国际经营经理开始获得更大的权力，并且需要对海外企业进行调整，他们适应组织变革的愿望便也将影响企业的组织结构。在某些场合，跨国公司中的海外经理与其国内同行们一样，会建立自己的独立王国，并往往不愿放弃自己的权力。

2. 各种组织结构形式适宜应用的场合

鉴于各种组织结构形式各自的优劣利弊，选择国际化经营企业组织结构形式时应充分考虑它们的特性，把它们应用到最适宜的场合中去。

（1）母子公司结构

当母公司和国外子公司的规模都比较小，国外子公司的数量不多，且距母公司较近，交通和通信方便；母公司经理同国外子公司经理个人关系密切（如来自同一家族，甚至同一家庭），有着共同的“管理哲学”；公司系统内产品或服务多样化的程度较低；公司内部进行的跨国协调活动较少；母公司对国外子公司采取控股控制方式时，适宜采用母子公司结构。母子公司结构至今仍不失为一种有用的形式。

母子公司结构是欧洲早期国际化经营企业所普遍采用的组织形式。绝大部分的欧洲国际化经营企业，由于其国内市场容量狭小，生产规模稍一扩大就有可能越过本国国境，因此，在组织结构发展的早期，就对国外业务和国内业务活动给予同等的重视。但是因为那时还没有现代的运输和通信手段，要建立更加高度一体化的组织还不可能，故而多采用母子公司结构。一直到20世纪五六十年代，欧洲一些著名的国际化经营企业仍然保持着这种结构。

美国的国际化经营企业曾经也采用母子公司结构。例如，1920年前后，福特汽车公司就曾在欧洲许多国家设立分厂。但是，对大多数的美国国际化经营企业来说，母子公司结构只是其组织结构形式发展过程中的一个过渡阶段。因为美国企业在成为国际化经营企业之前，由于国内市场容量大，企业规模已经相当庞大。这些企业在成为国际化经营企业之后，投资对象除了美洲国家之外，主要是远隔大西洋的欧洲国家，若采用母子公司结构显然不适合美国母公司与欧洲子公司之间的联系，所以较多地采用国际部结构。

（2） 国际部结构

国际部组织结构适用于这样一些国际化经营企业：在对外直接投资和国际生产中，国外经营多样化程度较低、生产规模不大、国外销售量小于国内销售量；各子公司在地理分布上分散程度较低；国外环境对企业国际经营活动的影响力不大；管理人员缺乏国际经营经验等。

在20世纪60年代早期，建立国际部是美国一些大企业最常采用的组织形式。它们往往跳过母子公司结构阶段，从销售部下设出口部阶段直接发展到国际部阶段。进入20世纪80年代，大约三分之二的美国企业仍采用国际部组织来管理其世界范围内的业务。

（3） 全球性结构

全球性职能分部结构适合于公司规模不太大、产品结构单一、市场较稳定、销售区域较为集中、销售限制较少的企业。此外，全球性职能分部结构还适用于规模虽较大，但技术特点使企业各种职能部门的内部依存程度较高，要求集中管理的国际化经营企业；相反，产品或劳务多样化程度高、公司规模大、市场分布广、技术要求高且同类产品的生产方法和生产特征趋于同一的企业适用全球性产品分部结构形式。全球性地区分部结构适用于产品种类较少且具有较成熟的产品系列，或国外的业务规模相当大，所经营的各类产品在生产方法、技术基础和销售条件各方面都较为相似的企业。全球性混合结构适用于任何场合，但通常只在下列一定情况下才采取这种比较复杂的组织结构：如产品多样化程度高，产品的销售广泛分布于全球；企业规模庞大，拥有雄厚的资本和技术实力；企业管理水平高，管理手段先进。

20世纪60年代中期，那些处于国际部阶段的美国企业发现，**在企业内建立国际部往往使企业最高领导层只重视国外市场经营而忽视国内市场经营，**于是一些企业纷纷放弃这种组织形式而采用全球性组织形式。与此同时，许多原本采用母子公司结构的欧洲、日本企业，为了适应日趋复杂的国际经营环境，充分发挥企业内国际生产一体化的功能，也越过国际部阶段，从母子公司结构直接进入全球性结构。

（4） 矩阵结构和多维立体结构

该结构适用于如下的一些企业：企业的产品多样化和地区多样化程度

都很高；企业的营销、财务、人事、研究与开发等职能难于全部下放到产品分部门或地区分部门，或者这些分部门普遍设立上述各类职能机构在经济上不合算；公司总部希望掌握有关产品、职能、市场等方面的全部情报，强化企业整体战略。

20 世纪 60 年代后期，美国的一些国际化经营企业意识到自己业务中实际存在的多维依存关系，开始探索一种新的网状或矩阵组织结构，以适应复杂多样的国际经营环境，应对来自各个层面的压力，增强企业的应变能力。道化公司是第一家采用这种网络式结构的公司，以后日本的佳能公司也采用了这种组织形式。

3. 国外子公司和分公司的选择

国外分公司，是国际化经营企业母公司在国外的派驻机构。分公司在法律上不具备独立的法人资格，只是母公司的附属单位和办事机构，它受母公司的委托，利用母公司的名义进行业务活动，分公司的一切活动均由母公司直接管理。国际化经营企业在国外设立分公司的好处是受东道国管辖少并且税负较低，不利之处是容易在东道国暴露总公司的业务活动和财务状况，又因被东道国视为“外国的公司”而不能享受当地企业的各种便利条件。

国外子公司是经过当地法律注册的独立法人单位，有名称权、诉讼权、经营权等各项权利，有自己的董事会和章程，有可供独立支配的资金，有自己的资产负债表，等等。国外子公司在某种程度上被东道国视作“本国的公司”，在有些国家还可享受一定程度的优惠待遇。

对于国际化经营企业在国外设立分公司抑或子公司的选择，一般由国际化经营企业的发展阶段以及企业在某一地区的营销策略所决定。通常的做法是，国际化经营企业成长的初期，先到国外设立办事处或分公司，以把创业初期可能发生的亏损并入母公司的综合损益表，从而减轻整个公司的总税负，等到条件成熟后，再建立子公司。

企业国际化经营中的资本运营

资本运营是指通过生产要素的优化配置和产业结构动态调整，对企业的全部资产（包括有形资产和无形资产）进行综合有效运营的一种经营方式。包括资本的筹集、管理、运营诸环节。它以利润最大化和资本增值为根本目的，以价值管理为特征。

随着经济的全球化趋势日益增强，资本运营不再仅限于国界之内，而是走出国界，在全世界范围内寻求最优配置和最大收益。资本的国际化运营，是企业国际化经营的一个重要方面。

一、跨国并购：企业国际化经营新浪潮

资本运营在西方已有近百年的发展史，其中的企业并购（特别是发展到现代的跨国企业并购），是资本运营的重要形式之一。企业并购的影响大、涉及面广，其结果将直接影响到企业经营方向、规模、市场结构等。企业并购也是企业走向外部成长道路的主要途径。与传统的新建企业的内部成长道路相比，**企业并购能够促进资本集中，节省培养人才、开拓市场、开发技术等所需要的时间，迅速扩大企业规模，形成生产、营销、技术、资金、管理等多方面的协同作用，**充分享有规模经济的益处。

纵观历史，世界上许多著名的大企业都是通过大规模的跨国并购而迅速壮大起来的。第二次世界大战以前，世界上主要跨国公司的海外子公司有37%是通过并购建立的。20世纪60年代，跨国公司通过并购而建立的海外子公司的比例高达55%。在美国100多家大型跨国公司中，进行过国内企业兼并的占95%以上，进行过跨国企业兼并的占70%以上。美国著名的经济学家施蒂格勒曾对兼并交易的作用作了很好的表述："几乎没有一家美国的大公司，不是通过某种方式、某种程度的兼并或合并成长起来的；几乎没有一家大公司是主要靠内部扩张成长起来的。"

目前，**随着世界经济一体化的进程，跨国公司日益成为世界经济活动的中流砥柱，与之相伴的跨国并购活动也风起云涌、日盛一日，**其兼并活动的数量和规模不断扩大。

1. 跨国并购推进企业资本扩张

跨国并购相对于其他的资本扩展方式，有如下好处。

（1）迅速进入国外市场

对制造业来说，**收购方式的最基本的特性就是可以省掉建厂的时间，**迅速获得现成的管理人员、技术人员和生产设备，可以迅速建立国外的产销据点。因此，跨国收购有利于企业迅速做出反应，抓住市场机会。希利

曼对西德和英国的跨国公司在巴西的 14 例收购做了研究，发现其中有 12 例（占 86%）在收购年份和收购后重新开始生产的年份之间没有时间滞差。也就是说生产经营过程的开始几乎可以和收购行为结束同步。如果被收购企业是一个盈利企业的话，收购者可以迅速获得收益，从而大大缩短投资回收年限。

但是同样情况下，重新创建一个新企业一般要比收购慢得多。创建企业除了要组织必要的货源外，还要选择厂址、修建厂房和安装生产设备，安排管理人员、技术人员和工人，制定企业的经营战略等一系列复杂的工作。一般说来，筹集一个资本密集的工厂至少要 2～3 年的时间。另外，东道国政府的有关法令也会影响到创建的速度。例如，在美国设厂要经过 EPA（有关厂外污染问题）和 OSHA（有关厂内安全生产问题）的严格检查，方能取得营业许可，而并购就没有这些麻烦。在国际市场情况变化很快的时候，由于创建方式周期长，等到新建企业投产时，可能会由于市场情况与建厂前的估计差别甚大而遭到损失。因此，当迅速进入别国市场成为跨国投资的主要目标时，收购必然成为受到欢迎的投资方式。

（2）可迅速扩大产品种类

如果目标公司同并购者的产品种类差别甚大，并购方式必然可以迅速增加并购方公司的产品种类。尤其是并购方希望跨越原有产品的范围实行多元化经营，但又缺乏有关新的产品种类的生产和营销方面的技术与经验，显然采取收购现成企业的方式更为稳当。

著名的美国吉列公司在 20 世纪 60 年代在国外销售的产品大部分是剃须刀片；70 年代来，该公司在国外收购了许多企业，因而迅速进入了许多新产品市场。美国电报电话公司在脱离电话业务之后，通过收购方式一举进入电子计算机工业。该公司收购了英国的 Inmos 半导体公司后，使本公司获得了一种具有电脑处理、记忆、通信功能的微晶片的生产技术设备和管理生产人员，进一步保持了公司发展新一代大型电脑的能力。

（3）利用原有的管理制度和管理人员

采取并购作为到国外直接投资的方式，可以直接采用和使用现有的管理组织、管理制度和管理人员。这样可以避免因对当地情况缺乏了解而引起的各种问题。

当一家大企业迅速发展时，通过并购方式可以缓和管理人员相对缺乏的状况。有时由于种种原因，进行跨国收购的企业往往不把被并购企业所经营的业务同自己的业务完全结合起来，从而被收购企业在某种程度上继续保持其经营特色。因此，利用熟悉本企业业务和当地情况的被收购企业的管理人员，可以大大减轻并购方在管理上的压力。

此外，**并购方有时还可以利用并购方式学习外国先进的管理方法。**例如，有的日本公司采取跨国收购方式对美国进行投资的重要动机之一，就是为了学习美国的管理风格，尤其是人力资源的管理。

（4）可利用被收购企业的先进技术

并购工业发达国家的企业，可以获得该企业的先进技术和专利权，以提高收购方公司的技术水平。近年来有些日本、韩国电子公司在美国收购当地的私人实验室和科技公司，以引入美国的尖端科技。

（5）利用被收购企业的分销渠道

通过并购的方式，收购方可以利用被收购企业在当地市场的分销渠道，以及被收购企业同当地客户和供应商多年来所建立的信用关系，使收购方公司能迅速在当地市场上占有一席之地。并且还可以顺便把收购方的其他子公司引入该市场。

20世纪70年代以来，日本富士通电脑公司以收购股权的方式，控制了美国加州的阿姆达尔公司，使富士通的大型电子计算机能利用阿姆达尔的分销渠道在美国市场上销售。不久，富士通在美国的营业额就猛增了一倍以上，成为日本的电子计算机厂商中唯一能同美国国际商用机器公司抗衡的企业。

此外，日本的制药业亦面临着相同的问题，由于日本制药厂商对美国市场没有充分了解，要想在短时期内迅速在美国市场上建立一个营销网络是很困难的。因此，只有收购才是上策。

对于以限制外资而著称的日本市场，美国制药厂商一向难以打入。20世纪90年代以来，美国著名的制药公司默克公司收购了日本的两家制药公司——万有和乌居，并利用其分销渠道，使默克公司的产品顺利地打入了世界第二大药品市场——日本市场。

瑞典著名的家电公司依利楚拉克斯前一段时期以180亿美元的价格买下了意大利的大型家电厂商赞努西（Zannussi），其主要目的就是为了获得赞努西在西班牙、葡萄牙、意大利、德国的广大销售网络。收购以后，该公司在欧洲地区市场的占有率从14%增加到30%，成为欧洲最大的家电跨国公司。

（6）获得被并购企业的市场份额，减少竞争

市场份额的增长同利润的增长具有高度的相关性，其主要原因在于市场份额的增加导致更大规模的生产，从而实现规模经济。**并购现有企业可以扩大收购企业所占的市场份额，有利于并购方在国外市场迅速打开局面。**

（7）获得被收购企业的商标

并购国外现有企业，往往可利用其商标的知名度，迅速打开当地市场。

例如美国的斯配克公司的运动鞋是美国的名牌之一，1978年斯配克公司面临财务危机，韩国“国际”公司便买下了这家公司并更改公司名称，其所生产的运动鞋则改为“Prospecs”。由于斯配克的招牌在美国名气非常响亮，使得“国际”公司所生产的Prospecs球鞋同样深受美国消费大众的欢迎。

（8）使资金融通更为便利

有些企业为了进行国外直接投资，常常要在资本市场进行资金融通。同创建方式相比，收购方式更容易争取到资金融通，因为收购方式具有较小的不确定性，且收益快，往往能更快地收回投资。而新建方式常常要经过较长的酝酿和筹建，建设时间长，风险也较大。

（9）可以廉价购买资产，节约资本支出

并购有时比创建所花费用要少，这是因为跨国收购可以低价收购外国企业，主要有以下三种情况。

- **从事并购的企业有时比目标企业更知道它所拥有的某些资产的实际**

价值。例如目标企业可能拥有宝贵的土地，或按历史折旧成本已摊销了的不动产，它有时低估了这项资产的现期重置价值，使得收购者可以廉价地买下这家企业。

- 低价购买不盈利或亏损的企业，利用对方的困境压低价格。
- 利用股票价格暴跌时机收购企业。

在国际化经营中，跨国并购还能够起到其他的作用。正因为收购方式有“快速”这个特点，有的企业利用并购的方式作为资金外逃以躲避政治风险的手段。

20世纪80年代，当法国密特朗政府提出要将国内部分企业收归国有时，许多法国大企业纷纷采取收购方式，把企业的经营重心移往国外，规模庞大的法国化学业跨国公司Rnane—Paulene即是其中之一，它为了躲避法国政府国有化，迅速在美国并购了美孚石油公司的农业化学部门。

2. 企业跨国并购所采取的策略

跨国并购是国际投资中一种高风险、高收益的进入模式，要取得跨国并购的成功，需要哪些条件、采取何种并购策略呢？国际知名学者基青在对欧洲的跨国并购进行大量研究后认为，跨国并购必须要考虑下列五个方面。

（1）对目标公司所在国家的选择

任何公司在进行国外并购时必然要做出对哪个国家企业并购的决策。有两个因素对这种选择具有决定性的影响。

①商业风险和政治风险的程度。一般来说，东道国投资环境恶劣，市场发育程度低及市场狭小，会导致收购者裹足不前；若情况相反，则会吸引收购者，并且收购成功的机会很大。同样，一个国家的政治安定程度也会影响收购者的成功。

②东道国的GNP（即国民生产总值）增长率的变化。通常情况下，一国的GNP的增长率、国际收支状况和汇率风险之间具有密切的联系。GNP增长率越高，国际收支状况一般较好，汇率也较稳定，因此，收购成功的可能性也越大。

(2) 目标公司业务与并购方公司业务的关联程度

按母公司与被收购企业之间的行业关联程度，可把并购划分为三种类型：横向并购、纵向并购和混合并购。有研究表明，关联程度的大小对并购成功与否会产生很大的影响。横向并购成功率最高，为 59.0%；纵向并购成功率稍低，为 53.3%；而混合并购成功率最低，为 35.4%。因此并购自己熟悉的、与目前所在行业相近的公司，成功的机会要相对大得多，而并购自己陌生行业的公司，就会面临较大的风险。

(3) 市场份额的大小

并购成功的概率与被并购企业的市场份额有直接的关系，对于多元化性质的收购来说尤其如此。在以多元化为动机的并购中，被并购企业的市场份额少于 5% 的情况下，失败率高达 50% 以上，而市场份额在 50% 以上则成功率高达 72.5%，失败率只有 3.4%。可见并购那些具有高市场占有率的企业，几乎完全可以成功。

(4) 并购目标公司的规模大小

并购的规模是并购成功的决定因素。尽管看上去并购小企业似乎较为谨慎，但这通常需要上层经理人员不合比例的时间投入，而对企业的业绩只起很小的作用。规模较大的并购往往促使中层管理人员做出更大的努力以确保并购后能迅速达到预期的目的。事实证明，并购成功的可能性随着收购规模的增加而急剧增加，成功的小规模并购往往是作为现有业务补充的横向式并购。

(5) 目标企业盈利能力的大小

目标企业的盈利能力越高，收购成功率就越高，失败率就越低。统计表明：收购盈利率在 20% 以上的公司，其收购成功率可达 66.7%，而失败率为 17.4%；但对于利润率在 5% 以下的公司，其收购的成功率为 36.3%，失败率却有 39.1%。可见目标公司盈利能力的大小对收购成功的概率影响很大。

另外，在实践中，收购低利润企业而成功的往往是这样两种情况：一是被收购时企业正处于商业周期的低谷；二是把被收购企业的资产拆散并分别出售所得到的收益大于收购价格。

然而，在多数情况下，高利润企业或者不愿出售，或者需支付很高的价格，这样就大大减少了对买主的吸引力。对吸引力大的公司的收购常常还会引起东道国政府的阻挠。

3. 企业跨国并购的障碍与困难

尽管跨国并购对收购企业有各种各样的好处，但跨国并购活动跨地域，跨文化，会遇到东道国政府政策法规、社会经济文化差异、被收购企业抵制等各方面的障碍。在这些障碍的水平与有效性方面也存在着国别差异。一般来说，跨国并购所遇到的主要障碍和问题有以下几点。

（1）对目标公司的价值评估困难

在跨国并购中所碰到的最复杂的问题，莫过于对目标公司的价值评估，其复杂程度远甚于创建新企业对所需资本的估算。原因有如下几个方面。

①缺乏可靠的会计信息阻碍了对目标公司的正确评估。在许多像西班牙与希腊这样的欧洲大陆国家中，会计账目不可能对外公开，这些国家也不可能按照国际上采用的会计制度严格地制定账目。此外，在德国和日本之类的国家，会计账目是为满足纳税规则而制定的，而且可能具有隐瞒利润的倾向。在德国，还存在着对资产保守评估和违规评估的陈规陋习。

②一家经营中的企业的资产往往还包括商誉等无形资产，它赋予企业以高于它的物质资产的价值。而这些无形资产的价值却不像物质资产的价值那样可以很容易地用数字表示，其估价受许多主观因素的影响，难免会造成高估或低估。这些情况在创建方式中却不会碰到。

（2）跨国并购失败率较高

跨国并购的另一个问题是并购的失败率较高，这极大地增大了跨国并购的成本。通过并购建立子公司的失败率大大高于创建子公司的失败率。收购方式失败率高的原因很多，主要的原因有：

①管理制度的不适应。被收购公司原有管理制度不适合作为并购者公司的要求，如果原有管理制度良好，能适合母公司的要求，那么母公司就

可坐享其成，无须做大的改变。若原有管理制度不适合母公司的需要，收购后必须对其进行改造时，问题就产生了。习惯于原有经营管理方式的管理人员和职工往往会对外来的管理方式加以抵制。母公司在被收购企业内对新的信息和控制系统的推行常常成为一个困难而又缓慢的过程。

此外，企业虽然可通过并购方式来取得市场份额和产品技术，但如对被并购的产品种类缺乏经验，可能无法对其进行有效的管理，这同样会导致并购失败。

②被并购公司反对并购的障碍。在欧洲大陆，家族控制公司，甚至控制上市公司，这对于并购者来说是一种难以逾越的障碍。例如在意大利，甚至一些最大的公司都是由家族拥有或控制。德国工商业的支柱米特斯丹德集团就是由家族公司所组成的。在这些家族公司中，对收购持一种反对和敌意的态度，尤其敌视任何收购后的资产剥离。对于米特斯丹德集团的所有者和管理者来说，价格并不是一切，这是因为他们关心自己的公司，并希望它们能够保留下来。因此在欧洲，跨国收购的成功率比美国更为低下。

③跨国并购的文化和政治障碍。**跨国并购的文化与政治障碍经常像一堵无形的高墙壁垒，并且有对收购公司的不利宣传。**甚至当东道国与本国具有类似的文化背景并且讲同一种语言时，也可能引起对外国公司的恐惧，正如 1992 年澳大利亚国家银行（NAB）用 7.78 亿美元收购新西兰银行时所表现的那样，许多新西兰人对他们的大邻居抱有根深蒂固的疑虑。这一收购遭到了政治家和股东们的抵制，他们甚至在境外为新西兰银行的一些分行设立了警卫。文化和政治上的巨大障碍使得跨国收购很难成功。

(3) 企业规模和企业选址上的问题

通过创建的方式可以选择适当的地域并按照自己所希望的规模筹建新的企业，但是采用并购方式往往难以找到一个规模和位置完全符合自己意愿的目标企业，尤其是在产权市场不发达的发展中国家，这个问题尤其突出。

此外，创建新的企业使母公司能按长远发展规划来妥善安排工厂布局，对资本投入的初始量和后来的资本支出具有完全的控制。更为重要的是，母公司能够设置自己熟悉的生产工序和生产设备。

因此，跨国收购从企业组织控制的角度来看，风险要比创建方式大得多。

(4) 目标公司原有的契约或传统关系对并购后经营活动的束缚

现有企业往往同它的客户、供应商和职工具有某种已有的契约关系或传统关系。例如，现有企业可能同某些老客户具有长期的特殊关系，该企业被并购后，如果结束这些关系可能在公共关系上代价太大，然而继续维持这些关系又可能被其他客户认为是差别待遇。与供应商之间的关系也可能会碰到类似的问题。

并购也可能导致人力资源管理上的麻烦。企业被并购后，由于企业的整合往往产生大量的剩余人员，对这些人员的安置和报酬都会在企业的经济效益上及道义和法律上碰到麻烦。

二、国际融资：企业国际化经营的战略目标与方式

企业在国际化经营中，必然需要大量的资金，为了筹集这些资金，公司应从全球范围内考虑，权衡和选择可利用的资金来源，从而在世界范围内实现其融资的战略目标，而要达到这样的目标就需要采取各种灵活的方式。

1. 国际化经营企业国际融资的战略目标

由于企业国际经营的特点，使得其将从全球利益出发来制定其财务管理目标，也就是说不以母公司或子公司的利益最大化为财务管理的目标，而是以整个公司全球利益最大化作为财务管理的目标。体现在融资当中就是充分利用复杂多变的国际理财环境，追求融资效益最大化，即**融资成本最低，融资风险最小，公司的资金结构最为合理**。

(1) 融资成本最低化目标

采取灵活多样的融资策略，尽可能降低融资成本，是国际化经营企业融资的一项基本原则。国际化经营企业融资成本由三项内容构成，即支付

给资本供给者的报酬如资本利息或股息，因融资货币种类不同而引起的汇率风险以及国家征收的融资税负。国际化经营企业通过不同的融资方式，运用恰当的融资方式和币种组合可以降低融资成本。

国际资本市场差别化是降低融资成本的条件。从理论上说，在国际资本市场充分有效运行的条件下，融资成本不取决于融资方式，不同的融资方法不会带来融资成本的差异，不同来源的资本风险经过调整后基本保持一致。但事实上，国际资本市场不是一个完善有效的市场，而是一个存在着巨大差别化的市场。第一，不同国家经济发展水平不同，投资收益率不同，资本供给者要求支付的资本报酬也各不相同。第二，不同国家在国际经济关系和国际贸易中的地位不同，国际收支状况存在着较大差异，其汇率升降走势各不相同，因而不同国家的汇率风险是完全不相同的。第三，各个国家出于不同的经济发展战略，对国际融资采取不同的政策，从而形成不同的融资税负。如有的国家对国际融资不征收任何税收；有的国家虽然征税，但对不同的融资类型常有不同的税负标准；有的国家对一些国际融资会给予政府补贴。巨大差别化的国际资本市场为国际化经营企业降低融资成本提供了条件。

同时，国际化经营企业完备的国际信息网络和巨大的国际资本调度能力，使其有能力利用国际资本市场差别化，采取有效措施降低融资成本。

首先，**国际化经营企业可以采取措施避免或减少融资纳税**。目前，世界上各个国家税收政策不一致，税制、税率有很大的差别，尤其对融资的纳税政策差别更大。国际化经营企业完全可以通过选择适当的融资国别、融资类型和融资币种来避免或减少融资纳税。如很多国家规定子公司支付国外利息可享受税收抵免，而支付红利则不享受税收优惠。有些国家规定不对外币交易或债务带来的损益征税，而有些国家则对此征税。因此，国际化经营企业可以通过争取融资税收优惠，权衡各币种的外汇损益税收的因素，减少或避免融资纳税，降低融资成本。

其次，**国际化经营企业可以利用东道国政府的优惠补贴贷款**。世界上许多国家为了增加本国出口，改善国际收支，会给予本国境内的出口企业以长期低息贷款，或同时向购买本国产品的境外企业提供优惠的买方信贷。国际化经营企业利用这些优惠贷款，也可以降低融资成本。

再有，**国际化经营企业可以利用国际资本市场上资本供求矛盾降低融资成本**。资本具有逐利性，国际资本倾向于流向国际经济热点，而流向经济热点地区的资本达到一定程度，受供求规律的制约，资本价格就会降低。国际化经营企业可以利用这种资本供求“错位”的机会，以较低成本融通资金。

(2) 融资风险最小化目标

对于经营全球化的企业来说，其融资风险表现在以下两个方面：汇率风险与利率风险。由于国际金融市场动荡不定，汇率处于不断的变化当中，这就为公司采用外币计值的借贷活动增加了风险。

例如，在A国的公司，以B国货币发行外债100万，假如当时的汇率为A:B=5:1，A国公司将获得资金全部转化为本国货币，计为500万。外债到期时，B国货币出现升值，A国货币与B国货币汇率变为10:1，这样A国公司要想偿还这笔外债，只是本金一项就要多付出一倍。由此看来，汇率的变动会给公司带来巨大风险。除汇率因素外，利率变动也会给融资活动带来风险。假如某公司筹措到一笔浮动利率的长期美元银行贷款，在其偿还期内美元利率受各种因素的影响上浮，那么该公司就要为此多付利息；同样，如果该公司筹集到的是固定利率的长期贷款，在偿还期内遇到利率下调，公司支付的利息就会高于市场利息。

(3) 企业资金结构最优化目标

企业的资金结构是指在公司的资金构成中，借入资金与投资者投入资金的比例。**这个比例是否合理，一方面会影响到企业股东的预期利益，另一方面也会影响到企业的融资能力**。一般来讲，如果企业收益高于贷款利息，企业就可以采用借贷经营，这样一来就会提高债务与股本的比例。对于借入的资金来说支付利息是一定的，企业较高的利润由股东来分享，而一旦出现经营上的风险，则主要由债权人来负担。债权人为了资金的安全，不会将资金贷给这样的企业，企业的融资能力也因此下降。因而对于企业来讲，应从全球利益最大化出发考虑其资金结构，从而提高企业的融资能力。

2. 国际化经营企业国际融资的方式

为了达到目标，企业应从其全球利益出发，采取灵活的融资方式。就国际化经营的企业来说，融资的来源不外乎以下几个方面：一是本企业集团的内部资金；二是来自母公司所在国的资金；三是来自子公司所在国——东道国的资金；四是来自国际金融市场的资金。面对以上资金来源，可采取不同的融资方式。

①内部融资方式。这种方式是指企业内部母公司与子公司之间，子公司与子公司之间相互融通资金，例如对于向外支付利息享受免税的国家的子公司，母公司可以为其提供一定数额的信贷资金。这样一方面能满足子公司资金上的需求，另一方面子公司支付的利息可以免税，从而降低了融资成本。对于那些向国外支付股利不纳税国家的子公司需要资金，母公司或在其他国家的子公司，可以采用投资的方式向其提供资金。子公司向它们支付股利，而股利支付可以免税，这样可以降低整个公司的融资成本。除此之外，在母公司与子公司、子公司与子公司贸易往来中，采用拖延支付贷款的办法，也可以为子公司提供短期的资金融通。

②对于来自母公司所在国的资金，**国际化经营企业应充分利用其与母国经济的密切联系，采用直接与间接的融资方式**。即它可以利用母国的资本市场发行股票或者发行债券、可转换债券方式融通资金；还可以从母国的商业银行和其他金融机构获得贷款；它也可以利用自己全球销售网络的便利条件，采用相应的购销策略，争取母国政府提供的出口信贷及其他专项资金。

③由于公司的子公司分布于世界许多国家，这些国家的经济环境不同，资本市场的发达与开放程度不同，因而对于这部分资金，公司采用的融资方式是：对于那些资本市场欠发达的发展中国家来说，企业应充分利用政府的各种优惠政策，争取更多的优惠贷款。而对于发达国家来说，其金融政策、金融环境不同，像美国、加拿大这样的发达国家，其资本市场相对比较开放与完善，证券市场是重要的筹资渠道。在这些国家的子公司就可以采用发行股票、普通公司债券或可转换债券形式来融通资金。对于英国、德国这样的发达国家，银行在金融市场上占统治地位，因而宜采取

间接的融资方式，即在这些国家的子公司可以寻求银行信贷资金，也可以寻找当地的企业和个人合资，以这种方式来融通资金或利用东道国的优惠政策获取专项配套资金。

④对于来自国际市场的资金，采用间接与直接融资相结合的方式。间接融资就是企业向国际银行贷款，利用银行贷款能够得到比从一家金融机构更多的贷款数额，同时也比从多个来源筹款效益更高、成本更低，而且融资数额增大带来的知名效应，使借款人未来再融资更为容易。间接融资还包括向其他一些国际金融机构贷款，如世界银行、亚洲开发银行、泛美发展银行、国际金融公司等。直接融资是企业利用国际金融市场，采取国际有价证券融资，具体可分为国际债券市场融资、国际股权市场融资与欧洲票据市场融资。

3. 国际化经营企业国际融资的币种选择

受国际资本市场汇率变化的影响，融资货币种类的选择直接影响国际化经营企业的融资成本和融资风险。在货币可兑换的条件下，国际化经营企业要尽可能地以软币（在付款期内呈疲软趋势的货币）来借款，然后兑换成硬币（趋于升值的货币）进行投资，到期后（软币继续呈疲软态势时）用硬币兑换软币偿还本息。这样可以避免或减少这种货币贬值或通货膨胀所引起的风险。当货币贬值时，需要偿还的债务本息不受影响，仍按固定利率偿还，而当出现通货膨胀时，公司的收入和利润将随膨胀率的提高而增加，因此，通货膨胀有可能使公司的实际偿还债务减少。

例如，美元和日元是可以兑换的，而且在可以预料到的时期内美元将趋于疲软，而日元将趋于坚挺。一家欧洲企业想要在日本投资，它可以按一定利率借入美元，然后兑换成日元在日本投资并销售产品，其收入的货币是日元。随着美元的不断贬值，这家公司就可以用相对升值的日元兑换美元偿还美元借款。这种选择既可降低融资成本，避免融资风险，又可增加企业收益。

三、企业国际化经营中的税负安排

企业国际化经营的过程中必然会涉及国际税收问题。由于各国税收制度不同，一方面会给企业带来税收方面的风险；另一方面，又会使企业通过利用各国税收法律健全程度不同，各国税制的差异，采取一些合法的手段合理避税，以达到全球税负最小化、全球利益最大化的目的。

1. 影响国际化经营企业国际税负的因素

（1）国家税法与税制

任何一个国家税收的征稽主要依靠的是其税法、税制与相应的一些政策，这同样也是国际化经营企业在税收方面的首要影响因素。对国际化企业来说，其子公司分布在世界上许多国家与地区，因而其经营也涉及许多国家，企业的税收行为会受到这些国家税法、税制及相关政策的制约。国与国之间对于应税所得的划分、税收种类、各种税收相应的税率各不相同。因此，公司在考虑国际税收问题时，不仅要考虑母公司所在国的税法、税制与政策，而且要考虑到子公司所在东道国政府的税法、税制，以寻求最佳纳税途径和最小的纳税额度。对于税法、税制与政策方面的因素，我们主要从以下几个方面进行考察。

①税种。**不同的国家税收种类是不同的，**但总的来讲不外乎两个方面，一是由国际化经营企业自己承担，不可以向外转嫁的税收，如所得税。二是可以转嫁出去的税收，如增值税。国际化经营企业在其跨国经营中除了接触到的关税外，所得税是其涉及的最为频繁的、数额最大的一种税。各国对于所得税的应税所得确认不同，所得税税率高低有别，因而其伸缩性较大。除了关税与所得税公司经常涉及到，营业税与增值税也是公司接触较为频繁的税种。增值税是公司对其产品增值部分应纳的税，营业税是针对商业、运输与服务等行业征收的税种，它们在不同的国家有不同的征收办法与形式，但其承担者不是公司而是消费者。

②税收原则与相关政策。这些主要是指对于税收减免的规定，对于从国外取得的收入是采用领土原则还是采用世界原则，对税收管理制度的规定及针对公平原则、中性原则、递延原则所做出的有关规定。

③税率与应税基数。对于国际化经营企业来讲，它应该缴纳的税额等于应税基数乘以相应的税率，因而应税基数如何确定、税率高低都对企业的税收有直接的影响。**如果税率不变，应税基数增加，公司就要多交税。反之，则会少交税**。同样，如果应税数额一定，它所适用的税率较高就要多缴税，反之，则较少。如果两者同时发生变动，二者同向变动时，企业要么多纳税，要么少纳税；二者逆向变动时，公司税负的增加与减轻取决于各自变动的程度。

(2) 国际税收条约与协定

国际税收条约与协定对国际化经营企业的国际税收管理来讲，有着非常重要的影响，一般应包括如下内容。

①适用范围。国际税收条约与协定的适用范围规定了课税对象和税收对哪些税种适用。

②税收征收权的划分。国际税收条约与协定的签订，一方面是为了防止偷税漏税行为；另一方面是为了尽量避免重复征税问题。因此国际税收条约与协定就规定了对哪些税种有征收权。它主要涉及公司的营业所得、投资所得、劳务所得和财产所得在哪个国家征税的问题。

③无差别待遇。国际税收条约与协定在这方面的规定主要是为了反对税收歧视问题。如不同国家在同一国家设立子公司，它们在相同的条件下，负担的税收应是相同的。

④税收协商程序与情报交换制度。

2. 国际化经营企业的国际避税

国际化经营企业的所得税来源渠道较为复杂，种类繁多，对于任何一个国家来讲，很难做到把应该收的都收上来。应税所得与在国外的纳税额很难准确的确认。除此之外，各国税收制度千差万别，对于同一类税的征收手段、名称、范围与管理办法各不相同。这既容易造成重复征税，加重纳税人负担，又会为一些国际化经营企业提供避税的机会。面对国际市场日趋激烈的竞争，**税负的轻重有时会成为纳税人能否争取到竞争优势的重要因素**。国际税务管理方面存在许多漏洞，国家之间的税收情报交换不及时，对国际避税问题处理远远不够。这些都会引起国际化经营企业出于对自身利益的考虑，采取各种手段避税。具体来讲引起国际避税的原因有以下几个方面。

(1) 纳税人税负加重

国际化经营企业避税的主要税种是所得税。近几十年来，许多国家的税率与实际税负不断提高，使得国际化经营企业所承受的税负越来越重，有的甚至达到企业净收入的 50%。现就以下三个方面来说明税负变重的原因。

①税率的变化。假如所得税税率采用累进制，税率会随着征收对象的增大而提高。从另一个角度来看，在这种累进税率制度下，边际税率会随着税基增加而增加，也就是说在新增的每 1 元收入当中政府将要抽走多少。当边际税率超过 50% 时，即纳税人所取得的收入大部分将被政府抽走时，纳税人必然会产生一种对抗心理，与之相伴地必然是想尽一切办法来避税，甚至逃税。因而，边际税率的提高是构成国际避税最直接也是最主要的原因。另外，进入 20 世纪 70 年代，**许多国家的最高税率和最高税负有所提高，也是造成国际避税的重要原因**。

②税基方面的变化。税基是征税的客观基础，是计算税额的依据。在税率一定的情况下，税基的大小决定了税负的轻重。近年来，国际上有一种不断扩大所得税税基的趋势。例如美国和法国等国家，向来对转让所得不征税，现在也倾向对这部分收入征税。

③全球性的通货膨胀。在存在通货膨胀的情况下，如果政府没有对收入和资本或二者兼有的价格指数进行调整，来提供相应的减免税补偿，那么名义收入的增加就会使纳税人适用的税率进到更高的档次。从某种意义上讲，这是政府增加税收收入的一种微妙途径。除此之外，通货膨胀直接引发的物价水平上涨和消费价格指数的提高及对公司原始价值的影响，会使计算企业所得税应扣除的成本费用变得更小，从而纳税增加。由此看来，通货膨胀对国际避税具有强烈的刺激。

(2) 国际市场竞争太激烈

当今国际市场涉及范围较广，成交数量大，每年有几万亿美元的成交额，发展速度较快，全球贸易额的年均增长率超过生产总值的平均增长率，商品种类众多。竞争非常残酷与激烈，国际化经营企业要加强自身实力，能够合理避税，减轻自身负担成为必然选择。

(3) 各国税制差异的刺激

由于各国税制的差别，使跨国纳税人有机可乘，这也是国际化经营企业进行跨国避税的重要原因。税制差别的存在，促进了国际收入转移和资金流动，从而引起纳税义务和实际税负的变化。如各国在征税范围与税率上的差异，各国税收优惠措施方面的差异，税收征管水平的差异，其他规定差异，如各国成本费用扣除标准不一样，导致各国税基不同。各国采用的免除国际双重征税的办法不同，给国际避税提供了一个有利条件。各国公司法、外汇管制条例及银行保密制度不同，均会引起纳税对象的跨国转移。

客观上说，国际避税具有以下效应。

①避税直接为纳税人减轻了税务负担，从而增加了他们的税后收入。国际化经营企业其跨国经营的主要目的是为了获取利润和资产的增值，实现股东利益最大化。而国际税收的征取是与国际公司的利益相悖的，缴纳税收会使其利益受损，而避税则可以使其税负减轻，并由此获得更多的可支配收入。

②避税使公司相当于获得了政府补贴。由于政府所征地税构成了公司的成本，如果公司能够合理地避税，就相当于降低了企业的经营成本，这样公司在国际市场就可以通过降低售价来获得更多的市场份额，以期提高市场占有率。

③国际避税对国际化经营企业的跨国经营活动也带来许多不利影响。采用各种手段尽量避免各种税收，对于企业来说无疑是增加了收益，但这种收益并非正常经营所得，而是一种扭曲了的盈利。因而，它无法反映企业真实的经营成效，进而会影响到资金在各国之间的正常流动，对于跨国经营活动带来许多不利影响。

3. 国际化经营企业国际避税的方式

由于以上原因，进行国际化经营的企业都非常重视国际避税。在实际运用中，国际避税有种种不同的方式与途径。

(1) 利用资金的跨国转移来避税

对于国际化经营企业来讲，它的许多业务是在母公司与子公司之间，子公司与子公司之间开展的，资金在公司系统内跨国流动，这样就为其避税创造了条件，**公司可以利用抬高或压低内部转移价格的手段达到避税的目的**。具体可分以下几个方面。

①利用母公司及各子公司所在国的税率不同，通过资金转移来减少纳税。

例如，某公司在甲、乙两国各设有一子公司，甲国所得税率为40%，乙国所得税率为20%。现在甲国子公司有一批货物欲出售给乙国子公司，货物成本是20万美元，利润为5万美元，则甲国子公司应按25万美元的价格卖给乙国子公司。乙国子公司收到货物之后以30万美元对外出售，则乙国子公司从中可得5万美元利润（其他杂费未考虑）。这样一来两公司应该交的所得税为甲5×40%=2万美元和乙5×20%=1万美元，共计为3万美元，对于整个公司来讲，它要交纳3万美元所得税。这时，甲国子公司受到母公司的干预，以22万美元价格将货物卖给乙国子公司，如此，甲国子公司获利2万美元，乙国子公司仍以30万美元对外销售，则其获利8万美元，两国共交所得税为2×40%+8×20%=2.4万美元。通过转移价格为公司减轻税负6000美元。

②利用虚设贸易公司，虚构营业活动达到避税的目的。假如母公司设在税收较高的甲国，它在低税收国家乙国虚设一个贸易公司。母公司在其经营当中就可以将货物以较低的价格售给贸易公司，贸易公司再以正常的价格出售给丙国的买主，实际上货物仍是由甲国直接运往丙国，母公司与贸易公司进行的只是一种虚拟的营业活动。通过这种方式将利润由高税负国家转移到低税负的国家，从而达其到避税的目的。

③通过收入和费用的分配或关联公司之间的转移价格来避税。例如国

际公司可以通过在高税国建立制造业公司，在低税国设立服务性子公司，然后由服务性子公司来承揽制造业公司的大量广告和其他服务，据此来收取一定的广告服务费，从而提高高税国制造公司的成本，降低其利润，这相当于将制造公司的利润相应转移到了服务子公司中去，达到少交所得税的目的。

（2）利用避税地达到避税的目的

国际避税地又称避税港，是指那些对人们取得的国际所得或财产提供免税或低税待遇的国家和地区。它们出于一定的经济目的，有意识地实行远低于国际一般税收水平的税收制度，而且常常是放弃在双边对等原则的条件下，单方面给予税收上的特殊便利。利用避税地避税就是国际公司将其所得与资产转移到税率较低、甚至免税的地区，以减轻自己的税收负担；国际公司也可以在避税地进行投资，进行其他生产和营销活动，也可以进行一些旨在减少纳税额的活动。如在避税地建立保险子公司，并把经营中发生的保险费用付给保险子公司。这样，一方面母公司及所属的子公司可以将这笔保险费用从其收入中扣掉，从而可以少纳所得税。另一方面，由于保险子公司处于避税地，因此对此笔保险费收入，可以少纳税甚至不用纳税。再如，通过在避税地设立名义子公司，把其他公司经营所得归在名义公司账下，也可以利用其作为中转销售公司，这样做一是将在各国子公司的利润以股息形式汇到基地控股公司账下，二是把别的子公司欲对外销售的货物，以低价格卖给名义公司，再由名义公司以正常价格对外销售，如此便可以减少整个公司应纳税收。除此之外，国际公司可以在避税地设立收付代理人性质的子公司，以收取利息、特许权使用费、劳务费或贷款等。

避税地会给国际化经营企业带来许多税收上的优惠，但这并不意味着能带来税收上优惠的地方都是避税地。企业在选择避税地时应在考虑税收因素之外，还要考虑到这个地区的政治经济形势是否稳定，因为只有政治经济形势稳定才能为公司创造宽松的经营环境，确保投资的安全。同时也要考虑到外汇管制程度，如果一个地区对外汇管制较为严格，外汇的汇入与汇出受到很大限制，那么，即使此地税收负担较轻，国际化经营企业也不会以此为避税地。再者，选择避税地要考虑到它能否为公司的营业与财产进行保密。除了上述几个因素以外，选择避税地还要考虑当地对外资进入的态度；注册程序是否简明，手续费是否低廉；交通运输与通信是否便利；服务行业是否齐全；地理位置离母公司是远还是近；当地工资水平、人力资源怎样；汇率与利率情况怎样等等。

（3）海外公司选择不同的设立形式达到避税的目的

国际化经营企业在海外是选择设立子公司的形式还是选择设立分支机构的形式，对其纳税有很大的影响。一般来讲，如果在海外设立分支机构，可以免交资本注册税或印花税，可以免除由于支付利息、特许权使用费和股利征收的预提税。新机构初创阶段所发生的费用与损失，母公司所在国一般规定允许冲减母公司的收益，由此降低母公司纳税所得；分支机构在其所在地可以减少填报账表、审计项目和遵守公司法等方面的限制。除此之外，选择分支机构也有不足之处，如分支机构不是独立法人，不能享受东道国政府给予免征或减征税收的优惠，分支机构经营所得需要同一会计年度汇回母公司一并纳税，如果分支机构所在地税率较低时，就会丧失获得税收上便利的机会。分支机构向母公司支付的利息与特许权使用费，不能从纳税所得中扣除。当地税务部门对分支机构在转移价格问题上非常敏感，会受到它们的特别关注。如果国际公司在海外设立子公司，其优点是克服了分支机构的不足，它的缺点又正好是分支机构的优势所在。因此，我们应该结合两种形式灵活运用，可以在经营初期选择分支机构的形式，充分依托总部的优势顺利开展经营，等到有了一定的经营经验和盈利之后转为子公司。

四、国际化经营企业的外汇风险管理

现代企业在国际化经营的过程中，其国际收支离不开外汇且涉及的币种较多，由于外币币值的频繁变动必然导致汇率的变动，汇率的变动会造成公司的财务损失，这就是外汇风险。因此，如何预防与化解由于汇率变动带来的风险，就成了现代企业国际化经营中财务管理的一个重要内容。

1996 年底，因为出口滑坡，泰国的国际收支出现严重赤字。泰国金融界流言四起，纷纷传说泰国货币铢将要贬值。很多企业都惶惶不安，不知所措。美国国际商用机器公司（IBM）泰国分部的计算机硬盘生产部经理诺瑞业·奥科木热却没有消极地坐等事态发展。诺瑞业认为，泰币贬值将使泰国成为亚洲最有价格竞争力的出口基地，是 IBM 泰国分部采取重大战略行动的良机。诺瑞业对泰币贬值的可能性和不同程度贬值状况下的泰国生产成本作了仔细分析，提出了一个大胆而又切实的投资计划，说服 IBM 总公司在泰国投资 3 亿美元，兴建计算机硬盘工厂。

1997 年 7 月 2 日，也就是 IBM 决定投资兴建泰国硬盘工厂的 7 个月之后，泰国中央银行宣布不再人为地维持泰铢对美元的比价，任由泰铢在市场上自由浮动。短短 2 周之间，美元与泰铢之比已从每美元 25.3 泰铢跌到了 32.75 泰铢，泰铢贬值达 25% 以上。对于 IBM 来说，很幸运的是因为投资及时，此时的 IBM 泰国工厂已经开始大批生产计算机硬盘，产品向世界市场出口。其他许多跨国公司此时也纷纷在泰国增加投资，以便利用泰币贬值的价格优势，把泰国工厂建成为出口基地。仅日本富士公司一家在泰国扩建计算机硬盘厂的投资就达 2.5 亿美元。

但与此同时，以泰国国内市场为导向的许多企业却遇到了严重的困难。受冲击尤为厉害的是那些依靠进口原材料生产的企业、主销进口商品的商店和那些价格收入弹性很大的豪华型服务业。一位曼谷美容厅的美容师说："我原来每天可以做 4 ~ 5 个每位 120 美元的全套烫发，而现在只能做 8 美元的基本理发。"

1. 外汇风险的种类

外汇风险是指外汇汇率的变动对国际化经营企业跨国经营带来的不确定性。具体可分为四种类型。

（1）经济风险

经济风险又称营运风险，它是由于未能预料的汇率变化对公司未来可获得的现金流量的净现值产生的影响。这种影响的大小取决于汇率的变动对未来销售量、价格和成本的影响。假设我国某公司从事跨国经营，该公司为了避开美国的配额限制，打开北美市场，获取更先进的技术，在美国设立一家子公司，利用当地的劳动力与原料进行生产，产品销往北美，以美元计价。可能会有如下几种情况：情况之一，如果美元出现贬值，子公司的销售量、价格与成本不变，以人民币计算的营业净现金流量，会由于美元的贬值而减少；情况之二，销售量不变，而销售价格与成本因美元的贬值而提高，其提高的幅度与美元贬值幅度相同。这种情况下，尽管售价有了提高，但是由于成本同比例提高，销售量又没有改变，净现金流量依然在减少，然而较之第一种情况已有了好转；情况之三，销售价格、成本与销售量同时在变动（实际情况也确如此），汇率的变化会使三个因素发生一定的调整。当销售量有更大幅度的增加时，美元的贬值不仅不会给该公司造成损失，相反会带来净现值的收益。当然，这里是假设需求价格弹性大于1，如果出现外币升值的情况则正好与此相反。

（2）交易风险

汇率变化前发生、汇率变动时仍未清算的债务价值的变动，跨国的赊买赊卖，远期的外汇买卖，以外币计值的借贷都会涉及交易风险。

例如，一家中国公司向美国买方销售1000万美元的货物，并商定对方60天后以美元支付货款，若当时的汇率为1美元兑换8.5元人民币，则中国公司应收账款为8500万元。但60天以内汇率可能会发生变化，中国公司对这笔交易就承担了交易风险。假如60天以后美元发生贬值，1美元兑换8.4元人民币，中国公司将得到的货款为8400万元人民币，比预期收入减少100万元人民币。

再如出现外币借贷情况，也会涉及交易风险。

一合资企业从中国境内美资银行筹到100万美元的一年期贷款，假如当时的汇率为1美元兑换8.20元人民币。如果该公司的产品绝大部分在中国境内销售。在一年期满时，需要将人民币兑换成美元来还债。此时，美元相对于人民币出现了升值，新的汇率为1美元兑换8.50元人民币，利息因素略去不计，只是本金一项该企业就要多支付30万元人民币。

由此可见，外币借贷会给公司带来巨大的风险。

(3) 折算风险

折算风险又称会计风险，是指由于汇率的变动对公司合并财务报表的影响。从事跨国经营的公司，其海外子公司的资产、负债、所有者权益、收入、支出、利润等都是以东道国的货币计量的，出于申报与汇总的要求，往往将东道国的货币折算为母国货币。因此，报告期内母国货币与东道国货币汇率发生变动，则上述的折算会造成账面上的增益或损失。尽管所出现的损失不会影响公司的现金流量，但会使公司净资产账面价值发生变化。

例如，中国一公司在美国设有子公司，其账面固定资产价值为500万美元，如果当时汇率为1美元兑换8.50元人民币，公司在编制合并报表时，其合并来的账面固定资产值为4250万元人民币。这期间人民币出现升值，新汇率为1美元兑换8.30元人民币，那么这笔固定资产在合并报表的价值为4150万元人民币。由此可以看出，由于人民币的相对升值，母公司的账面价值损失100万元人民币。

(4) 税务风险

税务风险主要是指汇率变动对公司所得税的影响。

例如，中国一家企业在法国设有一子公司，子公司年末向母公司汇入利润1000万法郎，1法郎兑换1.1元人民币，实际汇入的是1100万元人民币，公司所得税率为33%，母公司应交纳363万元人民币的所得税。如果年底法郎升值，1法郎兑换1.2元人民币，母公司会收到1200万元人民币，如果税率不变，则需交纳396万元人民币的所得税，公司由于汇率的变动多交了33万元所得税。

2. 国际化经营企业对汇率风险的预测

(1) 汇率变动的主要因素

汇率作为一国货币对外价格的表示形式，主要受以下五个因素的影响。

①国际收支。国际收支是指一国对外经济活动中所发生的收入和支

出。当一国出现国际收支顺差时，则在外汇市场上会出现本国货币升值的状态，反之则会出现本国货币贬值的情况。

②相对通货膨胀率。**货币对外价值的基础是对内价值。如果货币对内价值降低，其对外的价值也必然会降低。**自纸币以来，各国几乎都发生过通货膨胀，"货币史即是通货膨胀史"。因此，考察通货膨胀对汇率的影响时，主要考察相对通货膨胀率。一般来说，相对通货膨胀率较高的国家，由于其货币的对内价值下降，其货币的汇率也会随之下降。

③相对利率。利率同样会影响汇率水平。当相对利率较高时，使用本国货币的成本上升，外汇市场本国货币供给相对减少，而高利率吸引外资流入，外汇市场上外国货币的供给相对增加。相对利率的上升会推动本国汇率上升。

④总供给与总需求。总供给与总需求的总量及结构的不平衡也会影响汇率。如果总需求中对出口的需求增长快于总供给中进口的增长，则本国货币汇率将上升。如果总需求的总量增长快于总供给的总量增长，满足不了的那部分总需求转向国外，引起进口的增加，会导致本国货币汇率的下降。

⑤外汇储备。较多的外汇储备表明政府干预外汇市场，稳定汇率的能力较强。因此，外汇储备增加能强化外汇市场对本国货币的信心，有助于本国货币汇率的上升；反之，外汇储备下降会诱导本国货币汇率下降。

此外，**国际外汇市场上的投机活动，以及各国政府对外汇市场的干预也在一定程度上影响着汇率的波动。**

(2) 汇率预测的内容与方法

①汇率预测的内容。汇率预测主要有如下三个内容：其一是汇率变动的方向，即汇率的运动趋势是上升还是下降；其二是汇率变动的幅度，即预测出汇率波动的波幅有多大，从而分析出对企业的影响程度；其三是预测出汇率变动的时间和持续的时间，从而据此制定出防范的措施。

②汇率预测的方法。国际上目前通用的汇率预测方法有三种，主观分析法、计量经济模型法和综合分析法。

主观分析法是将影响汇率变动的各种因素归结为三个方面：经常收支的动向、国内外利率差别、通货膨胀差别。根据这三方面变动的趋势推断出外汇汇率变动的基本趋势。在分析基本趋势时，要充分考虑市场供求各方状况，较系统地进行分析与预测。

计量经济模型法是利用汇率汇价及影响因素的历史统计资料，建立经济计量模型，根据模型对汇率的变动趋势进行预测。它的特点是比较科学准确，但当统计资料不全时则难以进行预测。

综合分析法是一种将定性分析与定量分析相结合，通过汇集各种专家意见和各种定量模型分析的结果，进行综合分析，最后确定出预测结果。这种方法结合了上述两种方法的优点。

3. 国际化经营企业防范汇率风险的措施

汇率风险的防范措施可分内部防范措施和外部防范措施。

(1) 汇率风险的内部防范措施

①净额结算。净额结算又称“冲抵法”，是指国际化经营企业在结清内部交易所产生的债权债务关系时，对各子公司的应收款项和应付款项进行划转或冲销，仅有净额部分进行支付，以减少汇率变动带来的风险。净额结算可以是双边的也可以是多边的。

②配对管理。配对管理可分为自然配对和平行配对两种。自然配对是将某种特定的外币收入用于该种货币的支出。例如不将某种外币的出口货款兑换成本币，而是存放在外币账户上，作为日后从该国进口货币或支付劳务的价款。这样就没有进行外汇买卖交易，在节约银行手续费同时，又避免了汇率变动引起的外汇损益。平行配对是以收入与支出不是同一币种为特征的，但这两个币种的汇率通常是较稳定的。平行配对在有的情况下不能完全消除汇率风险，因为一旦这些货币之间的比价发生了变化，偏离了以往的平行轨迹，则期望中的资金配对就不能实现，并有可能蒙受双重的汇率损失，如收入的外币发生了贬值，而需要支出的外币却发生了升值。当然，这种现象并不常见。

③提前或延期结汇。提前或延期结汇是指在预期某种货币将要升值或贬值时，将外汇计价结算的日期提前或推迟，以避免汇率不利变化带来的风险。如在预期外币汇率将要上升时，进口商在债务到期之前支付外币款

项，而出口商则故意延长信贷期限推迟收汇。需要指出的是，推迟收汇和提前付汇均具有外汇投机性质，它还会影响国家的外汇收支平衡。因此，**许多国家都通过外汇管制和信贷管制的方法限制使用这一策略。**

④定价策略。定价策略包括两方面内容：一是交易货币的选择问题，如进口时应选择趋软的货币结算，以获得外币贬值带来的收益，而出口时选择趋硬的货币结算，以获得外币升值带来的收益。二是对价格的调整，即通过变动价格来抵销汇率变动对国际化经营企业带来的不利影响。价格调整的方法有加价保值和压价保值两种。加价保值是指国际化经营企业在接受软币计价时，将软币汇率下浮造成的损失摊入产品价格中以转嫁汇率风险。而压价保值是指国际化经营企业在接受硬货币计价时，将产品的价格压价以弥补支付者的损失。

⑤资产与负债管理。**这是将外汇风险管理与现金流动管理结合在一起的措施。**它可分为防范性和进攻性两大类，前者要国际化经营企业的资产与负债或现金流入与流出都根据其币种配对，而不管这些货币汇率的走势如何。后者要求公司尽可能增加那些以趋硬货币定值的资产或现金流入，减少那些以趋硬货币定值的负债或现金流出，从而回避外汇汇率不利变动带来的风险。

（2）汇率风险的外部防范措施

①套期保值。**套期保值是指通过买卖远期外汇来避免或减少风险的一种方法。**外汇期货市场的期货交易就是一种典型的套期保值方式，国际化经营企业可以利用远期外汇交易卖出或买入一笔价值相当于将要收回或支付数额的外汇期货，以防止汇率发生不利变化造成的损失。例如某跨国公司以现行汇率换回一笔人民币，预计三个月后人民币会贬值，那么公司可以在期货市场上卖出同样数量的人民币期货合约，待三个月后，现货和期货市场上人民币汇价同时下跌，公司可以低价买入同样数量的人民币期货合约，与先前卖出的合约对冲，取得的差价可以弥补或减少人民币贬值给公司带来的损失。

②外币应收票据贴现。这一措施的实行有两种情况，一是出口企业将外币票据向进口企业所在国的银行贴现，再将收到的外币票款在即期外汇市场上兑换成本国货币后汇回国内；二是将票据向出口企业所在国银行贴

现，直接收到本币资金。通过票据贴现，持票人可不再承担外汇风险。但在后一种情况下，转移外汇风险的费用包括在银行收取的贴息里面。

③货币保险。**货币保险主要是指通过投保货币保险而避免汇率风险。**这其实是一种风险转移手法，通过投保保险，将汇率变动风险转移给保险公司。投保前，国际化经营企业应对各种汇率进行分析，一般选择汇率风险大、难以有效控制的货币进行投保。具体投保时，必须比较投保的成本与收益，当投保的成本很大，甚至可能超过投保带来的收益时，这一策略不宜采用。

④短期外币信贷安排与货币透支。这一措施是指国际化经营企业在事先同某家金融机构达成一项信贷安排，贷款的币种在有外币应收款项下采用该种货币，即先将贷到的外币资金在即期外汇市场上兑成本币，等外币账款收到时再归还银行；而在有外币应付账款时情况正好相反，即向银行借入本币资金，随即将其兑成外币转存入银行，以备日后付汇时用。这种方法除起融资作用外，还可以回避汇率变动的风险。

企业国际化经营中的技术开发与转让

技术垄断优势一直是推动企业进行国际化经营的重要力量。技术优势是企业进军国际市场的立足点，能够转化为巨大的收益。随着国际化经营战略的提出和推行，很多国际化经营企业特别是跨国公司的技术创新和技术流动也出现全球化趋势，使得技术的国际运营成为国际化经营的一部分。

一、技术创新的跨国界趋势

自20世纪80年代以来，技术创新的全球化现象越来越引起人们的关注，一个技术创新的国际网络正在形成，它对世界范围的技术革命与创新日益发挥着重要作用，甚至一些经济学家称之为“一种崭新的技术经济模式”。

1. 跨国公司纷纷在境外设立研究开发机构

企业跨国设立研究与开发机构是一种新现象，通常采用下列三种形式：一是企业直接在国外独资或吸收部分国外资金组建创设全新的研究开发机构；二是通过全资收购或50%以上控股方式兼并国外原有的研究开发机构；三是对本企业原驻国外的一些产品维修、测试、售后服务机构进行投资改造，使其转变为跨国研究与开发机构。究竟采取何种方式则取决于企业的性质，所属产业的特点和所在国的技术资源、经济环境等方面的情况。

20世纪90年代以来跨国公司对跨国设立研究与开发机构都予以高度重视。如日本企业近年来的跨国研究与开发投资十分活跃，目前，在本国注册资金10亿日元以上的日本制造业企业中，拥有海外研究与开发机构的已占10%以上。韩国自1991年政府推出鼓励本国工业独立发展，强化技术实力的有关计划后，一些大公司积极响应，如三星、金星等集团大幅增加了其研究与开发经费预算，并将其中很大一部分用于发展海外研究与开发机构。美国是世界上首屈一指的科技大国，科技精英云集，研究开发实力、技术基础设施堪称世界一流，拥有丰富的研究与开发资源与良好的研究与开发环境，因此，成为外国企业研究与开发机构设立最多的国家。

据研究，许多制药与生化技术领域的跨国公司将重点放在海外实验室，而不是母国。原因是，这些领域的规模经济不太明显，产品生命周期相对较短，其“不动产”主要以科学家和实验员为主，因而公司发展战略一般都倾向于向人脑库的方向转移。从环境上讲，药品需求的市场具有巨大潜力，尤其是一些大国，其专利法、科学家的储备结构、市场竞争的结构都十分有利于新药的研发。

2. 国际技术联盟的形成及其形式

国际技术联盟主要有三种形式：一种是公司或实验室之间以协议备忘录的形式规定的具体研究与开发项目，这是一种初级的联盟形式；另一种是不但在研究与开发方面签署合作协议，而且在生产方面也进行风险共担的“合资生产”；再一种是较高级的技术合作联盟形式，它不但包括研究与开发生产，还包括有关促销的条款内容，即合资建立专门技术促销公司。

跨国公司的研究与开发的全球化是其全球经营战略的一个组成部分。跨国公司通过研究与开发的全球化寻求短缺的研究与开发资源，特别是培养周期较长的科研人才和技术人才。寻求良好的研究与开发环境，涉及技术基础设施、法律保护、政策和社会经济环境等方面的支持。在国际技术发展的前沿阵地设立据点和信息窗口，借此正确判明前沿技术发展的趋势，了解竞争对手的动态，提高自己开发先进技术的效率。同时，通过联合开发，迅速筹集资金，分担风险，减少重复，相互传递技术，制约竞争对手。

跨国公司在高新技术的创新和扩散中，不断提高研究与开发效率的水平，加快调整研究与开发战略步伐。如美国施乐公司组织了跨国设计小组，从构思到画出设计图的全过程，减少产品进入市场总时间，共同设计5100种新型复印机，节省产品开发费用一千多万美金。据有关专家精密计算，产品开发时间每缩短一天，可增加0.3%的商业利润，缩短10天可增加3.5%的商业利润。如德国西门子仅缩短产品开发时间一项，每年便可获取10亿美金的纯利润。跨国公司大力发展海外研究与开发，就是为了充分利用全球不同国家的技术优势，加快研究与开发节奏，获得领先一步的效应。

二、企业国际化经营中技术开发的组织形式

由于政府间、国家间的封闭不断被打破，国际市场自由度扩大，企业的竞争范围也进一步扩展。许多原来只存在于国内生产厂家之间的较量蔓延到全球，变成全球范围的竞争。企业的竞争对手已经由国内企业转变为国际化经营企业，后者同样具有全球供应、全球生产和全球营销能力。技术优势在竞争中的巨大作用已不容置疑。只有那些时刻把握国际市场需求与技术动向、不断从事研究开发活动的公司，才能在国际竞争中站稳脚跟。

1. 母公司中心型的组织形式

适当的科研开发组织形式可以帮助生产者节约成本，实行高效率的管理。国际化企业通常在三种组织形式里选择：母公司中心型、子公司中心型和系统合作型。这里首先介绍母公司中心型。

这种形式往往被中央集权决策型企业采用。它的含义是：母公司根据对当前市场的评价和对未来市场趋势的预测，构想自己的技术战略，利用母公司所有科技能力进行开发，新产品首先在母国市场试销，试销成功的产品向全球各分支机构推广，投放到国际市场中。

母公司中心型科研开发组织形式，将科研能力、科研活动和科研成果集中在母公司内部。它的优点是：首先，母公司一手操办研究开发项目的立项、组织、研究以及将产品推向市场的整个过程，在带有若干技术新突破的产品进入市场以前，技术的保密性是可靠的；其次，研究开发经常要求多方因素配合完成，或者该项开发具有很强的时效性，总部开发能够快速有效地统一行动，缩短研究周期，保证准确按时地实现组织目标。

母公司中心型组织形式也存在许多缺陷，比如：因为该项科研开发活动集中在母公司，很容易脱离各子公司市场的具体条件和市场特点，可能开发出不适用的产品；或者由于当地市场变化迅速，而母公司又远离子公司所在地，因此，信息传递上的减弱或遗失难以避免，总部开发依据子市

场变化调整开发方向显得较为迟钝，从而造成资源的浪费。

为了弥补这些弱点，很多企业会采取以下措施。

①**加强系统内纵向流动**。制订科研与开发课题时充分采纳子公司的意见，不断向它们提出询问。决策最好有子公司经理或各职能部门人员参加，或者采取母、子公司管理人员相互通用的办法。在产品或工艺的运用上，总部也要对分部进行指导和监督，以确保母公司战略意图能够得到贯彻。

②**加强母公司科研开发机构与各国市场的联系，**使母公司的科研开发活动能适应国际市场的发展趋势。较好的办法是将开发项目划分为战略型和策略型两种。对于战略型项目，母公司应牢牢把握在手中，策略型项目尽量放权由子公司自行开发，以快速适应市场。

③**加强母公司内部人员的交流，**通过人员流动来建立和强化母公司中心的科研活动与市场的联系。这个思想可以通过两条途径去实践。其一，母公司的科研开发中心人员经过5～8年的研究活动后，带着研究课题深入到应用部门进行指导和学习，直接担任生产管理职务，安排新产品和新工艺的生产实施；其二，生产部门的科研人员进入母公司的科研开发领域，他们丰富的生产经验会给开发活动带来信心。两条途径可望有效抑制母公司开发活动的盲目性。

2. 子公司中心型的组织形式

子公司中心型适用于分权式组织形态的跨国企业的技术研究。它由总部将产品和工艺的开发和应用权下放到下属子公司，让它们根据当地市场的具体情况做出分析和预测，制订出科研开发计划，相应地把成果应用到子公司所在的市场上。

子公司中心型开发模式能充分利用各子公司的资源和科研开发能力，一般能够根据当地市场变化灵活地做出反应和调整。各子公司在自由开拓当地市场方面可得到母公司的大力鼓励。

以子公司为中心的科研开发体系也有一些缺陷。一方面，母公司在科研开发方面对子公司放权，使各子公司在制定目标时，各自依据的准则和衡量目标的标准可能不同。因为，在现代跨国子公司中，有许多是跨国公司与当地政府的合资企业而非独资企业，当地股份持有人会更多地要求分享利益，这样会造成分目标背离母公司总部的意旨。另一方面，分散式的科研开发会出现重复现象，导致资源浪费；或者以子公司为中心进行开发活动，与部门集中开发相比，在资源配置上可能是不充分的。

为克服这些缺陷，跨国公司从以下三方面进行改善。

①加强母子公司之间、子公司与子公司之间的信息和人事流通。主要目的是避免各分散研发点之间的重复活动，或者由于过分分散而引起的各开发中心的人力以及其他要素资源不充裕的问题。为此，母公司可由总部或其他在生产经营方面有互用性的子公司抽调技术力量和其他要素资源，补充某些子公司在这些方面的不足。

②加强子公司与市场的结合度，把握科研开发的正确方向。母公司放权的目的是让子公司能有充分的条件根据当地市场的变动做出调整。为了保证决策的正确性，母公司应该保证子公司对市场有充分的研究。

母公司的运作中心不能偏离这样的轨道：为子公司的内部科研开发建造协作团体，由各个部门共同拟定科研目标和方向，弥补子公司高层管理人员的不足。具体可将协作体分为三个层次。低层次协作体主要围绕某一具体科研和生产项目，由基层科研和产销人员共同组成，承担项目可行性研究工作，拟定初步的研究开发计划，并具体组织科研开发人员的日常研究安排与生产分配。中层协作体由一个生产部门中的中级科研和产销管理人员组成，主要承担指导和协调本部门内部各产品和项目的研究开发工作，并制定本部门的中长期科研规划。高层协作体由科研中心的高级科研人员及业务部门的高级生产、营销管理人员组成，主要负责统筹分配子公司资源以利于科研开发活动，并根据整个跨国公司的科研战略来制定并监督执行本子公司的独具特色的科研开发战略。通过以上三种协作体，能使各种科研开发项目的分工、协作达到协调、有效的运作。

③放宽子公司决策的自由度。分散型的研究模式与母公司集中型的不同之处是，前者的各细分市场情况差别较大，导致总部难以完全把握各个市场情况而不得不采取放权形式，因此它也就不能按照中央集权式的做法，而必须真正做到让各科研中心发挥自主性与积极性。

3. 系统合作型的组织形式

系统合作型将母公司与子公司之间的界限模糊化，并依据信息流的传递渠道分为“辐射型”与“网络型”。辐射型是指由各子公司依据母公司的总体战略部署独立组织进行开发，科研开发的成果将在母公司的引导下辐射到公司的其他部门，实现利益共享。它的优点是可以避免重复研发和资源浪费。网络型由母公司总体主持资源的分配、科研开发思想的阐述和行动的安排，根据系统内各子公司所具有的优势进行最佳组合。这种思想一旦得到良好的贯彻，将迅速产生效果。这种模式的优点是母公司能综合考虑公司整体的资源和能力，取长补短，实现资源配置的优化组合。不足之处在于它需要公司上下部门、并列部门之间的高度合作与统一行动，这似乎不是一件容易办到的事。

在系统合作型的两种类型中，利益安排是相当敏感的一个问题。无论是“辐射型”还是“网络型”，都需要迅速地将某部门产生的效果成绩传递到公司系统的其他部门，而这都面临着不同利益主体的阻碍。为克服这种阻力，很多企业尝试以下做法。

①树立全球科研开发的观念。对母公司战略贯彻的有效与否，在很大程度上取决于公司内部管理人员以及员工的素质。素质的内涵包括一些全球观念。它要求员工从大局出发，确认子公司利益的取舍。只有跨国公司的各个分部都较好地理解并始终如一地贯彻这一思想，跨国公司总部所制定的战略才能被执行，真正用于指导行动。

②制定战略计划时，要兼顾各子公司的利益，尤其是作为合资另一方的当地政府的利益。这样，为实现这些利益而采取的科研开发计划和转移才不至于受到阻挠。

③要根据外部环境的变化和公司不同时期科研开发战略的特点，及时调整各部门利益关系，以适应外部环境和公司战略的要求。这就是说，当外部环境较缓和、市场较稳定时，应相对地放松对子公司的控制，让其充分发挥主动性；当外部环境剧烈变动、各竞争者针锋相对时，则需各子公司同舟共济，荣辱与共。

④建立协调机制。它可以由单个协调机构组成，也可以由一些扮演中

介角色的管理人员担当。科研人员之间应经常交流，吸取彼此长处，共同研究、探讨、解决公司问题。

三、技术开发的国际化与内部化

技术研究与开发的国际化与内部化并非完全对立的两个概念。因为国际化是以研究开发的国别性作为划分标准的，而内部化则以是否属于同一公司体系作为分界线。公司技术研究与开发的内部化是将更多的研究开发项目集中于公司内部进行，从而减少交易风险和市场风险。

1. 技术开发的国际化

国际化反映了当今国际技术研究与开发的总趋势。过去，跨国公司的研究与开发活动主要集中于母国，国际化程度较低。对此主要有两种解释：一种观点认为将研究与开发集中于母国可以对创新过程实行更有效的控制，从而保持技术的保密性；另一种观点则从技术创新过程出发，认为集中进行研究与开发活动有利于发挥规模经济的优势，利用母国总部优良的科研条件，并不断地在研究人员之间进行技术交流，协调研究人员的创新思想，以保证整个创新过程按预定的战略计划轨道展开。此外，还可以减少由于远距离通信所必须支付的巨额成本，或由于地域语言、文化不同造成的沟通障碍。

现代公司的经营领域一般不再局限于单一行业，或仅满足一部分相关行业的需要，而是可能横贯一些完全没有关联的行业和部门。这主要出于更多地瓜分市场利润和分散风险的动机。但是，这也带来了技术上的困难。所以，**当今时代的趋势是倾向于不同国家、不同行业的跨国公司实行联合**。

对于国际化的选择出现过两种形态，即“瀑布模式”和“喷灌模式”。瀑布模式是指在跨国经营的地区扩张上，采取逐步占领发达国家的主要市场，待站稳脚跟后，再将生产扩充到发展中国家的办法。然而这种模式越来越为潮流所遗弃，因为在竞争者遍布各个市场的今天，每出现一个新产品，都可能很快被竞争对手模仿生产，并占领市场。喷灌模式即利用已建立的全球生产营销网络，将新出现的技术或产品同时在全球市场上推出，迅速将新产品覆盖主要市场，将传统模式中的“出口阶段”时间减少到最短。这种战略的贯彻，要求公司在从研发到营销的全过程中，必须树立全球产品、全球用户、全球服务、全球竞争的观念，时刻以全球性来改造局限于某几个细分市场的狭隘眼光。

可以预料，未来的趋势将更注重国际的合作，一个覆盖范围更加广泛的跨国生产经营体系及全球技术流动网络将得到更广泛的应用。

2. 技术开发的国内化

跨国公司都有将技术内部化的倾向，都乐于将技术转移到拥有全部股权或多数股权的子公司。而且，对于越是关键、先进的技术，跨国公司就越希望加强其内部化。反映在股权结构上，高技术的产品和工艺所采取的生产组织多是全部或多数股权控制，而对于一些在市场上已经逐渐走向老化的技术，则允许保留较低比例的股权额。反映在投资区域上，在竞争较为剧烈的发达国家，多采取全部或多数股权控制，而对于发展中国家则较为宽松。

然而，尽管跨国公司希望尽可能地将收益留在本公司体系内，但这一想法却不得不受到许多因素的制约。制约跨国公司内部化倾向的因素表现在以下几点。

一是当地政府的限制。一般而言，与跨国公司在当地市场建立合资企业的当地政府通常希望能较多地分享跨国公司的先进技术，而且参与跨国经营的愿望相当强烈。因而，一些独资或多数股权企业遭到许多当地政府的反对。这就给跨国公司欲充分内部化以加强内部技术转移的愿望以沉重打击。**跨国公司被迫更多地采取非股权参与，通过技术许可转让谋求当地市场的利益。**

二是内部资源的约束。并不是所有的跨国公司都能如愿以偿地实现技术转让内部化的设想，直接投资将受到跨国公司现实条件的限制，比如资金、管理、人员以及对当地市场比较陌生等因素，都将使跨国公司在开拓当地市场时步履维艰。另外，资源配置和筹措方面的限制，也使许多实力

相对较弱的跨国企业以及广大的中小企业望而却步。

三是技术的性质的限制。技术本身的性质和状况在很大程度上影响其内部化。由于东道国政府总是将注意力放在一些更先进的技术领域，因此一些持有先进创新技术的跨国公司在与东道国政府谈判时，将拥有更强的谈判主动权，从而获得当地政府对于跨国公司拥有多数股权的许可。反之，**如果该项技术在东道国的市场或国际市场已经较为饱和或成熟，那么，跨国公司在谈判时就缺乏回旋余地，只能遵循东道国政府的愿望与安排。**

综上所述，国际技术贸易的不断发展将促进跨国技术开发的国际化，跨国公司之间乃至国与国之间的大型合作项目将进一步得到扩大，这就使得成果的分享成为更加现实的问题。同时，随着国际合作范围的扩大，跨国公司的内部化要求将受到越来越多的限制。

四、国际技术转移方式及其选择

随着经济与技术的发展，现代企业对技术的需求越来越迫切，对技术开发应用的投入也不断加大，在这样的背景下，技术转移一方面成了国际经营者获得利润的一个重要手段，另一方面也成为他们获取先进技术的重要来源。因此，国际化经营的现代企业必须重视国际技术转移。

1. 国际技术转移的方式

国际技术转移的方式很多，但一般可以分为两大类，即技术许可证贸易和通过其他贸易或投资方式转移。

（1）技术许可证贸易

技术许可证贸易是指技术输出方和引进方通过签订许可证协议进行的一种技术贸易，是目前国际技术贸易的主要形式。在这一方式下，技术输出方以一定条件将受工业产权保护的专利、商标、版权和不受工业产权保护的专有技术的使用权转让给技术引进方，因而它实际上是技术使用权交易，同时也是不涉及技术投资形式的技术转让。技术许可证种类包括：专利许可证、商标许可证、版权许可证（包括计算机软件、数据库、唱片、录音、电影）、专有技术许可证等。在技术许可证贸易中，输出方有义务向引进方提供有关技术资料，负责培训引进方的技术人员，提供必需的指导，保证引进方能掌握技术许可证协议所规定的各项经济技术指标。

按技术许可证授权的范围，技术使用权限大小可分为以下几种。

①独占使用权。在许可证合同规定的时间和地区内，技术引进方对引进的技术有独占使用权，第三方不得在该时间、该地区内使用同一技术，技术输出方也不得在转让合同规定的时间和地区内使用该技术。**这种转让方式的技术价格通常比较高。**

②排他使用权。在许可证合同规定的时间段和地区内，技术引进方对引进的技术享有使用权，第三方不得在该时间段和地区内使用同一技术。但技术输出方可以在该时间段和地区内保留使用权。

③普通使用权。在许可证合同规定的时间段和地区内，技术引进方对引进的技术享有使用权。但技术输出方仍可保留在该时间段和地区内使用该技术或将该技术转让给第三方的权利。

④分使用权。在许可证合同规定的时间段和地区内，技术引进方有权将技术使用权再转让给第三方。**分使用权一般属于普通使用权，不具有技术使用权的独占性，而且享有再转让权的技术使用费比较高。**

⑤交换使用权。指技术买卖双方互相转让价值相当的互惠的技术使用权。这种使用权可以是独占性的，也可以是非独占性的，具体由许可证合同规定。

⑥反馈使用权。指技术输出方要求引进方在使用过程中对转让的技术的使用情况、改进情况和发展情况反馈给输出方的权利。

(2)“交钥匙”工程

“交钥匙”工程指的是按合同要求，工程建造过程中的包括工程方案选择、规划、设计、施工、设备安装、调试、试生产及技术培训等一揽子服务全部由承包企业负责。这种形式经常用于发展中国家的大型工业项目。发展中国家由于技术基础比较薄弱，又需要提高其基础工业水平，一般会选择这种方式。如石油输出国对炼油厂的成套设备和技术引进就多选择“交钥匙”形式。

“交钥匙”工程对发包方来说，能够很快投产并形成生产能力，调整国内产业结构。但是这种方式耗费资金过多，而且由于对成套设备和技术缺乏了解和掌握，因而可能会形成对承包方的技术依赖。同时还必须意识到有时引进的并非就是如当初想象的先进技术，因而要做到万无一失，必须在合同中加以严格而明确的界定。对承包方来说，他们在技术选用、设备选购、工程建造方面有很大决定权，因而能够借机一揽子向海外输出资金、技术、设备及产品等，获取高额利润。

(3) 建设合资企业

合资企业是指外国公司与东道国一个或一个以上企业共同出资建立的共同经营管理的企业。它们共享利润，共担风险。发展中国家一方面担心外国资本控制本国行业经济，另一方面又急需引进先进技术发展本国工业，因此鼓励进行合资。而跨国公司为进入发展中国家，也愿意投入资本或以技术折价入股。不过，由于对技术有限控制难度的增大，外国公司一般只转让处于成熟阶段的技术，折价金额较大，而且在转让合同中附加严格的技术管理条件。现在，**建立合资企业已经成为外国公司进入发展中国家和发展中国家利用外资引进技术的主要形式之一**。

(4) 建立控股子公司

当东道国政府欢迎外来投资，而且市场具有较大潜力时，外国公司就会设立控股子公司。由于是全资经营或拥有多数股权，母公司为提高子公司盈利水平，增强竞争能力，往往转让先进技术或比较先进的技术。这实际上是跨国公司内部的技术转移，不仅技术保密性强，还可以保证新增利润为己所有。另外，来自东道国的干预也比较少。

除以上方式外，国际技术转移还有合作研究与开发、专家互访、咨询服务、技术服务等形式。无论哪种方式，由于它们的做法日益规范化，在进行技术转移时，一般转让双方都要签订技术许可贸易协议，但内容和繁简程度则因方式的不同而有所不同。

2. 国际技术转移方式的选择

国际技术转移方式的选择，不仅取决于技术本身的性质以及各种转移方式的经济效益，还取决于技术转移双方国家（地区）的经济环境。因此，在进行具体的技术转移方式选择时，要综合考虑这些因素的影响。

一是技术本身的性质。**技术的性质是决定技术转移方式的一个重要因素**。如某些高新技术，其性质主要表现在研究环节和应用环节，因此技术转移就比较多地采取合作研究开发和许可证贸易的方式进行；对于希望得到较为先进的成套技术的企业，一般可采用“交钥匙”工程的方式，如在钢铁、石油化工、煤炭加工业等行业中，情形就是如此；而对于那些著名商标，国际上通行以许可证经营的方式进行转让。

二是各种技术转移方式的经济效益。企业在选择具体的技术转移方式时，通常要对各种方式的收益和成本进行研究分析，以确定经济效益最大的转移方式。这种经济效益的计算与技术在其生命周期中所处的不同阶段而呈现出来的特点直接相关。

三是国际经济环境。在当今的国际经济环境中，技术输出国政策、技术输入国政策以及技术输入国的基本条件如人口及其素质、资源、技术、经济等也是决定技术转移方式的重要因素。

①技术输出国政策。由于各种技术对一国经济的发展和国家安全有着非常重要的意义，一些发达国家对其国内企业的技术输出尤其是高新技术及涉及国家安全的技术输出都做了严格的规定。一般说，各国对那些意识形态与己相悖的国家都有严格的限制措施，而对与其友好的国家则一般采取鼓励支持措施。

②技术输入国政策。我们通常把技术输入国看成为发展中国家，其实发达国家也经常性地引进技术，因为任何一个发达国家都不可能在所有领域都处于领先地位，它们经济的发展也在很大程度上依赖于引进的技术。**因而技术转移是全球性的活动，所不同的是，不同类型国家对引进的技术的先进程度和内容各不相同，其输入技术的政策因需而异**。而发展中国家则注意鼓励和引导某些高新技术和有关国计民生的技术以及适用技术的引进。

③技术引进国的基本条件，包括该国人口及人口素质、市场状况、技术水平、资源状况等条件。发达国家通常具有消费层次高、劳动力素质好、市场发育完善、技术水平高、资本充足的特点；发展中国家则具有消

费层次低、劳动力素质差、市场发育不完全、技术水平低、资本严重短缺等特点。对这两类情况截然不同的国家，必须采取不同的技术转让战略和方式。即使是对属同一类型的国家，也要针对各国的具体情况采用不同的方式。**发展中国家应特别注意的是引进技术的消化吸收能力以及在此基础上的创新改造能力。**

五、国际技术转移费用分析

在进行国际技术转移时，只有技术输出方和引进方都认为收益大于成本时，交易才可能达成。这就需要对技术价格的构成进行分析。

1. 技术价格的构成

对技术输出方来说，作价时考虑的构成要素主要有：技术转移的总成本及技术引进方的期望收益。技术输出方在进行技术转移时，一般是期望能从转移中收回部分的或全部的总成本，并期望能从引进方的期望收益中分享一部分，这部分期望收益的分享一般会按照惯例进行。下面将对这些构成因素逐一进行分析。

（1）转让总成本

转让总成本由以下四部分组成。

①研究和开发成本。它是指在技术的开发过程中所投入的研究和设计费用，如投入的人力；元器件和设备的采购、安装、调试；实验和测试费用、资料费用等。这项成本一旦发生就不能再改变，有时又称为沉没成本。技术价格中的这部分主要是用于补偿技术开发时的投入。但是由于技术开发过程中的复杂性和不确定性，这期间投入的人力（主要是智力）、物力、资金难以精确计算。另外，由于技术可以多次转让，因而在不能确定包括将来的总转移次数时，技术引进方该补偿多少显然也难以计算。再次，若转移的技术是处在成熟期的技术，则由于研究开发成本已在过去的生产经营中得到了部分或全部补偿，那么技术引进方应该支付的份额也不

太容易确定。

②技术转让过程中的直接成本。它是指**企业在向技术引进方转移技术时，为达成交易而实际支出的成本，不包括技术本身的成本**。这部分成本主要有：专门为技术引进方进行项目设计，向引进方派遣技术服务人员以及培训引进方技术人员等的费用；在技术转让过程中投入的行政管理和协调费用；有关的咨询和法律费用以及其他支出如支付经纪人的佣金等。这一部分成本数目大小不一，因技术的复杂程度、谈判难易程度、合同执行时间长短等而异。由于技术转让过程中的直接成本通常占总成本的较大比例，因此，如何降低这部分成本对降低总成本有重要意义。

③对因技术转移而产生的机会成本的补偿。这里机会成本的产生源于技术输出方因为技术转移而在某段时间和特定的区域内失去部分或全部的投资机会或产品销售机会，也就是说失去原有的部分和潜在的市场份额。技术引进方理应对输出方的这部分机会成本损失进行补偿，补偿额的多少视协议规定而定。如某技术输入国每年限制进口某国某公司某一商品一定数目，该公司能获利 400 万美元，而转让技术后出口量减少，利润降至 200 万美元，那么该公司向该国转让技术的机会成本就是 200 万美元。但是，对机会成本的具体计算非常困难，一般只能采用一个比较科学的估算值。

④技术输出方的利润或技术引进方给予输出方的报酬。**技术转移也是企业获取利润的一种商业行为，输出方通常可以占有引进方引进技术后的新增利润的一定份额**。新增利润通常由以下几部分产生：引进技术降低成本；提高产品质量或性能，从而提高销售利润；扩大市场份额从而提高销售量。对这三部分的新增利润进行测算可以通过一定的方法进行，然后按照国际惯例和行业规范或者技术转移双方的商定比例进行提成分配并在协议中加以体现。

2. 影响技术价格的因素

在进行国际技术转移时，技术的作价要遵循一定的原则和惯例。一般情况下，技术转移远比普通商品的买卖要复杂，而技术价格的高低也受到很多因素的约束。这些因素可以分为技术本身因素和外部环境因素两大类。

(1) 技术本身因素

①技术的先进程度和潜在经济价值。被转移的技术越先进，其研究与开发的费用越大，潜在的经济价值越高，引进方的可能获得就会越多。这种费用和潜在的经济价值正是决定技术转移价格的重要因素。

②技术使用权的范围和年限。**技术转移中，技术输出方给予引进方的使用权限越大，使用年限越大，则技术作价就越高。**比如技术引进方为保护自己的市场，可能会要求获得在合同中规定的时间段和区域内的独占使用权。这样就剥夺了技术输出方向该地区的其他企业转移该技术的收益和自己公司在这个市场中的份额。在这种情形下，技术输出方可能就要提高底价的20% ~50%以作为补偿。根据国际技术许可协会日本分会的资料，独占使用权提成占销售额的6%。同时，技术的使用年限越长，引进方获得的收益越大，因而作价也就会越高。

③技术的市场覆盖率。一项技术的转移价格与其可以占领的市场大小也密切相关。市场越大，索价越高。如果技术引进方不仅希望独占本国市场，甚至希望能够将产品返销到输出方市场，那么引进方就必须接受输出方因这些机会损失而相应提高了的技术转移价格。有时，如果技术输出方不希望引进方进入某一市场，则故意将进入该市场的价码开得很高以致引进方不能接受而作罢。

④技术的供求状况。国际技术市场有时存在垄断情况。此时，技术输出方的垄断程度与技术引进方之间的竞争会直接影响到技术的价格。与此相反的情况是，当为某一项技术进行招标时，那么技术引进方就可选取标价最低或自己最满意的一个标的。

⑤技术输出方与技术引进方之间的谈判实力对比。到目前为止，**国际技术市场还可以称作是不完全市场和非公平市场。技术买卖双方的交易是在拥有非充分信息的情况下进行的。**这时，买卖双方掌握信息的多少及其有用程度就直接影响了谈判时的实力，而实际情况中技术输出方（大多数为发达国家企业）往往占有优势。如我国曾有一单位引进一揽子技术及设备，但后来通过技术情报所利用计算机联检时发现，其中有一项专利即将失效，两项专利只剩下一年有效期。显然，在这次引进中我方吃了大亏。

因此国际化企业在引进专利技术时，一定要通过计算机联检，检查其寿命，特别是在一揽子协议中更要防止对方的欺诈行为。

⑥约束性条款。在技术引进谈判中，有时技术输出方的报价不一定会很高，甚至会出人意料的低。这是怎么回事呢？原因在于协议中有一系列的约束性条款。这些条款通常规定技术引进方在引进技术的同时，必须同时进口元器件和引进相配套的系列设备或生产线，这样输出方就能在高价售出其产品和设备时获取高额利润。

⑦技术的外在性。技术的外在性即外部效应，也会影响技术的价格。它主要包括：环境污染、生态平衡、资源消耗、就业机会、文化影响等方面。举一个很明显的例子，一家造纸厂要引进一项造纸技术，它所面临的方案有两个：一个价格较低，只需约 100 万美元，但是排污较严重；另一个价格较高，需约 300 万美元，排污较少，可以达到发达国家排污标准。从造纸厂角度来看，两个系统的生产能力和纸张的质量都一样，因而经济效益相同。显然，引进第一种技术对厂家来说是合算的。这里就存在一个技术的外在性问题，厂家的第一选择虽然花钱较少，但是对环境却会造成严重污染；后一技术虽不会污染环境，但厂家却要付出额外代价。

（2）外部环境因素

一项技术的价格不仅受技术本身的性质的影响，还受各种环境因素的影响。主要表现在以下几个方面。

①政府的政策干预。前面在谈到技术转移方式的选择时，提到了双方国家政策的影响。**同样，在决定技术转移价格时，双方国家政策有时也具有重要影响。**

技术出口国的政策干预主要表现在：限制某些技术出口或者限制向某些国家出口，如设立技术出口审批程序以及对出口技术的课税。这种管制主要是出于对国家安全及有关法律和税收的需要。

技术进口国的政策干预主要表现在：审查技术转移合同，限制多个厂家同时引进。这种限制会增加技术输出方的风险，同时这种限制使得引进厂家得以享受实际上的独占使用权。因而，技术输出方无疑会把价格提到转移独占使用权的水平。技术进口国另一种干预就是为防止外国公司获取超额利润而设置的技术转移费用的上限。但实际操作中由于支付方式和手段的灵活性，这一限制往往不能起到应有的效果。

②技术进口国的政治风险和商业风险。当一公司发现技术进口国的政治风险和商业风险足以影响技术进口方的履约和支付能力时，通常会提高技术价格并强调一次兑付方式。必要时，还会向有关咨询公司进行风险方面的咨询。

③支付方式和币种。为避免提前支付过程中的支付风险和利息损失，通常一次总付会伴以现金折扣。而国际汇率的变化不定，使得技术买卖双方在协议中通常会规定支付币种和结算币种。国际上通行用硬通货进行结算和支付习惯上使用美元、日元、英镑、德国马克等。在汇率变化时，一般报价中会计算入5% ~10%的汇率风险系数。

3. 国际技术转移费用的支付方式

正如现在购买商品有一次付清和分期付款一样，技术转移的价格支付也有多种方式，这些方式的认定也是技术转移协议中的一个重要组成部分。支付方式和支付总额间有特定关系。一般存在现金支付和非现金支付两种方式。

(1) 现金支付方式

引进方现金支付的方式主要有三类：总付、提成支付、入门费或披露费与提成费相结合的方式。

①总付。**总付是指技术买卖双方谈定一个固定的金额，由技术引进方一次或分期付清**。一次付清时间可在达成协议时或达成协议后某一较短的时间内支付。分期付清则可在协议执行过程中分期支付。总付与提成支付的区别在于前者支付金额是一定的，而后者的支付金额是一可变量。

由于总付金额在技术买卖双方达成协议时已经谈妥，不随技术引进方将来收益的多少而变化，因而技术输出方可以获得固定收入，风险也由技术引进方承担。同时，技术输出方省却了对技术引进方的生产销售情况进行查账核算等烦琐的工作，因而对技术输出方来说是极为有利的。但正如“套期保值”所阐明的道理一样，这种方式对技术输出方来说虽然避免了风险，但却失去了分享技术引进方收益的增加而带来额外收益的机会。

相反，总付方式对技术引进方则是弊多利少，主要表现在：

第一，引进方独自承担了技术使用过程中的风险，包括由于该类技术的更新而导致技术价值下降或丧失、技术实施的实际过程中的不完善或不适用、市场变化导致生产出的产品无销路或者只有小部分销售额等等。

第二，支付完成以后，引进方不能从输出方获得技术的后续支持和协助，因而有时会陷入技术实施过程中出现的难题的困扰之中。即使协议中规定输出方有义务帮助引进方解决此类问题，但因无利益上的直接联系，输出方一般来说也不会尽心尽力，除非额外支付费用，但输出方对这种支付通常会索价甚高。

第三，一次总付方式需要大量现金，这可能会影响企业资金周转或者使企业出现财务困难。由于引进技术不能马上取得经济效益，企业资金周转会受到影响，若贷款支付，则又会涉及利息费用和融资费用的额外支付。

据此，**各国，特别是发展中国家常采用立法或合同审批方式来限定一次总付的金额、条件和适用范围**。有些国家规定对专利使用权的转让和技术咨询可以一次总付，而其他方式则不行。

但是，总付方式在有些情况下还是一种双方均能接受的有效的支付方式：

- 技术情报、咨询和服务等宜在完成协议后立即支付；
- 技术转移金额较小或买卖双方对技术转移后的收益有较确定或较一致估计的；
- 技术引进方资金雄厚；
- 技术被一次性整体转移，而且引进方技术力量较强，能够消化吸收全部技术而无须外援。

②提成支付。它是指技术投产后，按产生的实际经济效果（如产量、销售额、利润等），在一定年限内由技术引进方向输出方支付一定比例的提成费用。相对总付的事前计价，提成支付一般也被称为事后计价。提成支付涉及两个因素：一为提成费基础，如销售额、产量、利润额等；二为提成比例，包括各个不同阶段的比例。

③入门费或披露费与提成费相结合的方式。这种方式也叫作混合支付

方式。指要求引进方在协议开始执行时先支付一笔金额，比如支付技术使用费总额15%作为入门费或披露费，剩下部分则按规定的方法提成支付。

入门费一般来说是输出方在技术转移过程中支出的全部或部分直接费用，这部分款项也可称为定金，以保证引进方严格履行合同。入门费的金额不应订得过高，一般以占技术总价的10% ~20%为宜。这种支付方式在一定程度上综合了上述两种方式的优点而避免了其缺点，是一种较为常用的方式。

(2) 非现金支付方式

非现金支付方式指以技术转移后生产的产品来支付或以企业部分股份的方式来支付。这两种方式常发生在发达国家企业和发展中国家企业之间。特别是后一种，表现为合资企业中外方以技术入股的形式。

①以产品支付的方式。它是指在协议中规定引进方以所引进技术生产的产品来支付技术转移价格。**这种方式显然对引进方有利。引进方一方面不需花费巨额外汇，另一方面还得以销售了部分产品。**然而，如果输出方没有销售该产品的渠道，这种方式则很难被其接受。实践中，更多的是以产品支付部分的技术转移价格。尽管这种方式有时在输出方看来是件麻烦的事，但是这种真诚合作态度有时会为其创造其他方面的商业机会，尤其是初涉他国市场的时候。

②以部分股份支付的方式。这种方式通常也称为技术入股。除非输出方对引进方的潜在市场有兴趣，或为了掌握多数股份及有其他方面的好处，否则输出方不大会愿意选择这种方式。由于股息或报酬较难确定和将来产权清算的麻烦，这种方式很难让输出方满意。但是，这种方式却显然对引进方有利，引进方一方面不需花费外汇资金，另一方面还能得到输出方的技术支持，促使输出方积极参与企业的经营管理。

企业国际化经营中的人力资源开发

人力资源是企业最宝贵的资源。伴随着管理科学的发展，人力资源管理逐步确立了其在企业管理中的核心地位。企业从事国际经营活动的最大障碍就是国际管理人才的匮乏，因此，如何运用科学的方法优化选择和使用各类管理人才，并最有效地调动他们的积极性、主动性和创造性，最大限度地挖掘每个人的潜力，提高经营效率，确保企业整体目标的实现，是企业国际化经营中人力资源管理的根本任务。

一、国际化经营企业人力资源的获得

选拔人才是人力资源开发的首要问题。对于国际化企业来讲，管理人员除了解决一般国内企业所面临的问题外，还必须从事更为复杂的国际组织和协调工作。因此，管理人员的选拔必须在内部严格挑选，并在全球范围内广泛招聘优秀管理人员，培养真正的人才管理队伍。

1. 国际化经营企业管理人员的选拔标准

据日本的研究表明，海外管理人员所应具备的素质由主及次依次为：强健的身体、毅力和耐力、外语会话能力、家人的协助与合作、专业知识和经验以及与当地人的融洽关系等。而美国学者对海外经营管理者们取得成功的一些因素进行了分析，**发现其中最重要的是业务能力，其次才是个人特质。**

总体而言，理想的国际化经营管理人员，应考虑下述标准。

(1) 人格特质

国际管理人员的工作独立性较强，总公司对海外子公司及其管理人员的监督难度大，其工作是否积极主动在很大程度上取决于他们的自觉性，而且他们在公司的海外业务上具有相当大的独立决策权。因此，要求他们必须有高尚的道德、高度的责任心和强烈的成功愿望，并能自觉抵制各种外界诱惑，对公司忠贞不贰。

(2) 文化适应性

任何国家和民族都有自己的文化（包括宗教信仰、道德观念、机构体制及管理风格等），在一种文化里极为普通的产品、设备、工艺流程或生产技术，对另一种文化而言可能就是一种变革。因此，**国际化经营是一项极富挑战性的工作**。海外企业经理们首先要能够承受所在国的社会文化、政治体制、宗教信仰、道德规范、价值观念和管理风格等因素引起的冲击，有较强的社会适应能力。其次，他们必须认识到这种文化差异会对企业经营和业务谈判带来困难，并能灵活地处理各类问题。

(3) 心理调节能力

当管理人员刚进入一种新的文化环境时，往往会因赋予概念、行为标准、生活习惯等具体含义的线索变动而导致困惑和苦恼，这是一种常见的心理现象。一般说来，不论一个人的心理素质如何，当他刚进入一种完全不同的文化环境时，一般都会不同程度地经历这一阶段。这时，管理人员必须有较为正常、健康的性格和心理调节能力，通过和当地人接触、交往，较快适应当地的习俗，恢复正常的精神状态和社会生活。

(4) 了解东道国的基本情况

国际管理人员必须对当地的环境条件有透彻的全面了解。他们不仅要了解东道国的社会现状，还要了解东道国的历史。因为，在一个社会中，人们的许多行为只有通过其对历史的考察才能得到解释。国际管理人员还必须了解东道国的经济及立法，尤其是东道国的经济发展阶段和生产力水平、技术状况、政治和经济体制、分配措施及不利于跨国公司经营的立法等限制条件，以保证其决策的最优化。

(5) 管理才干与工作经验

在国外任职的管理人员，如果仅仅像在国内一样，具备计划、组织、协调及激励等经营管理能力是不够的，他们还必须具备在不同的社会文化环境中从事综合管理的能力。此外，他们还应有一定的工作经验。为保证他们的决策符合总部的战略计划，有利于企业各部门之间的协调和配合，他们必须熟悉公司的经营环境，了解企业系统的组织结构和权利关系、管理模式及企业文化，而这些知识只有从他们在企业内比较长时间的工作经历中才能得到。

(6) 决策能力和创新精神

身居国外的管理者们，主管着远离总公司的企业，有关企业兴旺发达的各种决策，都需要他们独立进行，特殊情境下的一些特殊问题亦需要他们灵活解决，以避免过多的请示汇报而贻误良好的经营时机。因而，**海外管理者们必须具备一定的创造能力，以便在复杂的情况下，在无任何经验**

可供参考时能创造性地解决问题。

（7）语言能力和人际交往能力

对于一名国外子公司的管理者来说，需要同当地人进行交流，同他们建立良好的合作关系。若发现存在的问题，能够充分利用当地的人力资源。如果他们不能熟练掌握当地语言，在工作上则可能遇到麻烦。

但仅具有语言能力是不够的，国外管理人员还应具有一定的人际交往能力，要同具有不同文化背景的人接触、沟通，建立与当地人之间的充分信任与合作，并能在交往中抓住机遇，促进企业的业务发展。

2. 国际化经营企业管理人员的选拔来源

目前，国际化经营企业的管理人员的选拔主要有三个来源，即分别来自本国、东道国和第三国。本国人主要从事上、中层管理，第三国人主要从事中、下层管理，而东道国人除了从事中、下层管理外，公司的一般工作人员和普通职工也由他们担任。

国际化经营企业在国外管理人员的配置上通常采取以下三种指导思想。

（1）民族中心政策

民族中心政策又称本国中心政策。跨国公司的早期阶段，国外子公司的经理一般来自本国公民。主要原因有以下几个方面：

- 子公司成立初期，跨国公司认为东道国缺乏具备相应条件的经理人员；
- 保护跨国公司的技术秘密；
- 便于在子公司推行总公司的经营哲学、管理风格和全球战略；
- 总公司希望建立一个国际导向型的管理体系；
- 当公司集团利益与东道国民族利益发生冲突时，总公司希望加强对子公司的控制，以维护总公司利益；
- 培训和发展国际管理人员的需要；
- 以免卷入东道国的帮派斗争和政治旋涡之中；
- 由于东道国政府对劳动力流动的限制，不得不从母国雇员中挑选。

但典型的民族中心政策也有其明显的缺陷：

● 容易忽视东道国环境条件的差异性，而生硬地引进总公司管理风格和方法；

● 政策往往与东道国的管理人员当地化愿望相矛盾，不利于改善相互关系；

● 限制了当地人才的提升，不利于调动其积极性和利用当地人力资源；

● 成本相对较高。

(2) 东道国中心政策

东道国中心政策是指雇佣东道国的人作为海外公司的管理人员。其主要优点是：

● 他们熟悉所在国的社会经济、政治和法律环境及商业行情，没有语言障碍，不需要对此进行培训；

● 维持成本较低；

● 为当地人提供了提升的机会，增加了他们工作的积极性和动力；

● 有效地响应东道国政府对子公司经营本地化的需要；

● 有助于同顾客、政府机构、雇员及当地工会等建立融洽的关系；

● 避免子公司高层管理人员的频繁变动，有助于保证子公司经营的连续性和稳定性。

东道国中心政策虽然避免了本国中心政策的许多缺点，但也有自己的弊端：

● 当地管理人员可能不了解公司的全球战略、经营哲学及管理风格，从而不利于子公司同总公司的其他部分保持一体化；

● 当东道国的经理人员被赋予真正的自主权时，他们可能倾向于完全独立于总部，经营当地的公司。

(3) 全球中心政策

在这种政策下，管理人员除本国人和东道国当地人外，还有第三国人。国际化经营企业雇佣第三国人的原因可能是：

- 他们具有比较出色的技术、业务专长；
- 也可能是素质好的当地管理人员十分缺乏，而本国又没有能干而且愿意到国外任职的雇员；
- 还可能是第三国雇员与东道国有共同的语言及相近的文化背景，同本国雇员相比，具有更大的文化适应性，而且不具有民族主义倾向。

这种政策同国际化经营企业的其他特点，比如在全球范围内分配资金、技术的特点相一致。但是，只有少数国际化经营企业采用这一政策。以下几个因素共同限制了全球中心政策的适用性：

- 东道国希望让当地人担任国外公司的管理职务，因而常对管理人员的来源进行限制；
- 成本太高，执行有困难。全球中心政策要求全面的投资，包括管理人员及其家属的语言训练及文化定向培训、家庭迁徙、国外生活津贴等方面进行大量的支出；
- 全球中心政策要求在人员管理方面实行高度的集中，不利于开发和利用当地的管理资源。

3. 国际化经营企业管理人员的选拔方法

国际管理人员对国际化经营企业的发展至关重要，因此，企业应结合本身实际情况，组织专门的人力对候选人进行选拔。

选拔海外管理人员与企业选拔其他方面人才在方法上没有多大的差别，只是在选拔的标准与考虑的角度上有所差异。**企业最常用的招聘方法是面试法、心理测试法和情景模拟法。**

（1）面试

面试是面试者通过与应聘者正式的交谈，达到客观了解应聘者的业务知识水平、外貌风度、工作经验、求职动机、表达能力、反应能力、个人修养、逻辑性思维等项情况，并对是否采用作出判断与决策。

面试有三种形式：结构式面试、非结构式面试和混合式面试。

①结构式面试。此类面试要先确定所提的全部问题，然后一一提问。这样有准备的系统提问有利于提高面试的效率，了解的情况较全面。但谈

话方式程式化，不太灵活。

②非结构式面试。面试者在面试中可随时发问，无固定的提问方式，针对每位应聘者，所提问的问题不同。这种面试可以了解到特定的情况。但缺乏全面性，效率较低。

③混合式面试。将结构式面试与非结构式面试结合起来，称之混合式面试。这种方法可以取二者之长，避二者之短，所以是一种常用的面试方式。

无论采用何种面试方式，其内容基本相似，只需根据实际情况灵活设计。

（2）心理测试

心理测试是通过一系列科学方法来测量应试者智力和个性差异的一种方法。因为海外管理人员在具备了相应的学历、资历等硬条件下，心理健康已在国外的企业管理中占据越来越重要的地位。

企业招聘时可与心理测试中心合作，进行人格、能力、智力、态度、个人偏好、成就、人际关系及心理健康等方面的测试。

心理测试的方法比较多，下面仅简要介绍常用的一些方法。

①人格测试。人格测试中，常用艾森克人格问卷（Eysenk Personality Questionaire，EPQ）、明尼苏达多相人格问卷（Minnesota Multiphasic Personality Inventory，MMPI）和卡特尔 16 项人格因素问卷（16Personality Factor Questionaire，16PF）等。这些从国外引进、国内修订的问卷都具有一定的权威性。这些测试对于了解应聘者不同的人格特征，为不同的职位选聘最合适的人才是极其重要的。

②智力测验。瑞文测验是英国心理学家瑞文于 1938 年设计的非文字智力测验，自问世至今，许多国家对其作了修改，现在仍广泛使用，在国外的人才选拔和培训中尤为常用。由于它是非文字的测验，所以检测对象不受文化、种族和语言的限制，在海外企业招聘不同民族的人员时，它是一份很好的评估、鉴别资料。瑞文测验还能测量人解决问题、清晰知觉和思维、发现和利用自己所需信息以及有效地适应社会生活的能力。

③创造力测验。创造力测验能测出个体思维的流畅性、独特性和变通性，以了解每个个体发现新事物和创造新事物的能力。爱德华个人偏好测

验又能测出个体的成就感、自主性、谦卑性、攻击性等。

④心理健康评定。心理健康评定的方法由简到繁，各种各样，作为海外企业人事部门可运用的一项测试是心理卫生自评表（SCL—90）。它可测个体的一些躯体症状、强迫观念、焦虑、抑郁、恐怖、偏执、人际关系敏感和精神症状。**海外企业的人事管理者可根据员工们心理健康的具体情况酌情安排。**

（3）情景模拟

情景模拟指根据对象可能担任的职务，编制一套与该职务实际情况相似的测试问卷，将被试者安排在模拟的工作情景中处理各种问题。在模拟情景下鉴别一个人的工作能力、迅速适应环境的能力，更容易发现他的特长和特点，是一种行之有效的考评方法。

情景模拟一般包括以下内容。

①公文处理。公文一般由文件、备忘录、电话记录上级指示、报告等组成，被试者根据自己的经验、知识能力、性格、风格去处理 5 ~ 10 份文件。

②谈话。包括电话谈话、接待来访者和拜访有关人士等方面。主要考察被试者在人际交往方面的能力。

③无领导小组讨论。这是一种通过讨论一个真实的管理问题，了解被试者心理素质和潜在能力的测试方法，从中可观察权力欲、主动性、表达力、自信、说服力、分析力、抗压力等，最后可要求写一份讨论记录，以分析其书写表达力、归纳力、综合分析决策能力等。

④角色扮演。要求被试者扮演一个特定管理角色来处理日常管理问题，侧重了解一个人的心理素质和潜在能力。

⑤即席发言。给被试者一个题目，让其稍做准备即席发言，以了解被试者的反应理解能力、语言表达、言谈举止、风度气质、思维发散等素质。

（4）评价项目

根据应聘者在模拟情景中的表现，由高级管理人员和心理专家组成的评委会可以对应聘者进行多个项目的评价，评价项目包括：

- 敏感性；
- 系统性；
- 创造力；
- 独立工作能力；
- 决策能力；
- 坚毅性；
- 主动性；
- 责任心；
- 风险精神；
- 团队精神；
- 处理冲突能力；
- 民主性；
- 说服能力。

二、企业国际化经营中人力资源的开发

对一个实行国际化经营的企业来讲，它所选拔和招聘的人员对企业要有一个认识的过程，比如公司一般情况、公司的纪律、公司的发展战略等的介绍。为使他们能尽快进入角色，公司必须对他们进行全面的和有侧重点的培训。这种培训除了包括国内培训的内容外，还包括对东道国语言和环境适应的培训、文化敏感性和适应性培训以及对女性管理人员的特别培训。

1. 国际化经营人才的培训方式

国际经营人才的培训可以通过在企业内部和外部两种方式来进行。

企业的内部培训主要是公司培训机构的培训。有实力的企业通常在总部拥有自己的培训机构甚至数目较多的区域培训中心等。这种区域培训中心在地理、经济环境类似的国家设立。公司内部培训还包括跨国调动即实地培训方式。这种方式能够根据受训者的培训内容及企业遇到的不同问题

而灵活地改变计划，并能使受训者较快地熟悉某地区的经营环境及文化，具有不同文化背景的人们参与在一起，能就某些问题展开充分讨论而获得有价值的结果，而且能够彼此熟悉和理解对方的传统和行为方式，因而效果更为直接和明显。百事可乐公司通常将国外的管理人员选派到美国公司学习半年至一年，而 IBM 则根据不同地区的业务，设立若干区域培训中心培养自己的管理人员。

企业的外部培训包括到有关院校进修，到专门培训机构受训，如出国人员培训中心。这种方式一般来说属于基础培训，比如东道国语言和文化。基于这一点，不少国际化公司倾向于把入选者送到他们即将赴任的国家去接受这样的培训。比如，委托东道国企业为自己培训管理人员，当地的培训计划可能会对入选者提供有关东道国的文化和业务培训。

2. 国际化经营人才的培训内容

不同的国际化经营企业其培训计划有不同的特色，但内容却大致相同。基本内容包括以下几个方面。

①企业情况介绍。向入选者介绍总公司的发展情况、管理模式、机构设置、基本战略、相关职位的职责、以后合作的部门等，以及海外公司的经营策略、经营计划、市场价值状况等。

②工作任务。向入选者详细讲述其所任职位的职责和权限，公司对其的要求，并征询其看法和建议。

③语言。包括阅读能力、书面表达能力和口头表达能力。入选者经过培训应能较熟练地使用东道国语言，提高在东道国的沟通能力，保证工作效率。入选者家属同样要接受语言训练。东道国的入选者此项培训可以缩短时间或免修。

④管理和业务能力。这主要包括国际化经营企业管理、高级市场营销学、公共关系学等管理知识的学习和有关公司业务的培训。比如东道国入选者对环境比较熟悉，但是管理能力或业务能力却较差，需要对这方面进行针对性训练；母国的入选者，原来从事单一部门的管理，而现在在海外从事综合管理，则需在其他方面补课。

⑤工作环境。**工作环境包括入选者的生活环境和海外公司的经营环**

境。生活环境包括：东道国的住房条件、交通设施、医药卫生条件、教育设施、生活习俗等。经营环境包括：东道国的政治、经济、文化、立法、民族意识、特权阶级、社会团体、种族意识、宗教信仰、海外公司与东道国政府及本国政府的关系等。这些情况可以通过背景资料、东道国留学生、曾任职东道国人员的介绍来获得。条件许可的话，可以让入选者去东道国进行短期的实地考察。在这里，东道国入选者可省去上述的很多麻烦。

⑥文化敏感性和适应性。让入选者能够充分了解东道国的文化环境，对与本国文化相异之处保持足够的敏感，学会在东道国的沟通方式和技巧，从而使自己的行为和决策能为东道国人员所认同和接受，避免文化环境不同而带来的混乱、误解甚至抵制。**最有效的文化敏感性和适应性训练是在一个或多个外国环境中生活和工作**。但更主要的还是要理性地随时随地感受这种差异。因此在条件限制无法做到实地体验时，我们可以通过专家精心设置的比较完善的培训计划来对入选者进行训练，这在一定程度上减轻了他们从一种文化环境转移到另一种文化环境时所遭受的文化冲击的困惑，并可以缩短他们的适应过程，从而避免文化冲击和文化差异给公司带来的巨大损失。这种培训的对象还包括入选者的家属。文化敏感性和适应性训练还应与其他培训计划一起对入选者实施自我学习计划，其内容包括跨文化冲击与沟通、认识文化及其对行为的影响等，讨论如何改善组织内部的关系和提高多文化背景下的经营效果，学习跨国性责任管理、多文化业绩评估、国际化企业经理角色的变化及多文化背景下产生的对生产管理、冲突管理和领导行为的不同观点。

入选者是东道国人员，则此项文化敏感性和适应性训练可改为关于母国方面的内容。

⑦绩效考核方法、报酬及福利待遇的申明。明确这些有助于入选者到任后努力地工作，激发其工作热情和强烈的责任感。福利待遇包括休假期的长短、家庭的待遇、子女的教育等。

⑧对女性入选者的特别培训。随着世界女权运动的发展，妇女地位提高了不少，但各国的妇女地位仍然差别很大。如果入选者是女性的话，就非常有必要充分了解东道国的妇女地位、与男性相处的知识，特别要了解

有关妇女方面的法律和宗教教义，以减少与性别有关的意料不到的麻烦。一个典型的对比就是伊斯兰国家和美国的妇女地位是相去甚远的。

3. 企业国际化经营的人才发展计划

十年前，跨国公司还很少制定长期的人才发展计划，只是在出现职位空缺时，才临时从公司内部选拔或从公司外部招聘一名比较适合要求的人员经过短期培训后就开始上岗。但随着全球竞争日益激烈，这种传统的方式已不能适应公司的战略。为保证公司发展和扩张战略的实现，越来越多的公司开始制定与其全球战略和业务相适应的具有连续性的人才发展计划。对缺乏国际型管理人员的国际化公司来说，人才发展计划是其成功的根本保证。

人才发展计划需要高层、中层乃至所有的管理人员具有国际化的眼光和观念。在高层管理人员的选择方面，应该寻求具有国际眼光、对国际环境变化有较强的敏感性及具有快速适应变化的灵活性的人选。**管理人才的选拔中，青年管理人员的选拔应放在重要位置，因而给他们提供发展的机遇应该说是具有战略眼光的一着。**

制定人才发展计划前一般要进行以下几部分的分析。

①人员需求预测，即根据公司的发展战略和现在的情况，对公司近期、中期、长期的人员需求的类型和数量做出预测。这里涉及对职位的功能分析、评估，以确定各个时期的增减情况。其中，中期和长期的需求预测应滚动制定。

②对公司的管理人员素质做出评估，以确定纳入长期人才发展计划的人员名单和数目，特别是确定从事国际生产经营活动的管理人员的人数与比例，并将计划中有发展前途的人员纳入培训计划。

③对外部人才市场的发展及人才素质水平和类型做出评估，以期作为公司的备用人才库。根据这三部分的预测结果，我们就可以制定人才发展计划。

人才发展计划通常由一系列的培训计划所支持。我们在本节中阐述的培训也可以用于人才发展计划。公司应该按照人才发展计划的规划，拟订培训计划安排表，对纳入人才发展计划的人员进行系统的培训，以期他们获得与未来职位相称的素质和能力。同时，公司还应该尽可能地创造机会让他们获得实践的经验。比如国外业务旅行，会给他们带来感性的认识；实行部分职位外派轮换制度，给他们以实践机会和亲自体验国外文化的机会等等。

三、企业国际化经营中人力资源的评价

影响国际经营人员工作业绩的变量有两个基本方面：一个是工作能力，另一个就是激励。行为科学理论认为，激励是利用某种外部诱因调动人的积极性，激发人的行为动机，是通过客观刺激来增强人的行为的内驱力。而对海外管理人员给予相应的报酬和奖励是对其进行激励的一种主要方式。因此，跨国公司的人员评价以及以评价为依据的报酬政策成功与否，在很大程度上决定着一个公司经营效益的高低。

1. 对国际管理人员的考评

(1) *考评方式*

对国际管理人员的考评主要从三个角度来进行，第一是业绩考评，如考评经营人员业绩如何，其在公司经营活动中发挥了多大作用等；第二是态度考评，从工作态度、态势方面把握其工作完成过程；第三是能力考评，评价经营人员在何种程度上达到了企业所期待的职能水平。其中，对管理人员的业绩考评是人员考评的中心内容。

业绩考评是对国际管理人员经营成绩的考核与评定，考评的目的是为奖金的核定、加薪、晋升、能力开发、重新安排使用提供客观依据。**这是人力资源管理的重点和难点，把握不准，往往会造成不同程度的评定误差，影响管理人员工作的积极性。**考评的方法主要有两种：一是同类管理人员的业绩比较考评，二是参照基准考评指标对管理人员进行绝对考评。考评的目的不同，采取的方法也有所区别。对于加薪、核定奖金，可以参照同一类管理人员的共同考核标准比较他们的业绩大小来考核，基本上属

于比较考评。比较考评由于有明确的考评指标作参照物，容易做到客观公正，对管理人员的工作热情不会产生太大的副作用。而以能力开发、晋升、重新安排使用为目的的考评则一般采取绝对考评方法。绝对考评的标准是否全面合理，直接影响着企业人力资源政策是否科学、有效。一般来说，绝对考评标准在内容上应符合三个特点：内容符合岗位职务要求，每项内容的要求形成岗位标准，每项内容的评定标准尽可能减少主观随意性。

（2）考评误差

在对国际管理人员进行考评时，由于考评人员对考评标准把握不准确，或对不同的考评对象使用有差异的标准，往往会产生考评误差。**前者是一种绝对误差，可能造成企业用人方面的失误；后者是一种相对误差，对管理人员的积极性有负面影响**。常见的考评误差主要有四种。

- 以偏概全。整体结论被某一特殊印象所支配，不能实现对管理人员全面、完整地考评。
- 宽大倾向。考评者对管理人员所做的评定有高于其实际情况的倾向。
- 中间化倾向。考评者对每个管理人员所做出的结论雷同，难以区分上中下，使考评失去意义。
- 考评标准误差。考评标准选用不合理往往使考评结论出现绝对误差。

（3）注意事项

为了把这些误差减少到最低限度，在进行业绩考评时应特别注意以下几点。

- 考核标准要明确、适当。
- 考核者必须做到公正、合格。为了确保公正性，最好对每一个考评对象指派两名以上的考评者。
- 考评的内容应限于工作期限内的工作情况，不应受历史工作业绩的影响。

- 考评要注重实绩，不受工作职务以外事由的影响。
- 保护管理人员的权利。禁止考核人员滥用权利，对管理人员采取不负责任的态度，杜绝恣意编造不合实际的考评结论的现象。

2. 国际管理人员的工资待遇

国际化经营企业能否按国际标准结合本国的实际提供给跨国企业人员适当的工资待遇，这对跨国企业能否充分发挥国际人力资源的作用，调动驻外人员的积极性起着重要的作用，而且也是国际化经营企业能否在国际市场增强竞争力的关键性问题。韦恩·卡肖就认为，**"在国际人力资源管理方面，没有哪一个问题能像工资待遇问题这样引起高层管理人员的注意。"**

大部分国际管理人员的报酬包括三个部分：底薪、海外任职奖金和海外任职津贴。

（1）底薪

即基本工资，是与雇员所任职务相联系的基本报酬。可分为两种形态：一种是时间工资，一种是绩效工资。时间工资又称固定工资，是对管理人员一定时间的劳动所支付的工资；绩效工资是按管理人员的工作成绩来支付的工资，是一种变动工资。时间工资便于管理，使管理人员有一种安全感和稳定的心理状态，但缺少刺激作用，不利于鼓励管理人员从事创造性工作。绩效工资能鼓励管理人员尽量努力工作以提高工资收入，并能吸引有较强进取心和成就感的管理人员。但缺点是管理人员缺少集体精神，对公司内与业务无关的工作没有热情。企业可以根据自身的特点和要求采用不同的工资制度。

（2）海外任职奖金

海外任职奖金是为鼓励雇员到国外任职而发给他们的额外报酬，其数额通常为底薪的一定百分比（10%～20%），而且，只要在海外任职就一直有海外任职奖金。**这种与海外工作相联系的奖金有利于吸引并鼓励雇员在海外任职。**

(3) 海外任职津贴

津贴是为了帮助派往国外任职的人员保持其正常的生活水平而支付的。最常见的津贴有生活费津贴、住房津贴、教育津贴和税负津贴。

①生活费津贴。发放生活费津贴的主要目的是补贴雇员国外生活费与其本国之间的差额，因而在确定津贴的数额时，跨国公司往往参照国外某些生活费指数。

②住房津贴。移居国外的雇员要在国外租到与本国条件相同的住房，可能需要支付较高的房租，跨国公司对此一般也给予补贴。

③教育津贴。跨国公司海外任职人员的子女在东道国上学时，可能要比他们在本国交纳更高的学费，还可能由于语言、教育体制等原因不得不回到本国或到第三国去读书。在这些情况下，跨国公司往往会付给雇员一定的子女教育津贴，比如当子女在其父母工作所在地以外的国家上学时，有的跨国公司负责承担他们回到父母身边度假的旅行费用。

④税负调节津贴。如果海外任职人员的总税负超过他们原来在其本国的纳税负担，跨国公司一般通过税负调节津贴给予补偿。税负在跨国公司支付给海外任职人员的各项报酬中占有很大的比重。直到 1982 年为止，税负调节津贴曾一直是美国跨国公司海外任职人员报酬中仅次于基本薪资和奖金的一笔开支。

此外，还有艰苦条件津贴、迁居及调动津贴、养老金、医疗保险、人寿保险等不同形式的津贴，各公司可根据实际情况酌情处理。

(4) 有效的工资待遇政策的特点

根据一些学者的研究，有效的工资待遇政策应该具有以下几种特点。

- 能使海外跨国分公司的工作对人们有吸引力，并能留住合格的人才。
- 使跨国企业人员能十分便利地在母公司与子公司之间或者子公司与子公司之间进行调动。
- 使各子公司的工资制度之间有一个稳定的关系。
- 要使本跨国企业的工资制度与其主要竞争者的工资制度相比有较强的竞争力。

(5) 国际管理人员工资的制定方法

当然，我国是发展中国家，**我们的跨国企业应该考虑到我国的国情和企业的实力，制定一套既符合国际标准又考虑到国情的工资待遇制度**。实际上，各国的跨国企业都有不同的工资待遇制度。每一个跨国企业都应该有自己的一套世界范围内的工资待遇制度，只有这样才能正确处理国与国之间的工资差异问题。许多发达工业国家的跨国企业一般采取两种方法来制定其世界范围的工资制度。

①采用本国标准法。即所有的驻外人员，无论在哪一国分公司工作，均按本国的工资标准拿工资。这使得驻外人员能用其本国的标准去衡量自己的收入的高低，使他们在回国时不至于感到差别太大。这种方法对于高工资国家跨国企业人员比较适用，而对低工资国家的跨国企业人员就很难适用，因为按照本国的工资水平到海外根本无法生活。因此，跨国企业必须根据所派人员要去往的国家的工资福利水平来考虑工资福利制度。

②采用系数法。这种方法也是发达国家跨国企业所采用的一种方法，它将跨国人员的工资分解为一些“工资因素”，然后根据本国和所在国的有关法律条文对工资因素进行调整，使驻外人员的工资水平保持一致。最后用“工资系数”的数值来对整个工资进行综合平衡调整。采用系数法的目的是要让驻外人员在国内的购买、消费能力不变。

3. 对国际管理人员的奖惩

奖励是对人们良好行为和成果的积极、肯定的信息反馈，促使人们将这种行为保持和增强，加快人的自我发展和完善，为企业、社会创造更大的效益；而惩罚则是对人的不良或不正确行为的一种否定的信息反馈，惩罚的实施可以使人们改弦更张，不重蹈覆辙，并通过警戒受罚者而教育他人，起到约束和限制的作用。奖励和惩罚二者效应互补，相辅相成，缺一不可。只奖不罚或只罚不奖都会削弱奖惩的积极作用，但二者的作用是有区别的。实际表明，**奖励的效果总比惩罚好**。对一个人的成就予以肯定和奖赏，无论程度如何，总比忽视其工作甚至斥责要好得多。奖励给予人们的是一种积极的信息，是一件愉快的事情，因而易于被人们所接受；而惩

罚给予人们的却是一种消极的信息，是一件不愉快的事情，它容易损伤员工的自尊心，搞不好会引起思想上的对立，产生消极情绪，影响工作。

国际管理人员的奖惩因在考核标准和文化背景上的差异与国内管理人员的奖惩有一些不同之处，但基本原则是一样的。**奖惩要取得动机和效果的一致性。**

①由于国际管理人员的构成比较复杂，管理人员的文化背景不同，需求和行为动机千差万别，相同的奖惩措施对不同国家或地区的经营人员产生的效果可能截然不同。例如，对美国经营人员可以采取给予个人奖励的办法，而对日本的经营人员则可能无效或产生负效应。这是因为美国人崇尚个人英雄主义，日本人则更注重集体合作，每个人都希望与其他同事和平共处，不希望自己当众冒尖，受到上级的个别奖赏。突出对他们的个人奖励，可能会使其失去心理平衡，反而影响工作绩效。

②**对经营人员的奖惩要制度化、规范化。**首先，要有明确的奖励规定，什么情况下该受到奖励和表扬，什么情况下予以惩罚处分，清晰明了，并安民告示，人人皆知。有了行为准则，奖惩便有据可依，使每个人信服。其次，奖惩规定应尽可能详尽以便于执行。

③**奖惩要以考核为依据。**以个别人的好恶为标准或临时召开所谓的“民主评议会”，都不可能正确地评价一个人。失去客观考评依据，奖惩必然失当，不但起不到应有的积极作用，反而会产生消极的影响，助长不正之风的蔓延、泛滥。

④**奖惩要公平合理。**管理人员的工作动机和积极性不仅受到他们的工作成就是否得到“绝对”承认的影响，还要受到“相对”承认的影响。每个人心目中都有一个公式，用来比较自己和同事或周围其他人所得到的奖励和报酬，他们希望：

$$\frac{\text{自己所得的奖励或报酬}}{\text{自己所付出的努力}} \geqslant \frac{\text{同事或朋友所得的奖励或报酬}}{\text{他们所付出的努力}}$$

要想使这种比较做到客观合理并不容易。奖励和报酬是明显的，但每个人对自己付出努力的评估往往高于客观实际情况。经营利润、销售额等具体的指标容易掌握，而在许多人的合作项目中，对每个人的成绩和贡献就很难量化。特别是对经营人员从事的管理工作来讲，难度更大。在一般情况下，人们往往会得出自己的报酬率低于同事的结论，因而影响工作热情。因此对大多数人的考评应尽可能以量化标准为依据，只对少数素质较好、有涵养、理性思维能力强的高层次管理人员采取一些非量化的标准，但也要尽量做到公平、客观。

⑤奖惩要适时适度，注意分寸，掌握火候，恰到好处。这是奖惩的技巧性问题，协调不好，往往达不到预期目的。

四、企业国际化经营中劳动力的管理

国际化经营企业劳动力的管理，主要是指对工人的管理。它是国际化经营企业人力资源管理的重要内容之一，其成败在很大程度上影响着海外子公司的经营实绩。一般来说，国际化经营企业劳动力管理方面的决策权是分散到子公司一级的。由于国际化经营企业经营环境的复杂性，其劳动力的管理除了具有与一般国内劳动力管理相似的内容外，还有其自身的特点，且面临着更为复杂的问题。

1. 国际化经营企业对劳动力资源选择

国际化经营企业为了招收合适的职工而收集和处理有关信息的过程，便是国际化经营企业人力资源选择，也叫劳动力资源选择。下面以美国国际化经营企业为主，介绍劳动力资源选择的有关内容和步骤。

(1) 工作分析

国际化经营企业劳动力资源选择的第一步，便是进行工作分析，即有目的、系统地收集并确定与工作内容有关的各种重要信息的过程。工作分析包括两项相关的活动:

- 工作说明，即说明某项工作的主要任务、职责及全部活动过程；
- 工作要求，即指明在某个特定工作岗位上，完成某项任务的个人所必须拥有的素质和资格。

国际化经营企业工作分析的方法因国家、企业及工作而不同。美国国际化经营企业最常用的工作分析方法有三种：

①工作分析会谈。指一个受过专门训练的工作分析专家向有关的基层管理人员及职工询问某项工作的职责、责任、所需的知识及技巧等方面的问题。询问的结果归纳为一份工作陈述书，包括该位职工应该做什么，这项工作应该与谁一起协作完成，所期望的结果是什么，完成这项工作需要何种材料、工具、设备及经过什么样的工作程序等。

②工作分析问卷。工作分析会谈具有数据缺乏、标准化和系统化，时间长、成本高、缺乏广泛性等局限性，而工作分析问卷则可弥补这些缺陷。工作分析问卷是一份标准的问答卷，列有工作职责、任务及职工个人所必备的一些特殊条件。答卷人在这些问题旁打勾或在等级量表上按不同程度的重要性标出等级。这种问卷一般有两种：一类是事先设计好的问卷，另一类是为某一工作特别设计的问卷。

③岗位分析问卷。这是一份包括194个问题的现成的标准化问卷，其中187个问题与工作活动有关，其余7个问题与报酬有关。这些问题从总体上描述了工作中的一般活动，通常包括信息投入、脑力程序、工作方式、人际关系、工作环境及其他一些内容。需要指出的是，以上三种分析方法各有利弊，许多国际化经营企业更多的是综合使用各种方法。

（2）对劳动力的选择

选择合适的求职者的前提条件之一是获得他们的有关信息。获得有关信息的手段很多，但国际化经营企业选择合适职工时常用的方法有以下三种：

①申请表。即利用申请表上的问题（如受教育程度、以前的工作经历、健康状况等）获取求职者的有关信息。

②面谈。这是最常用的方法之一。这种方法既可以有效地获取求职者各种知识技术及其他方面的有关信息，从而更好地判断求职者是否适合做某项工作，又给企业提供了一个宣传自己的良好机会。

③行为考试。要求求职者在规范的考试条件下，完成一套特定的任务。这种方法的优点是，可以直接了解求职者的工作技能，而不是像申请表及面谈那样提供间接证据。

（3）选择劳动力资源必须注意的问题

国际化经营企业选择劳动力资源，从理论上讲其依据应该是求职者的实际能力。在实际上，国际化经营企业在不同国家的子公司对劳动力的选择要受到诸如社会地位、家庭背景、财富、性别、种族、国籍、宗教信仰、政治活动等多种因素的影响。因此，国际化经营企业要成功地解决这一问题，并不简单。根据许多国际化经营企业长期以来的实践经验，国际化经营企业在选择劳动力资源时必须注意以下几个问题。

①**符合当地的劳动立法及社会传统。**许多国际化经营企业的海外子公司在选择招收劳动力时，有时会面临当地缺乏技术工人和熟练工人，而非熟练工人又供过于求的情况。此外，许多国家制定更加自由的劳动法规，同时支持工会的活动，其结果往往是工人的期望增加，并要求有更高的工资。因此国际化经营企业子公司在选择职工时，必须把当地的立法考虑进去。此外，还不能忽视当地的传统，例如社会等级、裙带关系、性别歧视等。子公司的人事主管应注意不要将社会地位低下的职员提升到社会地位高贵的职员的管理位置之上，否则可能会破坏交流、挫伤士气。裙带关系在有些国家十分流行，子公司人事部门的当地人在招收职工时往往特别照顾他们的家庭成员、亲戚和朋友，这种做法在其他国家可能是不可思议的，但在这些国家却是合乎道德和可行的，而且还可能会产生最大的整体利益。国际化经营企业海外子公司在选择职工时，还必须尊重就业方面的性别歧视传统，否则可能会遇到许多困难。

②**注意东道国的种族、民族及宗教。**在某些多民族或多种族的国家，人们的社会地位与种族或民族有关，因此子公司在选择劳动力时必须充分考虑到这一点。此外，国际化经营企业的招工政策还不能与当地的宗教信仰相冲突，特别是在东道国存在宗教冲突时，问题就变得复杂了。

③**雇佣和提升当地人。**几乎所有的国家法律都要求雇佣和提拔当地人。例如，欧共体国家允许劳动力自由流动，而对欧共体外国家的移民，则要求有居留证或工作证；美国对长期居住的移民要求有移民签证，而取得签证的前提是取得工作证明；日本对除技术人员及管理人员以外的劳动力进入日本严加限制。大多数国家，特别是发展中国家都要求外国企业先雇佣一定比例的本国人，经过一段时间后，则须百分之百地雇佣本国人。

只有在没有合适的本国人的情况下，才发给外国技术人员和管理人员工作签证。

2. 国际化经营企业对劳动力的培训

由于必须雇佣当地人，以及东道国尤其是发展中国家经济技术发展水平的限制，尽管国际化经营企业海外子公司对劳动力进行严格的挑选，绝大部分劳动力仍无法一开始就胜任公司的工作。因此，必须对招收的工人进行一定时期的培训，提高他们的技术水平，使之符合国际化经营企业发展的需要。此外，在岗位上工作的工人，由于现代科学技术的迅猛发展，他们也需要不断提高自身的技术技能，不断充实新知识，因此持续的训练也是必不可少的。例如在日本，每一个职工，不论其职务的高低，均需经常接受各种训练，并且将这种训练当作其正常工作的一部分，直到退休为止。

国际化经营企业内部培训工人的方法有两种：一种是在职训练，另一种是通过与学校或其他培训机构合作进行训练。通过与学校或培训机构合作训练职工的方法，是国际化经营企业常用的。例如，在美国，公司就经常把职工送到专门的学校或机构去培训，职工在那里参加获得学位的学习，或参加专门为达到某种目的的短期学习。有些公司还有自己的教育中心，为自己的职工提供专门的训练。通过培训机构训练职工，还可以采取这样的方法：在东道国的教育部门建立培训中心，国际化经营企业向当地教育部门提供一些师资和经费，以利用该国已有的设施，这对双方都有好处。此外，**在职训练，即在有经验的人员指导下工作，以获得经验和技术，这也是国际化经营企业训练职工时常用的一种方法。**

训练子公司工人的指导人员，大多来自国际化经营企业总部。为了利用本公司有经验的人员培训东道国人员，国际化经营企业有两种选择，一是把东道国雇佣的工人送到母国接受母公司人员的培训，另一种是从母公司带一批人员到东道国指导培训，两种形式各有利弊。把东道国工人送到母国的形式虽然成本高，但工人能在总公司或设在母国的子公司里感受到国际化经营企业的文化氛围，并在总公司有经验人员指导下接受良好训练，一般来说效果良好。此外，国际化经营企业还把本企业有经验的人员送往东道国以指导培训当地工人。但有时东道国对外国指导人员入境加以限制，原因是担心一旦有了外国雇员，公司就可能不尽力培训当地人，不能让他们尽快胜任工作。

国际化经营企业对职工训练的内容是专门的技术能力。在生产过程中，一项复杂的工作可以分解成若干个相对简单的操作，对这些简单的操作，即使没有技术和经验的工人，经过训练也能掌握。这种要求工人掌握专门技术或简单操作的训练，其成本低、收效快。

3. 国际化经营企业劳动力的报酬

与劳动力训练密切相关的一个问题，是国际化经营企业如何支付子公司劳动力的报酬。

关于国际化经营企业支付工人报酬的策略，如果没有法律的明文规定，可有多种方案以供选择。例如，既可以以现金的方式支付，也可以以非现金的福利方式支付（在非常落后的国家，甚至以服务或商品支付）；既可以立即付清，也可以将部分报酬延期支付；既可以采取固定工资制，也可以采取计件工资制；奖金既可以根据个人或小组的表现发放，也可以根据整个企业的经营效果发放。但实际上，**东道国的法律和习俗以及其他因素往往限制了对上述做法的随意选择。**

一般来说，影响国际化经营企业有关劳动力报酬策略选择的主要因素有：东道国的法律和政策、招收和留住素质较高的工人所需的工资水平、工会的压力、公众的压力、国际化经营企业在相邻或相似国家的工资标准、企业的目标、东道国当地企业对外国企业高工资的不满及其在政治和经济上的重要性、工人的表现等等。

近些年来，许多国际化经营企业为了扩大管理人员和工人的共同利益，增强他们对公司的向心力，在管理人员和工人的报酬中又增添了一个新项目——利润分享。**利润分享是指除了工人的基本报酬以外，根据企业的获利情况另外支付给工人的报酬。**在西方国家，这种报酬支付形式与分享股权和参与管理一起成为一种新的管理潮流。由于各国对利润的定义不一，财务会计制度也不尽相同，各国国际化经营企业实行利润分享的做法也不相同。在意大利及日本等国家的企业中，每半年或一年加发一次相当于一两个月工资的报酬，这种报酬实际上不是利润分享，而是基本工资的一部分，但是日本人将它看作是“利润分享”。在墨西哥、秘鲁、巴基斯坦、印度、埃及以及法国等，法律规定某些工业的利润必须分享。而美国则把迟分给工人的利润当作课税成本。

第九章

企业国际化经营中的多元影响因素整合

企业国际化经营并不意味着企业可以“一统天下，万物归一”，而是意味着企业将面临更多的差异、矛盾和冲突。成功的企业并不是在异中求“同”，而是在异中求“统”，改变定势，承认差异，将差异一一摊开，个个破解，通过有效的联结、协调，使组织内外各项因子达到整合。多元整合，是企业国际化经营中的新内容。

一、文化差异的冲突与整合

在国际化经营中，由于宗教、语言、历史、社会、文化背景等方面的种种差异的影响，造成了人们对于同样的问题见仁见智，“英雄所见不同”的现象。千姿百态的种种文化因素归根到底表现为一种有意或无意的“框框”，一种评价是非善恶，鉴别优劣美丑的衡量标准、参照体系。人们在观察世界，分析问题时，无论如何努力也不可能做到绝对“客观”，民族文化的“框框”不可避免地会影响到国际经营活动的决策。因此，有意识地学习、了解不同文化的价值参照体系，避免以本国文化的框框去套他国行为，对于国际化经营的成败具有特别重要的意义。

1. 文化差异与管理行为差异

文化差异对于国际化经营企业尤其是经营地域分布极广的国际化企业，是极其重要而又烦琐的变量。多元文化因素的影响是全方位、全系统、全过程的。日裔管理专家威廉·大内认为：**每种文化都赋予其人民以互不相同的特殊环境，**因此，虽然同样的行为原理对于不同的文化是适用的，但由于当地情况的差别而形成的社会结构和行为模式可能使其具有很大区别。人们的消费方式，满足需求与欲望的顺序以及工作价值观和努力程度都是以他们所在国家的文化背景为基础的。**文化作为人类知识、信仰、伦理、法律、风俗习惯等的总和，时刻都在影响着人们生活、工作的行为方式和思想总和。**而文化又是随着时间、地点变化而变化，在国际文化环境不同地区的人存在着不同的文化，从而存在着形形色色的文化差异。

著名的比较管理学专家，荷兰文化协作研究所所长霍夫斯坦特将文化定义为在一个环境中的人的“共同的心理程序”。他认为，文化不是一种个体特征，而是具有相同的教育和生活经验的许多人所共有的心理程序。不同的群体、区域或国家的程序互有差异，这是因为他们的“心理程序”是在多年的生活、工作、教育下形成的，因而具有不同的思维。

霍夫斯坦特从其调查数据的分析中，得出了象征国家文化差异的四个维度：权力距离，不确定性回避，个人主义与集体主义，阳性化与阴性化。权力距离所涉及的基本问题是：社会如何处理人与人之间不平等的现象即权力观。权力距离指社会承认的权力在组织和机构中的不平等的分配范围；不确定性回避涉及如何对待永远存在的未来世界的不确定性，即风险观。不确定性回避指社会中对不确定及模糊不清情境的不适感觉度，这种感觉度迫使他们要去维护同一、保卫平安；个人主义与集体主义涉及一个人和他人之间关系的紧密程度，即群体观；阳性化和阴性化涉及社会中男性和女性分别所处地位以及所起的作用即性别观。阳性化指成就、金钱、英雄主义、自信武断等价值观在社会中居于统治地位的程度；阴性化指相对的人际关系，谦逊恭敬、对弱者的关切及注重生活质量的价值观在社会中居统治地位的程度。

文化差异性表现在有些价值观对民族是首位的，而对另一民族可能是第二等、第三等或可以忽略的。从事国际化经营的企业在异国建立一个独资或合资的子公司的过程是在两种或多种价值观念的相互作用过程中展开的。文化人类学认为，尽管各种文化的价值标准千差万别乃至相互对立，但它们都有一定的维系人类社会存在的功能。每一种文化关于价值判断的标准在其文化体系的范围内都有其存在的某种合理性。任何一种价值标准都不存在比其他标准优越或者落后的问题，它们都是独特的，只有从一定的文化体系的角度来考察它们，才具有意义。“文化相对主义原则”是国际经营管理者务必奉行的原则，任何形式的种族中心主义都与此背道而驰。已成为全球性经营的欧洲博格—沃纳化学公司就把“尊重公司和国家的文化”列为其子公司经营管理六大原则之首位。

由于人们的不同价值取向，必然导致不同文化背景的人采取不同的行为方式，而在同一公司内部，便会产生文化摩擦。随着经营区位的多元化和员工国籍的多元化，这种日益增多的文化摩擦就会表现在公司的内部管理上和外部经营中，从而导致市场机会的损失和组织结构的低效率，并使全球战略的实施陷入困境。

在内部管理上，人们不同的价值观、不同的生活目标和行为规范必将导致管理费用的增大。以一家美国公司对不同国籍职工对美国管理者的态度调查为例。

调查的问题是：如果你不赞成你的美国管理者，你将：

- 保持缄默，因为你不能反对公司；
- 事后再与你的管理者交换意见；
- 对你的管理者上司提出异议；
- 直接和你的管理者公开讨论这件事。

调查结果表明：大多数亚洲人选择①，因为亚洲文化着重资历，日本人比较重视人际关系所以选择②，在阿拉伯文化里，雇员不能解决他与顶头上司的分歧，则会找更高的权威，所以选择③，而美国人注重平等，更多选择④。

国际化经营企业的管理者如事先不了解各民族文化之间的差异，而采取单一的，或以本国文化为主的管理方式，那么，国际化经营将很难成功。在母公司与子公司之间由于管理人员文化不一致导致经营目标相矛盾，也往往导致战略实施的失败。如美国电报电话公司的欧洲分支组织主管同公司的主要技术负责人经营观念不一致，各自为政引起整个公司混乱和冲突，导致这家公司不得不把主要电信业务让给竞争对手。为保证全球经营战略的实施，从事国际化经营的企业采取的矩阵结构由于文化摩擦和缺乏集体意识，导致秩序紊乱，信息壅塞，各部门职责不分，相互争夺地盘，海外子公司与母公司的离心力加大，使得母公司对子公司控制难上加难，造成跨国公司结构复杂，运转不灵，反应迟钝，不利于执行全球战略。

2. “跨文化理解”和融合

有相当数量的国际化经营企业采取了合资企业的形式，在合资企业中文化的差异通常会更大，文化摩擦的频率会更高。因而“跨文化理解”就成了合资企业的存在方式，没有跨文化的理解，便没有合资企业跨文化合作的存在。国际管理专家戴维·A·利克斯的话更是发人深省：“大凡跨国公司大的失败，几乎都是仅仅因为忽略了文化差异——基本的或微妙的理解所招致的结果。”

“跨文化理解”具有两层最基本的意义。

第一，**“要理解他文化，首先必须理解自己的文化”**。对我们自己的文化模式，包括其优缺点的演变的理解，能够促使所谓文化关联态度的形成，这种文化的自我意识使我们在跨文化交往中能够获得识别自己和其他文化之间存在的文化上的类同和差异的参照系。

第二，**基于“文化移情”对他文化的理解**。文化移情要求人们必须在某种程度上摆脱自身的本土文化，克服“心理投射的认知类同”，避免自身那种种族中心的关心重要或不重要的尺度和公式的投射，摆脱原来自身的文化约束，从另一个不同的参照系（他文化）反观原来的文化，同时又能够对他文化采取一种较为超然的立场，而不是盲目地落到另一种文化俗套和框框之中。

合资企业经营的经验表明，**一个合资企业的成功取决于该企业“集体技能”，**即企业内存在一个基于跨文化理解统一的价值观体系条件下形成的“核心技能”，而**跨文化传统是促成此核心技能的中介。**

为促进企业内部的跨文化理解，形成高效率的、有凝聚力的经营领导集体和企业的核心技能，需要有意识地建立各种正式和非正式的，有形和无形的跨文化传统组织与渠道。比如：设置企业内部的通用语言（如英语）以利直接沟通，并避免使用隐语；组织多形式、多层次、不同规模的公共交往联谊活动；倡导并制定有效的行为规范；办事公开，坦率待人，不互抱戒心，不搞“小账簿”；灵活性与原则性相结合，注意交往方式。

合资经营跨文化参与及融合，指通过跨文化理解和跨文化沟通，达到跨文化和谐的具有东道国特色的经营管理模式。正像德鲁克所说，“它应该使自己的跨文化性成为一种长处”，而“在管理结构，管理职务和人事政策上完全超越国家和文化的界限既不可能，也并不可取。真正需要的是在互相决定的各种需要和要求之间求得一种浮动的平衡”。一个成熟的合资企业的真正标志**在交叉文化传统基础上，相互适应，整合，定型出一种表征合营企业总体文明状态的新型的具有广泛适应性的合资企业的企业文化。**

连续多次被评为中国十佳合资企业的中国惠普公司，正努力探索一条建立在东西方文化结合基础上的人本位管理模式——中国惠普之道。正如

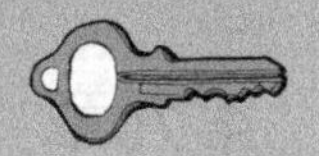

其总经理所总结的："在中国文化和美国惠普文化背景下，为提高外部适应性和内部谐和性而创立的不断发展完善起来的'中国惠普之道'，即是共同的长期战略、互利、相互信任和共同管理。"

3. 跨文化管理的必要性与步骤

(1) 跨文化管理的不同思路

在从事国际化经营的企业的跨文化管理中，首先要考虑不能把多元文化看成是管理上的一种障碍，而应把其看作是组织的一种优势。

美国《商业周刊》有文写道："在文化方面，19 世纪工业革命的一个重大意义就是把过去没有必要或没有机会彼此相互联系的人们联系到了一起……不同语言、文化和价值都被国际商业的基本原理融合在一起……其结果是提高了生产力，增加了财富。"自然界有"杂交优势"的说法，在人类社会实践中亦存在着"跨文化优势"。

跨文化困惑首先发端于文化边际区域，而跨国公司恰恰就是这样一个文化边际区域。美国管理学家德鲁克就认为："它是一种多文化的机构……人们在文化上，首先在语言上是各不相同的……对多国公司进行管理基本上就是一个把政治和文化上的多样性结合起来进行统一管理的问题。"

美国管理心理学家阿德勒定义了一种跨文化管理中的所谓"文化上的协调配合"，即"处理文化差异的一种方法，包括经理根据个别组织成员和当事人的文化模式形成的组织方针和办法的过程。文化上协调配合的组织所产生的新的管理和组织形式，超越个别成员的组织模式。这种处理办法承认多种文化的组织中各个民族的异同点，建议管理者不要忽视和缩小文化上的差异，更确切地说，要把这些差异看成是构思和组成一个组织的有利因素"。

从国际化经营企业的管理实践来看，在怎样处理由于文化不同而引起的种种差异这一问题上，大约有四种不同的基本思路。以研究心理学见长的美国宾夕法尼亚大学沃顿商学院的哈渥德·派蒙尔德把它们总结为四种"中心论"：本国中心论，客国中心论，区域中心论，全球中心论。

信奉本国中心论的企业，自认老子天下第一，科学技术最发达，管理方法最先进，有将本国管理方式在国外照搬的趋向。在海外分公司的管理人选上，一般选派的是本国人，因为本国人最懂行、最称职，至少也最可靠。通常由公司总部向分公司派驻“钦差大臣”。组织形式上表现为总部大，分部小，主要职能参谋部门均集中在母公司本部，主要决策均由总公司做出，分公司主要是下属执行部门。母公司与子公司的信息交流主要是“单行道”式的，总公司“往下”发的是大量指令、计划、指标，而分公司往上报的则是统计数字、请示报告。

而采取客国中心论的企业，其基本思路**是承认文化差别，承认本国的先进体系未必适用于客国，主张入乡随俗**。因为客国土生土长的本地人更熟悉、更了解当地的文化环境，总公司一般不向海外分公司派主管经理。海外分部的业务由当地人管理，海外分公司业务自主，只要主要业务指标（例如利润，销售）达到总公司的要求，总公司对分公司的具体业务和管理活动不直接干预。从组织形式上说，海外分公司基本上是一个完整的五脏俱全的独立公司，除去某些关键科技，一般管理、计划市场调研、营销策略职能，分公司都自有一套班子，独立程度相当高。

而全球中心论则认为，**最佳管理方式、最佳管理人才是没有文化色彩的**。在挑选管理人才时，应当把本国、客国的标准置之度外，而完全按照管理职位的需要来选择。如果是市场营销职位，就挑选最有经验的市场营销人才，而不必考虑他是来自本国、客国，还是来自第三国家。而区域中心论可以被大体看成是初级阶段的全球中心论。

上述的四种“中心论”，似乎是全球中心论最合理，而本国中心论最不合理；但实际上问题并不如此简单。在真正的世界性文化建立起来，并渗透全球以前，采用哪种中心论在一定程度上是个利弊权衡关系。从理想化的角度来说，全球中心论显然比较有利，但是在实际上，全球中心论要求的管理非常复杂，所需要的信息交流量极其巨大，成本很高，有时候政治上的可行性也很低（大多数国家的政府都要求管理人员当地化）。如果一个企业的国际商务的业务比重很小，或者产品所要求的当地配套因素很小，则本国中心论的管理成本最低，因其所要求的内部调整最少。反过来，如果一个企业的海外业务量很大，而且所要求的各分部之间协作程度

很高（例如各分部专业分工互相所需的零配件，各分部之间实行紧密衔接的“零库存”，准时供货制），则全球中心、区域中心体制成为必要。

（2）跨文化管理的三个步骤

第一步是识别文化差异。**由于文化摩擦是由文化差异造成的，所以必须对文化差异进行分析识别。**根据美国文化人类学家爱德华·赫尔的观点，文化可以分为三个范畴：正式规范、非正式规范和技术规范。正式规范是人的基本价值观，判别是非的标准，它能抵抗来自外部企图改变它的强制力量，因此正式规范引起的摩擦往往不易改变；非正式规范是人们的生活习惯和习俗等，因此引起的文化摩擦可以通过较长时间的文化交流克服；技术规范则可以通过人们技术知识的学习而获得，很容易改变。由此看来不同规范的文化所造成的文化差异和文化摩擦的程度和类型是不同的。跨国管理者首先要识别和区分文化差异，才能采取针对性的措施。

第二步是敏感性训练。**敏感性训练是为了加强人们对不同文化环境的反应和适应能力，促进不同文化背景的人之间的沟通和理解。**具体措施是把不同文化背景的人或在不同文化地区工作的经理和职员结合在一起进行多种文化培训。通过简短演讲、角色扮演、情景对话、实例分析、小群体讨论以及实地考察等方式，可以有效地打破每个人心中的文化障碍和角色束缚，更好地找出不同文化的共同之处，加强每个人对不同文化环境的适应性，加强不同文化之间的合作意识和联系。美国尤尼莱佛公司在这方面做得很出色：

公司每年都组织300至400名海外各地任职的经理人员到公司的“国际经营培训学院”进修，在学习期间，来自各国分支企业的经理人员有机会相聚一堂，建立起各自的联系，他们自己形成的这种非正式交际与关系网络，对公司决策和信息交流起了极为重要的作用。

第三步是**建立共同经营观和企业文化**。通过文化差异的识别和敏感性训练，企业职员提高了对文化的鉴别和适应能力，在文化共性认识的基础上，根据环境的要求和企业战略的需要建立起企业的共同经营观和强有力的公司文化。这一点至关重要，它有利于减少文化摩擦，使得每个职员都能够把自己的思想与行为同企业的经营业务和宗旨结合起来，也使子公司与母公司的结合更为紧密，同时又能在国际市场上建立起良好的声誉，增强国际化经营企业的文化变迁能力。在确定国际化经营企业文化时必须要具备下列三个要素。

- 明确性。即要简明、贴切和突出，使企业经营目标易为人们所理解和接受。
- 连续性。不论企业领导层的更迭或者短期经营目标重点的调整，企业的核心战略和价值观念必须具有相对的稳定性。就像 IBM 公司前总裁汤姆·沃森所说："一个公司为了应付千变万化的社会挑战，可准备改变自身的一切，唯有信念除外。"
- 一致性。企业高层管理部门，特别是母公司与子公司经理之间必须不断沟通战略意图，以此确保企业成员对共同经营战略的认同和坚持。

在明确了这三个要素后就要采取强有力的措施，有步骤地建立起具有本公司特色的，又能适应环境的独特的公司文化。这些措施必须包括："企业文化与精神培训"计划、企业形象的宣传、领导的以身作则、文化激励等。其重点放在人员的培养和企业形象的树立上。国际化经营企业文化的建立需要一个比较长的时间，不可能一蹴而就。同时也需要不同文化的职员的参与以及细腻的技巧。

日本松下公司管理者十分重视公司文化管理，他们在公司中建立了一套完整的信仰体系和强有力的公司文化，使得松下职员团结一致，忘我工作。松下公司重视对海外文化的建设，许多被松下购买的经营不佳的外国公司在松下强有力的文化管理下，迅速恢复了活力。松下电器公司借助于它的强大文化使得组织结构坚实而富有弹性，保证了松下公司在全球经营的成功。强有力的文化管理还进一步促进了国外文化环境的适应性，从而克服了文化障碍，开拓了全球市场。

跨文化管理中比较困难的一环是，不管是实施这种管理的管理者，还是这种管理的管理对象，都带有自己的文化偏见（这里的偏见并非成见之意，而是指不全面的片面之见），无论如何努力也不能摆脱，就像人摆脱不了影子一样。这种根深蒂固的偏见所造成的后果是，人们心目中的自我形象和这个自我在他人眼中的印象，往往有很大的差距。

不难想象，这种自我形象与他人印象的差距，在国际商务活动中会造成很多困难，带来很多问题。但是，要消灭这种差距是不可能的。我们需要努力的是尽可能自觉地认识到这种差别，从而真正理解对方看问题的角度。如果双方都能这样努力，则达成共识就要容易很多。

跨文化管理的另一难点在于“适应他人”与“保持自我”二者之间的平衡很难掌握。一定程度的入乡随俗是受欢迎的，但如果彻头彻尾“全盘”洋化或“客化”则可能会造成严重的问题。这里要考虑两种因素：一方面，物以类聚，人以群分，共同点越多，共同语言也越多，也就越容易互相沟通，因此，学习客国文化风俗，做出相应的行为调整有助于沟通感情，建立信任。但是，风俗习惯、价值观念又同时构成一个民族的自我形象，是一个民族借以自立于世界民族之林的基础。如果百分之百入乡随俗，往往会使主人感到自己的民族形象的领地受到了侵犯。不难想象，如果一位美国女经理穿着中国旗袍来做业务拜访，她的中方主人一定会感到很不自在。

总而言之，企业国际化经营中的跨文化管理是一项难度很高的工作。国际上合资、合营、兼并、合并的失败率高，与跨文化管理的难度有直接关系。在这里，最要紧的是记住，在国外的环境，我们自己是外国人，切不可用想当然的方式，用国内的文化框框来推论外国的文化因素。

二、国际化经营中的法律问题

国际、国内商务环境不同，其中主要的是法律的不同。从企业的角度来看，这种环境差别所引起的管理问题主要是知识性的，亦即如何以较低的成本，尽快熟悉、了解和掌握国际商务活动所要求的有关法律知识和法律服务的管理知识，以便在经营活动中做到“知法守法”。

1. 对东道国法律环境进行分析

东道国法律环境是其基本法律体系的总和。包括适用于该国所有企业的一般法律规范和针对外资企业的特定法律规范。它是对国际化经营活动影响最直接、最经常的因素。

(1) 法律体系分类

世界各国法律制度内容各不相同，但彼此之间却有着大体相同的概念、术语和实施方法。据此可将世界主要国家法律制度分为两大法系。

大陆法系。又称成文法系。此法系的特点是法律规则以规范性的文件形式表现，由国家机关依照一定的程序确定。执法机关判案的依据为既有的法律条文。属于大陆法系的国家或地区有法国、德国等欧洲大陆国家，北欧诸国，亚非和拉丁美洲的一些前殖民地国家，加拿大魁北克省，英国苏格兰地区及日本、土耳其等。

英美法系。又称不成文法系或习惯法。这种法系的特点是法律不以规范性条文形式出现，判案的依据主要是人们的习惯、惯例和以往的判例等。属英美法系的有英国、美国、加拿大、澳大利亚、新西兰、印度、加纳、尼日利亚等国家。

除此之外，**少数国家的法律属于宗教法系，宗教法系在国际经济活动中不被适用**。

大陆法系和英美法系对国际化经营活动的不同影响和规定主要有以下几个方面。

第一，对代理权的影响不同。在大陆法系的国家，除非特别立据和规定，代理权不予接受。这些国家的公证员非常重要，他们对包括婚姻协议在内的所有文件进行公证；而在英美法系的国家中，公证仅限于遗嘱、财产契约等正规文件。

第二，对工业产权的规定不同。大陆法系的国家专利、商标、版权等工业财产的所有权以注册先后为准；英美法系的国家对此则以先使用原则来划分。

第三，对不可抗力的规定不同。英美法系签订合同后必须按合同严格履约，对不可抗力的规定只限于地震、洪水等自然灾害；大陆法系中不可抗力除天灾以外，一般还包括罢工、骚乱等不可预见的人祸。

第四，对合伙关系的规定不同。英美法系中，合伙人在法律面前可作为个人相互起诉，个人的私有财产在法律上不与合伙财产相分离；与此相反，大陆法系中则把普通合伙当作一个单一的法律实体来对待。

第五，对董事会与股东关系的规定不同。英美法系规定董事会对股东负责，以受托人身份行事；大陆法系国家董事会只对公司负责，对股东无信托责任。

（2）国际化经营的法律制度分析

绝大多数国家的法律法规并非纯属某一法系，而是两种法系的混合。因此，**具体分析各国针对外国投资企业制定的法律法规具有重要意义。这些法律法规涉及涉外税法、劳动立法、投资立法等内容。**

①涉外税法。主要包括关税、反倾销税等内容。关税是海关对过境的进出口商品所征收的税种。其征收依据是一国的海关法和海关税则。征收关税的目的有两个：其一是增加本国的财政收入，其二是保护国内生产和国内市场。第二次世界大战后，各国关税水平普遍有所降低。关税的种类有进口税、出口税、过境税、进口附加税等。其中反倾销税是进口附加税的一种，它是一国以从实行商品倾销的国家进口的商品为对象而征收的。倾销是指一国政府或企业将其产品以低于正常价格的方式挤入另一国家，从而对另一国的商品生产和市场造成重大冲击和损失。反倾销税在西方发达资本主义国家被广泛采用。

②投资立法。目前，大多数国家都有较完备的外资法，对外国资本输入输出进行控制，外资法一般都规定了外资的审批程序、投资行业和部门的限制、外籍员工和本国员工的配额限制、本国资本所有权的比例要求、利润再投资的刺激措施，等等。例如，美国颁布的《国内成分法》中规定，在美国国内销售的轿车及货车，必须有一定比例的美制零件，并且必须有一定数量的美国工人参与生产。这种法律规定使得在美投资的日本汽车制造商势必要在当地制造或采购一定比例的零件，而不能进口日本国内生产的零件在美国装配后再销售。

③劳工立法。不同国家对劳工关系，即与工会有关的各项义务，如集体谈判、罢工、抵制等行为，以及招聘和雇用条件，如工资、工时、解雇、安全、退休等都有不同的法律规定。有些国家视劳工如奴隶，禁止成立工会或对工会进行严格限制；而有些国家的法律则赋予工会很大的权力，如一些发展中国家就有广泛的社会安全以及工作保障的立法，企业不能轻易忽视这些问题。

2. 企业国际化经营中常见的法律问题

法律是一门专业性很强的学科，文献浩如烟海，法律问题也无穷无尽，其中，与企业国际化经营关系比较密切的法律问题有以下几个。

(1) 商务组织与中间商

国际化经营与国内经营活动的一个主要区别就是中间环节的增加。为了控制、管理这些中间环节的业务活动，企业常常需要在国外市场设立一定的管理机构，在考虑驻外机构设立时除了控制因素、竞争因素、组织因素和市场因素以外，企业管理人员还必须考虑的一个重大问题是海外机构的法律地位，亦即母公司和海外机构的关系问题。

企业在国外投资办企业，其法律地位无非两大类：一类是作为企业在国外的分支机构，一类是由母公司控股，在当地注册，作为独立法人的、母公司在国外的子公司。如果是作为分支机构，则其行为可视为母公司行为，其法律责任可直接追溯到母公司。如果是当地注册的子公司，则母公司和子公司的法律责任可以分开。这两种形式的税务责任也可能相差很大。一般来说，国外分支机构的税负要比国外子公司的税负高，但是注册为当地法人的子公司也同时意味着企业完全接受当地法律的管辖，放弃政府之间双边协议中所规定的各自赋予在本国经营的对方企业某些优惠和保护。

如果企业在海外的子公司是合股的，则企业的法律责任与企业控股程度有关。欧盟规定，如果母公司控股为51%以上，则子公司行为可追溯到母公司。有鉴于此，也由于实施有效控制并不需要50%以上的股权（因为大部分的小股东不会参与股东大会），很多跨国公司采取了在东道国控制集团股而不是全部股的多数的做法。例如，很多美国公司投资印度时，与印度政府达成协议，美国公司控股40%，但印度政府控股部分不得超过30%，其余部分必须售予个人股民。在对外资控股有限制的发展中国家，跨国公司投资采取这种做法的现象已经相当普遍。

与此相联系的是各种代理人和代理关系的选用。由于企业不可能事必躬亲，很多业务必须通过代理人来进行（不管企业在当地是否设有自己的分公司或管理机构)，其中包括推销员、分销商、经纪人、运输代理人、保险代理人、广告代理人、银行等等。但总体来说，这类代理关系无非两大类：代理商和独立承包商或称独立代理商。其区别是代理商是根据委托人（principal）的特定指令执行某项特定功能，而**独立代理商则是根据委托人的要求相对独立地完成所委托的任务，在执行受托任务时保留相当大的自主权**。一般来说，企业雇员被认为是代理人，而企业所雇用的顾问人员则一般是独立代理人。这一区别的重要性在于，在委托任务执行中，如果第三方与代理人发生纠纷，第三方一般可以向代理人的委托人起诉，但如果第三方是与独立代理人发生纠纷，则一般第三方不能向委托人追究法律责任，因为前者执行的一般被认为是委托人的直接指令，而后者则是承包业务后按自己的方式完成承包合同。

再者是**各国法律对代理制的立法相差很大**。有些国家把代理关系视为就业关系，企业在选用代理人时要受到就业法有关条例的约束（如法国)；有的国家对代理人有公民身份的限制；禁止外国人充任代理（如埃及)；还有的国家则禁止代理人代表委托人签订合同。美国法律对委托人和代理人之间的代理关系限制很少，在委托范围、双方责任、义务、权利条款上，一般是代理合同如何规定就如何生效，政府不加干涉。但在实行成文法的很多国家，法律条文对代理人/委托人的权利、义务有很详细的具体规定，以保护该国代理人在与外国的委托人打交道时能得到法律保护。在这些国家，不管委托人和代理人之间签订的具体合同如何规定，代理人都享有该国法律所赋予的权利。也就是说，如果代理合同上规定的销售回扣为1%，而该国法律规定回扣至少不低于2%，则委托人必须支付2%，不管当时合同是怎么规定的。根据欧盟规定，任何延续3年以上的代理关系则被视为“常青合同”不能随意终止，如要终止，必须提前3个月书面通知。对于这些法律问题企业如果事先不了解，不调查，一旦出了问题就会非常被动。

(2) 产品责任法

美国是世界上最大的单一国家市场，打入美国市场是许多企业的战略目标。美国是个诉讼社会，过去几十年来，因产品过失而引起的诉讼案件不断上升，赔偿金额也越来越大。在大量的产品责任法案例的司法实践中，许多法院认为只要造成人身伤亡，就可判定产品是有缺陷的。美国的有些州立法院案例中甚至采用了“绝对责任”或“完全责任”原则，只要企业产品与人身伤害是“相联系”的，厂商就要负责。其实践即厂商对消费者因产品使用不当而造成的伤害、损失也要负责。

世界各国的产品责任法相差很大。欧洲联盟虽然在1985年通过了统一产品责任法的规定（其要点与美国的产品责任法近似），法国、西班牙、爱尔兰至今仍未实行。同时，欧盟的规定一般比美国宽，要求厂商负责的只是根据目前科技水平可以预见的问题。德国、希腊、葡萄牙、西班牙对产品责任案的赔偿都有最高金额的限制，欧盟的规定中对消费者本人的责任也作了规定。在加拿大，产品责任法至今为止仍然是建立在“厂商疏忽”的原则之上，而在日本，产品过失的经济赔偿极为有限，受害人即使胜诉也只能得到相当于实际损失金额的补偿和有关法律费用，得不到美国消费者可以得到的“精神，感情”损失的经济补偿，而且还会被人看作好打官司的捣乱麻烦分子。从第二次世界大战以来由日本的消费者提起并胜诉的产品责任案总共不足二百起。这种相差极大的法律环境，对企业的产品设计、营销战略的制定都会有直接的制约作用。

（3）*劳工法和就业法*

除了国际商务的最简单形式的“间接出口”以外，企业在国外的业务活动或多或少都要涉及在国外招工、解雇和福利方面的法律问题。与早期资本主义社会的“自由就业，任意解雇”不同，**现代发达国家都在不同程度上采取了带有一定社会主义色彩的保障劳工福利、权益的法律制度，但是国与国之间差别仍然很大。**大体来说，各国劳工、就业制度方面的法律区别大致体现在如下三方面：一是关于劳工参与管理的程度和方式，二是劳工解雇程序和限制，三是企业兼并时被兼并企业原有劳资协议的有效性问题。

首先，关于劳工参与管理方面，西欧不少国家的企业实行的是两级管理制：负责重大政策制定和关键人事任命的企业监委会和负责企业日常经营管理的管理执委会。德国、荷兰、卢森堡对工人参与管理的权利，从企业监委会的席位安排上作了保证。德国的《劳资共同决定法》规定，凡是雇员超过2000人的企业监委会的组成是一半雇员代表，一半股东代表，监委会主任由股东代表中产生。负责企业日常经营管理事务的执委会成员人选，需由监委会2/3以上的多数票通过，而企业的高层管理人员（总裁、执行总裁等）在监委会没有席位。

与德国企业的监委会地位相当的是美国企业体制中的企业董事会，但美国企业的董事会构成则大约1/3为企业高层管理人员（总裁往往兼任董事长），其余为股东代表、其他企业的高层管理人员或社会知名人士，绝少有员工代表，更没有在法律上规定员工代表的比例。因此，相对来说，德国工人对企业人事有相当大的发言权，而美国工人则只有被动接受的“自由”。

各国劳工就业法差别的第二方面是对企业裁员、解雇权限和程序的限制和规定。裁员和解雇是劳资之间最敏感也最容易发生纠纷的问题。企业的用人自由与劳工的就业保障对劳资双方来说分别是一种最基本的正当权利，但两者往往不能两全。由于裁员解雇问题的潜在风险，各国法律对此都有相应的立法，改变了历史上完全由市场供求决定的情况。例如根据德国法律，企业的关厂决定必须提前通知工委会，而不能采取管理部门秘密决策的做法，一切解雇决定都必须得到工委会的批准。如果管理部门和工委会不能达成协议，则由政府的专门调解机构——就业委员会——批准。如果就业委员会的再就业培训、补贴一时有困难，就业委员会可以下令企业推迟关厂和解雇工人（不超过2个月）；荷兰法律也大体如此。英国法律规定，企业解雇工人必须与工会协商，如果解雇人数多于10人，则必须提前60天与工会协商；墨西哥职工在企业就业满1年之后，除非有特殊原因不得被解雇。有些国家还对企业裁员的具体做法作了规定。

西欧这种劳资双方共同协商的体制对管理部门的权力和灵活性来说固然是一种限制，但同时也为企业管理提供了较为稳定的政治环境，在一定程度上促进了劳资双方之间的合作。因此，德国的工会虽然很强大，却很少发生罢工事件。例如，德国大众汽车公司曾因经营困难财务出现危机，按美国企业的做法是大量削减劳工人数，解雇工人。而德国大众汽车公司在工委会协助下采取了“困难分担”的办法，将所有工人的工作日从5天减为4天，从而使原来要被裁减的3000名员工的就业权利得到了保障。需要说明的是，这种削减工时、困难分担的办法适用范围是有限的，由政府对企业解雇、裁员权力的限制也自有其副作用。

各国劳工就业法重大区别的第三方面是企业兼并后，兼并企业对被兼并企业原有的劳工就业协议的责任问题。按美国体制，兼并方不对被兼并企业的原有劳工协议负责，兼并之后的第一个行动往往就是全面裁员。但在许多欧洲国家，兼并后的新企业在接受被兼并企业资产的同时也继承了被兼并企业的劳动人事协议关系。对于以兼并现有企业方式打入外国市场的企业来说，必须对此预先作好调查。

对于中国企业来说，在国际化经营活动中还需特别注意在人事和管理活动中的“反歧视法”。企业的管理活动在很大程度上是对人的筛选任用问题，不管是招工招聘还是内部升迁提拔，都有一个区别对待的问题。反歧视法界定的就是这种区别对待所使用的标准是否合法的问题。

根据美国《民权法》，**美国企业无论在国内和国外都不允许在其管理实践中实行歧视政策**。美国法律禁止以年龄、性别、国别、种族和宗教为基础的歧视政策，但对以婚姻状况为基础的歧视的政策则没有规定，换言之，美国企业以年龄为由拒绝雇工是非法的，但拒绝雇用婚姻状况为同性婚姻的员工却是合法的。1997 年年初，埃克森石油公司在人事提拔工作中违反了种族歧视法规，导致埃克森石油公司的黑人管理人员升迁困难，因而被美国法院判决赔偿了 1.7 亿美元。所有在美国经营的外国企业也受到同一法律的制约。

(4) 反托拉斯法

与国际化经营中涉及的其他法律问题不同，各主要工业国家在反托拉斯法方面的规定相对来说比较接近，但在具体执行上相差较大。

美国法院在判决反托拉斯法案件时，采用的有两种准则：一是“本质违法”原则，二是“合理判断”原则。有些行为，例如厂商之间互相勾结操纵价格，或伙同限制产量以哄抬市价，或在竞争者之间瓜分用户市场，目前都被认为是“本质违法”；不管动机、效果如何，凡查明有上述行为即构成犯法。而限制竞争的其他行为，则要看其动机、效果是否合理。例如，在技术转让或特许经营时，为了保护出让方的商业秘密和保证特许经营时的产品服务质量，对受让方在经营范围、质量、价格上的一定限制就被认为是合理的。从美国反托拉斯法的实践来看，近二十年来对反托拉斯法的解释和执行有逐步放宽的趋势。许多原来被认为“本质违法”的行为，现在都改用“合理判断”法则具体情况具体分析。

美国反托拉斯法实践在近年来有相当重大的变化。厂商对垂直渠道控制问题就是一个很好的例子。根据美国最高法院1911年的判例，厂商对垂直推销渠道的价格控制行为的本身构成“本质违法”；1976年美国联邦法院的另一判例判定对垂直推销渠道的非价格控制（例如区域限制、顾客限制、独家代理制）也是“本质违法”。

欧洲联盟的反托拉斯法的规定相对美国来说要宽松，主要是因为欧洲共同市场成立初期，各国国内市场容量小，相互之间市场壁垒高，因此，**有关法律有意鼓励企业间跨国合作，以促进经济一体化，对企业间的合作和兼并限制较少**。欧盟的有关法律不存在“本质违法”条款，适用的都是“合理判断”原则。欧盟又规定，如果限制竞争的结果能够提高经济效益，也可以允许，只是企业必须证明，其为了提高经济效益所采取的措施，是所有可能措施中对竞争的限制作用最小的一种。建立欧洲联盟时签订的罗马条约中对于企业兼并未作限制，因为，企业兼并是促进欧洲共同体经济一体化的主要手段之一。随着欧洲经济一体化程度的不断提高，反垄断问题渐渐受到重视。

日本由于其传统的株式会社组织方式，其反竞争行为的立法和执法都与欧美有很大的不同。根据日本的企业制度和实践，很多卡特尔组织是合法的，是政府协助组织起来的，以限制“过度竞争”，并协助企业共同处理行业生产能力过剩时的转产、限产措施。据统计，日本约有近270个卡特尔组织，其中有些是为了实施对美出口的“自愿出口限制配额”而建立起来的。对日本的企业政策和工业政策持批评态度的学者往往指责日本的政府实际上是保护企业之间的反竞争合作，而不是起限制作用。

与日本做法类似的还有韩国。当韩国的三大电视生产商被判定私下勾结操纵电视机价格从而触犯反托拉斯法时，韩国政府对三家企业的惩处是责令这三家企业停止这一做法，并向韩国人民公开道歉。

从反托拉斯法的执法实践来看，美国与其他国家的重大区别主要有两条。一是美国的反托拉斯法案，只有一小部分是由司法部和联邦贸易委员会提出的，绝大多数（约90%）是企业提起诉讼。由于美国法律规定，败诉方不承担胜诉方的诉讼费用，又由于如果胜诉可能得到的赔偿数目极大，起诉企业有恃无恐，而被诉企业由于潜在风险太大，往往倾向于庭外解决。因此，**美国体制有鼓励起诉的倾向，美国企业往往用反托拉斯法起诉的手段来增加竞争对手的负担**。欧洲体制却更多地以事先防止的手段，企业可以就企业间合作、兼并项目事先向欧盟申请反托拉斯法的豁免；如果得到批准，就可以避免美国体制下那种“事先吃不准，事后吃官司”的两难局面。

欧美之间执法的差别之二是反托拉斯法的境外执行问题。总的来说，美国司法体系把美国法的适用范围向美国境外延伸的倾向性较强，而欧洲政府一般不愿这么做。为了防止美国法庭把美国反托拉斯法的执行延伸到美国境外，近十多年来，信息高速公路的发展使得国际商务中法律适用问题的矛盾尖锐性进一步提升。因为，国际商务的交易场所从原来的地理空间变成了信息空间，原有的“交易地点”概念失去意义，适用法律的判定更加困难。例如，如果日本某音像产品公司在国际信息网络上购买了意大利某歌唱家的录音，货款从日本公司在伦敦银行的账户用电子货币支付，产品（歌星录音）则从美国产品发行公司计算机主机上以数据形式直接传送给日本公司的计算机。对于这笔交易，究竟哪国法庭对这一交易享有司法权？由于国际商法制定落后于国际商法实践的现实，企业管理人员应当密切注视有关立法和实践的发展演变，并在谈判和合同签订时尽可能对适用法律和受理法院，或适用仲裁机构预先确定。

3. 国际化经营中有关法律问题的解决

（1）回避问题的“鸵鸟政策”的劣势

由于法律问题的复杂性，国际化经营企业的管理人员在法律管理问题上最容易犯的错误之一，就是采取“鸵鸟政策”：对国际商务中可能产生的法律问题不闻不问，能拖则拖，寄希望于不出问题；万一出了问题，则认为反正“车到山前必有路”，到时候再说。在国际化经营的早期阶段，管理人员要处理的问题众多，采取这种没有办法的办法也情有可原。问题是，这种做法实际上是一种抱侥幸心理的赌博，成本虽低，风险却很大。

国际化经营企业管理人员对法律问题采取消极回避的“鸵鸟政策”，除了因为存在侥幸心理以外，还有一个重要原因，就是对法律制度的运行机制缺乏了解，对于“被动用法”所导致的企业在法律体制中所处的根本劣势认识不足。

即使在法律制度比较健全、成熟的国家，法律的制定和实行也不可能是不偏不倚的。在经济竞争中起作用的规模效应、信息不对称、垄断优势等因素在法庭上也同样起作用。事实上在“法律面前”并不“人人平等”，这种不平等不仅仅是由于诉讼各方在人力、财力、关系方面占有的资源和在打官司时所能调动的力量不等，更在于法律本身的不平等。美国法学家马克·格兰特对判例法体制下法律的形成作了如下分析。一般来说，每个案件的审判结果都可以分为两部分：一是针对当事人的特定案件的判决（例如判定中国某企业触犯美国的“反倾销法”应受贸易制裁），二是由判决此案而产生的判例规则（例如对中国产品的成本估算方法），这种判例规则在判例法体系中对日后同类案子就具有约束力。由于在提起诉讼的任何一类法律案件（例如有关“倾销”案）中，大多数都是以庭外和解的方法“私了”，只有一小部分案例真正开庭审讯。也就是说，在所有相关案件中，只有这一小部分开审案例的结果形成判例，庭外解决的案例影响为零。因此，哪些案子“私了”，哪些案子开庭，从长远来看就决定了什么样的判例会构成法律。格兰特又把诉讼当事人分为两大类：经常运用法律的“重复用法户”（例如保险公司、检察机关、税务机关）和偶然运用法律的“一次性用法户”（如投保人、刑事被告、纳税人）。一般来说，“重复用法户”都比“一次性用户”或“偶然用法户”实力雄厚。对于偶然用法户来说，他们关心的只是每一诉讼的特定结果，对由此产生的判例原则并不关心；对于重复用法户来说，他们的着眼点是长期的，是全部诉讼案件的总利益，而不是每一具体案件的得失，他们对于由判决结果而产生的法律原则更为重视。由于重复用法户的实力雄厚且眼光长远，他们会对那些估计审判结果（原则部分）对其不利的案件采取庭外解决的方法，而只在对其有利时才以应诉来解决。久而久之，现存的相关案例的构成就有了偏向，主要由那些结果对“重复用法户”有利的案例组成。至于“重复用法户”在专业知识和经验上的累积优势就更明显了。

国际化经营企业如果不认识到这一点，不积极设法补救（例如组织行业协会共同应诉，或选择与本企业利益相近的其他常用户，例如所在国的零售商、进口商、消费者团体组成联盟），是无法与实力强大的对手在竞争规则总体不利的条件下进行对抗的。而要结成这种阵线，靠消极等待显然不行。从美国的情况来说，美国政府的新规定在生效前都会在“联邦公告”上事先公布，征求意见。面临同样问题的中国企业应当组织起来随时监测有关法律的制定情况，对于不利、不公平的条件应尽可能在生效以前提出异议，争取改变。尤其在美国的“条件收费，败诉不负责”制度下，竞争对手有时往往可以用“反倾销”法起诉来达到在市场的公开竞争中所达不到的目标。对于一个受到“反倾销”起诉的个别企业来说，为了应付诉讼，必须准备数量极为巨大的财会和法律文件，耗时耗力，即使能够打赢官司实际上也是输家，因为为打赢官司所花的法律费用和管理成本可能远远超过引起纠纷的那部分业务的市场利润。

上述分析表明，**采取鸵鸟政策，对法律问题采取消极回避态度，其危害性是很大的**。由于企业在国际化经营活动中可能遇到的问题是无法完全预见的，会涉及的法律问题也是无穷无尽的，这就要求企业一方面应当加强对有关法律知识的学习，在国际商务的产、供、销各种经营管理决策上都主动了解有关法律，自觉地把有关法律因素一并考虑进去；另一方面必须不断提高企业对法律服务行业的了解，增强企业在选择律师和管理律师方面的法律事务管理能力，从而取得有效而经济的法律服务。很多企业管理人员有种误解，以为企业只有在遇到法律纠纷时才需要律师。其实，挑选律师的最佳时机是在法律纠纷产生以前，而预防性法律服务才是律师能够提供的最好、也最经济的服务。

（2）律师服务的控制手段

对商业性的法律服务（亦即由企业外部的独立律师事务所所能提供的咨询、代理服务）的有效使用，是一个相当困难的管理问题。这种困难首先来自于委托人利益和律师的代理人利益的潜在冲突。在大多数情况下，律师所追求的不是委托人的最大利益，而是能够尽快解决问题的合理收益。因为这种解决办法可以取得最大净收益，亦即律师事务费减去律师工作时间的机会成本。虽然从理论上说律师应当为委托人的利益在法庭上

"据理力争"，但实践上很多律师更热衷于说服委托人接受相对不利但风险较小的庭外解决。根据克瑞泽的调查，有1/3以上的民事案件律师在代理中未作任何专门调查。

比上述"代理不力"更为严重的情况是代理人的"黄鼠狼给鸡拜年"问题。例如，美国的投资银行在为委托人代理企业兼并业务时，由于其服务费是按兼并企业金额的一定百分比来提取的，从而使投资银行的金融专家产生了高估兼并企业资产的内在冲动。

因此，**国际化经营企业所面临的法律问题，从管理的角度来看，在很大程度上是律师管理问题，是既要依靠律师的专业知识，又要防止代理人、委托人之间利益冲突的问题**。管理这种潜在冲突的困难之处在于法律是极为专业的一门学科，而且永远处在发展变化之中，法律服务是知识性劳动密集的一种服务。由于这种知识的专业性和动态性，委托人是外行，代理人是专家，雇用代理人的委托人对代理人所提供的法律服务的质量很难评价。在挑选律师时，委托人对律师的业务能力很难鉴定；律师聘用后，委托人也不能简单地用官司的输赢结果来衡量其工作效果和贡献。

企业对国际市场的透视与选择

早在 1992 年，联合国前任秘书长布特罗斯·加利先生在联合国日致辞中说：“第一个真正全球化的时代已经到来。”对于现代企业来说，经济全球化时代的真正来临，使得越来越多的企业家和管理者们以一种崭新的全球视野和从未有过的认真态度，去重新思考自己所面临的种种问题。在全球竞争环境下进行国际化经营，正成为现代企业在 21 世纪的使命。

一、国际市场的调研与预测

1. 对国际市场的调研

国际市场调研，是指运用各种信息搜集、信息处理的方法和手段，通过各种渠道获取来自国际市场的信息并加以处理，在此基础上，分析、研究国际市场经济行情和与此有关的相关信息，寻找进入国际市场的突破口，或选择扩大市场占有率的机会，从而使企业在激烈的国际竞争中立于不败之地。

（1）国际市场调研的主要内容

国际市场调研的主要内容建立在基础资料指标的基础上（下面将讨论基础资料指标）。这些内容可以归纳为以下三个方面。

①国际市场的基本行情。主要包括，宏观方面：国民生产总值，国民收入，工业生产状况，资金与劳力的投入情况，国际贸易与国际收支状况，就业情况，股票指数与汇率及黄金价格，微观方面：某种特定商品的价格，某种特定商品的库存与订货情况，某种特定商品的替代品的市场行情，与某种特定商品相关联的因素。

②国际商品市场的主要信息。主要包括商品生命周期特征；商品功能、质量、规格、品种、包装装潢等方面的特色对不同市场的适应性；商品的生产、贮存、运输、销售、消费等各环节的状况以及运行机制方面存在的问题；商品市场的结构特征（包括竞争程度和垄断程度）；商品的供求变化趋势，价格因素以及政治、经济、文化、自然等环境因素对这种变化趋势的影响等。

③目标市场中贸易对象的状况。主要包括：政治状况；法律状况（这两点主要指贸易伙伴的政治背景和在该国法规方面所享有的有利条件）；资信情况，指企业资金、信用情况；经营范围，指经营性质，产业规模和商品种类；企业能力，指企业特长，销售渠道状况，生产技术水平，产品

技术水平和对外贸易的水平等。

(2) 国际市场的调研程序

①确定调研目标。**国际市场调研程序中的第一步是确定调研目标，**它的范围包括以下几个方面：

- 关于国别，地区或某一市场的一般信息，如行业调研，环境扫描，企业形象调研等。
- 消费者的一般信息和特殊信息。
- 产品信息。
- 促销状况信息。
- 销售渠道信息。
- 在确定调研目标时要十分注意两类问题。

第一类问题。必须设计一个总体调研系统，构造完整的调研指标体系，并把调研目标与国际市场的实际经济运行状况结合起来。

第二类问题。必须把课题的范围规定得足够宽，尽可能包括全部相关变化因素。

②确定信息来源。在按要求确定好课题和调研目标之后，必须确定所需信息是否有现成来源，如果有现成资料——其他某个机构已经收集的有关资料，市场调研人员就可以充分利用这类二手信息来源；如果没有现成资料，或二手资料不足，则必须收集第一手资料。

③确定调研方式。调研方式的确定，主要根据信息来源而定，通常可分为：

- 案头调研——第二手资料调研。
- 实地调研——第一手资料调研。

④对搜集到的信息进行处理。国际市场调研信息处理的方法较多，主要有社会经济统计处理和数理统计处理等方法。

⑤分析进入市场的可能性。首先要列出所有你认为是潜在的市场，然后从关税和非关税壁垒角度出发，考虑进入市场可能性的大小。这一步骤一般不需费很大周折。有关关税和非关税壁垒的信息可以从有关外贸部门获得。**通过调研的第一个步骤往往就可以筛掉一大批市场，对这些市场的**

进一步考虑仅限于当地制造、组装、许可证贸易几个方面。

⑥分析盈利的可能性。在这一阶段，主要应搞清国外市场的价格水平，以便和制造厂家的成本相比较。有关国外市场的详细价格可能不容易在本国国内得到，但通过函电来往则可以得到。不过对某些产品来说，比如某些工业品，其可靠的价格信息是难以得到的。在这种情况下，应首先了解该市场的规模，然后再去了解其价格（这样无疑减少了需从价格角度考虑的市场数量）。

⑦摸清市场规模。在此阶段要对市场规模和潜力进行大致估测。有关消费品的信息，常常可以从公开发表的有关人口、人均收入、私人消费支出等内容的统计资料中获得。对一些工业品（如钢铁、水泥等）来说，其统计资料一般亦可获得。

然而，对许多工业品来说，如欲对其市场规模进行粗略的估测是很困难的。在可以得到的统计资料的基础上，对市场规模进行估计往往也是比较困难的，有时只有进行了原始调研之后，才能做出估计。

⑧国外实地调研。实地调研应在少数几个能提供最大成功机会的市场上进行。经过实地调研，有可能再筛选掉一些市场，一旦调研结果表明进入市场是有利的，这种调研就能为制订市场经营计划和最终进入市场提供足够的信息。

⑨制订国际市场经营计划。**在市场调研的基础上，按照先进性、科学性、严肃性、综合性的原则，制订国际市场经营计划。**

⑩进入国际市场。进入国际市场以后，并不意味着国际市场调研的结束，而是意味着更加深入的、进一步的调研的开始。随着国际市场行情的变化，国际市场调研能不断为企业制订新的经营计划提供可靠的依据。

2. 对国际市场进行预测

国际市场预测，是指根据来自国际市场调研的市场信息和各类统计资料，运用现代数理经济方法，对国际市场商品的供求发展趋势以及与之相关联的各种因素，进行分析、计算、推测和判断，进而为从事国际经营的企业确定经营战略和策略，制订各类经营计划提供可靠的依据。同时，也可以为各国政府和贸易部门制定对外经济贸易政策、法律提供决策依据。

(1) 国际市场预测的主要内容

①国际市场需求趋势预测。包括以下几个方面。

- 人口数量的增长趋势。包括人口结构、层次方面的变化趋势；
- 人均收入水平趋势，特别是可以自由支配的收入的变化趋势；
- 竞争产品（或替代产品）的价格变动趋势；
- 不同需求群体对产品爱好的变化趋势；
- 各类生产要素，特别是重要生产要素的需求趋势和价格变化趋势。

②国际市场供应趋势预测。与供应相关的重要变量的发展趋势有以下几种：

A. 产品资源的发展趋势。包括储量、分布、运输条件、价格、开发实力等因素。

B. 生产能力的发展趋势。包括生产项目资金的筹措（指资金来源与筹借方式）；生产规模的设定及变化方向；固定资产与流动资金占用的变动；原材料、动力和劳动力的来源与潜力；产品生命周期变化，新产品开发与企业技术进步的可能性；企业预期经济效益的推测（包括成本和各种费用的核算，预期产值，利润，投资回收期，净现值和内部收益率等财务指标。同时，也包括科学地制订产品的价格）。

③产品经济生命周期预测。产品经济生命周期预测，要求在产品经济生命周期理论的指导下，根据企业主要经济指标和经营策略，精确推测导入期、成长期、成熟期和衰退期出现的时间和持续的长度，随时掌握老产品保持市场占有率的对策和新产品投入市场的时间。

④企业直接经济效益预测。企业直接经济效益，是指企业自身的经济效益，即企业在生产经营活动中投入的资源与获得的有用成果的比较，或者指在合理利用资源和不破坏环境的前提下，以尽量少的劳动消耗和物质消耗，生产出更好更多符合国际市场需求的产品。直接经济效益预测的重点是对未来一定时期内有用成果指标和劳动消耗指标的推测，这种推测的结果，可以为企业制订国际市场经营决策提供依据，为企业寻找扩大盈利的机会。

⑤社会效益预测。社会效益预测，主要是指进行国际市场经营的企

业，在对企业自身经济效益预测的同时，必须对企业的国际经营活动所产生的影响进行推测，这种影响包括两个方面的内容。

一是对国内总体经济和社会效益的影响。如出口政策的影响，海外投资政策的影响，生产资源的影响，就业的影响，产业结构、产品结构等相关产业政策的影响，以及对国家的政治目标、文化目标和军事目标等带来的潜在影响。

二是对被投资国或产品进口国的经济和社会效益的影响。国际的经济贸易交往，只有在双方平等互利的基础上才能够得到长期、持续、稳定的发展。因此，无论是从事产品出口贸易，还是进行海外投资，都必须考虑经济项目在目标市场所产生的影响，包括对东道国经济发展的宏观影响，对技术进步和产业水平提高的影响，以及对生态环境影响和文化、社会风俗等方面的影响。

（2）国际市场预测的基本程序

国际市场预测是一项庞大的系统工程。归纳起来有以下几个主要步骤。

①确定预测目标。预测目标是预测的主题，一般有以下三种类型。

一是经济界限类目标。这类目标包括企业计划管理中的数量界限，财务管理中的经济指标界限，销售管理中的定价界限，质量管理中的公差界限以及产品设计、试制过程中的功能和成本界限等。

二是经济生命类目标。这类目标主要是指产品生命周期各阶段的发展趋势和可能的时间长度。

三是经济储备类目标。它有两方面的内容：一是技术储备，二是管理储备。前者是指通过技术预测为产品开发与研究进行技术导向，使企业能够在准确把握现有产品生命周期的基础上，及时地、有远见地不断开发出国际市场上的适销产品；后者是指通过对市场指标的推测，使企业掌握未来一定时期国际市场对某类产品的需求趋势。

②搜集资料。**国际市场预测结果的精度，在很大程度上取决于所搜集资料的完整性与准确性**。国际市场预测的基础资料来源于国际市场调研（见上节）。资料涉及的数据类型有以下三种。

一是时间序列数据。这类资料是按时间先后顺序排列的统计数据，适用于大多数预测模型，其总的样本个数越多，跨越的时间越长，预测效果就越好。

二是横截面数据。在时间序列数据不完整或由于预测模型本身的需要时，预测者可能对国际市场某一典型期间的有关指标和数据感兴趣，这些数据称之为横截面数据。它可以由抽样调查中得到。

三是虚变量数据。在不少情况下，一些国际市场影响因素的变量无法用常规统计数据显示，原因是这类变量属定性变量，如气候、政策、国家制度等。这些指标可以用虚变量来近似描述。

③建立预测模型。建立国际市场预测模型是整个预测工作的重点。这一过程的基本步骤有：

- 在对将要进行预测的国际市场有关主要经济行为进行系统分析的基础上，建立理论模型。
- 在对实际的各种统计调查数据进行系统分析的基础上，确定实际预测模型。
- 利用相应的数理经济方法，对预测模型的各种参数进行估计和评定。
- 对已建立的模型进行必要的统计检验和数理经济方法的检验，并进行模型优化，将可能出现的误差减到最小。

④实际预测。所谓实际预测，是指对国际市场预测模型的具体应用。它包括以下几个方面的内容。

- 对模型中所涉及的解释变量进行先期预测。
- 以已知解释变量的预测值为基础，预测被解释变量（主要预测目标）的未来值。
- 预测操作时，必须考虑被解释变量的过去、现期值以及与模型变量有关的各种扰动因素。

⑤预测结果的评价。国际市场预测的结果，是否能比较准确地描述经济行为未来的趋势，需进行检验，**最根本的检验方式是实际数据与预测值的吻合程度检验，这属事后检验，需运用统计检验手段，测出预测值偏离实际值的程度**。同时，对预测结果评价时，还应注意以下三个问题。

其一，附加因素在模型中的地位及对预测结果的影响程度，这些因素有的表现为随机因素，有的则为专家意见，有效控制这些因素使之与模型中的显含变量较好地结合，有助于提高预测精度。

其二，一般来说，经济行为变化呈光滑、缓慢趋势的，其预测结果较为准确，而对于变化波动大、不连续的趋势，预测精度则较差。

其三，随着预测时间跨度的增大，预测的误差也随之增大。因此，短期预测的结果置信度较高，中、长期预测则较困难。

只有注意到这些条件，才能在预测结果的评价中，制订客观的标准，对结果进行正确估价，为决策提供合理的依据。

二、国际市场细分与选择策略

在对国际市场进行分析和对市场需求进行衡量和预测的基础上，进行市场细分化（Segmenting）、市场目标化（Targeting）和市场定位（Positioning），即实行“STP”战略，是企业营销战略的核心。在现代需求日益增多和变化的国际市场上，国际化企业不可能满足每一位国际消费者并为其提供满意而有效的服务。对市场进行正确的细分化、目标化和定位，有利于国际化企业充分发挥自身优势和特色，确立自身在国际市场上的竞争地位。

1. 对国际市场进行细分

市场细分是指按地理区域、消费者人口特点、消费心理、购买行为等因素，把一个市场划分为若干个分市场。市场细分化的意义在于研究市场的差异性，确定市场特点，以便国际化企业进行市场目标化和市场定位。

（1）市场细分的标准

整个市场可划分为消费品市场和工业品市场。两个市场中影响购买者购买决策的因素也不一样。消费品市场细分的标准主要有以下几种。

①按地理区域细分。它是根据消费者所处的地理位置进行细分。这一

细分的根据是市场的地理位置不同，市场潜力、竞争情况、广告宣传特点和反应、消费者特性也有差异。

②按人口特点细分。人口特点是指家庭结构、年龄、性别、婚姻状况、职业、收入水平、文化程度、种族、宗教等。消费者的需求与这些人口特点具有密切的关系。如玩具市场以年龄为划分基础，香水和洗发水市场按性别来划分，大件奢侈消费品市场以收入水平来划分等。

③按消费者心理来划分。主要指按消费者的生活方式、个性、购买动机等因素来划分。由于这些心理因素左右着人们的爱好和心理行为，从而直接决定了消费者的消费行为，对消费者心理的研究，可以直接把握消费者的消费特点。

工业品市场上发生的消费行为一般表现为集团购买，因而决定购买的因素往往较具客观性，而受心理因素影响较小。其主要标准有以下几点。

①购买者所处行业特点及其经营规模。不同行业有不同性质的需求，按行业特点细分可使国际化企业更好地接近目标市场的特殊需求。购买者的经营规模则决定了企业的购买力和购买方式。

②商品的最终用途。商品的最终用途不同决定了企业对产品的使用要求的不同。如军工部门的购买要求是产品质量绝对可靠，而对价格考虑较少；而商业用户则非常强调交货期和价格。

③购买者地理位置。对地理位置主要考虑的是资源条件、气候、运输条件等。如中东地区特点是干燥缺水风沙大，因此在机器设备的耐高温、节水、耐腐蚀等性能上要有所考虑。考虑购买者地理位置还有另外一个原因就是工业企业的集中性，如果某地方工业企业数目过少或需求不大，则显然不能作为一个细分市场。

④购买决策人员的特点。这主要涉及购买决策人员具体的文化背景和人员个性。这两方面的考虑对营销策略的制订有较大影响。

(3) 市场细分的程序

国际化经营企业在进行市场细分时，一般依据下述程序。

①确定粗略的产品市场范围。即根据企业的目标、产品的特性、消费者行为等有关市场信息，初步决定一粗略的市场范围。

②选择一些消费者能做出反应的企业产品的特性或指标，并将产品投

放在上述的粗略市场中进行试验，收集消费者的不同反应态度，将其归纳整理，形成细分市场的直接依据。

③将整理结果进行排序或作重点分析，确定有较大销售潜力的、消费者需求迫切的部分为细分市场。

④对每一细分市场重新进行分析，并根据企业目标、产品特性和市场情况，初步选择有潜力的几个细分市场。

⑤考察每一选定的细分市场，应考虑下列因素的影响：市场规模、细分市场间的相关性、可供利用的广告媒介、可供利用的分销渠道、运输成本、维持现有市场份额的成本、收入期望值。**通过对各初步细分市场的考察，选择企业最有获利机会的细分市场。**

2. 选择目标市场

选择目标市场是指企业在市场细分的基础上根据自身的经营目标和主观、客观条件，确定一个或几个细分市场作为目标市场的决策过程。

(1) 构成目标市场的基本条件

细分市场要能成为企业的目标市场，必须满足下列条件：

- 市场要具有足够的规模，即企业能在该市场获得满意的利润；
- 市场还没有形成垄断，即细分市场应该是可以进入的，且进入成本不会太高；
- 企业能够满足该市场的需求，也就是说，该细分市场对企业是有效的。

目标市场策略主要有三种：无差异性策略、差异性策略和集中性策略。

①无差异性策略。此策略把整个国际市场作为目标市场，不再进行细分。企业采用大规模生产方式和标准化作业，建立广泛的销售渠道，制定统一的广告宣传内容，提供统一的标准化产品，从而在消费者心目中树立起企业提供产品或服务的鲜明形象。无差异性策略的成功实施，最著名的有可口可乐公司、肯德基公司等。这种策略的优点是产品品种少、生产储运费用低、广告费用少；缺点是如果很多企业同时在同一市场上实行无差

异性策略，那么由于竞争激烈，获利机会反而不多。

②差异性策略。在市场细分基础上，选择两个或两个以上的细分市场作为目标，针对不同的市场生产不同的产品，制订不同的营销方案；针对每一细分市场，分别实行不同的营销策略，以适应不同的需求，以扩大销售、提高市场份额。但同时企业的生产成本、营销成本也相应提高，产品价格也比采取无差异性策略时为高。

③集中性策略。企业选择一个或少数几个细分市场作为目标市场，集中力量争取获得竞争优势，在该细分市场上占有较大份额，而不是在大市场上占有小的份额。这种策略的优点是可深入地了解特定细分市场的需要，实行专业化经营，节约了成本，同时也提高了企业、产品的声誉。该策略特别适用于资源有限、实力不强的中小型企业。缺点是目标过于集中，风险较大，若目标市场发生突然变化，企业就有可能陷入困境。

(3) 市场定位

市场定位是指国际化企业根据市场的竞争情况和本企业的实际条件，确定本企业产品在目标市场上的竞争位置。即最大限度地创立本企业产品特色，建立起相对其他产品的比较竞争优势。比如石油危机前在美国轿车市场上，美国车既宽敞豪华又功率巨大，当石油危机发生时，日本汽车凭借其轻便经济、油耗低的特色优势，一举敲开了美国轿车市场的大门。这就是日本轿车定位的准确性。

市场定位的要点是尽量将本企业产品定位在与其他产品不同的位置上或满足未得到满足的消费需求上。即使与其他产品进行竞争，也应力争在产品质量、特性、价格等方面具有较大的竞争优势。

企业国际化经营中的市场营销

和以往相比，现在的企业面对的是一个瞬息万变，充满不确定性的全球生存与竞争环境。回眸改革开放30多年来，开放的大门开启之后，一方面，众多的外国商品和洋品牌已经充斥了我们的生活；另一方面，我们的企业和产品进入国际市场，国内市场与国际市场的接轨，客观上要求企业打破传统的国别观念，适应国际化竞争的新形势，展开国际化的市场营销。

一、从国内营销到国际营销

竞争的市场环境要求企业以顾客为导向进行营销活动，而国内市场的国际化则要求营销也要从国内走向国际。在这里我们可以看到国际化市场中的营销活动的特点。

1. 营销与国际营销

营销或市场营销是一个集合概念，是企业在以消费者需求为中心的前提下所进行的一系列经营销售活动的统称。这些活动包括：市场调研、产品开发、销售渠道选择、促销、销售服务等。美国经济学家道格拉斯·格林沃尔德认为：营销是指“一整套相互联系的经济活动，其目的在于满足消费者、企业和政府对商品及劳务的需求。营销过程包括估计需求，生产产品，为产品制定达到利润标准的价格，以及推销产品”。“履行明文规定的或没有明文规定的保修和检修义务也是营销过程的一部分。”

20 世纪 50 年代初，市场营销学首先在美国迅速兴起，并发展成为一门具有崭新内容的经济管理学学科。不久之后，又在日本、西欧等发达资本主义国家得到了广泛的发展。广大发展中国家在发展民族经济的过程中，也相继引入了市场营销思想和市场营销学学科。

市场营销活动的基本思想是：**在满足消费者需求的前提下，使企业获得更好的经济效益**。对一个企业来说，要达到这一目的，首先它必须管理好它的内部事务和生产活动，同时还必须依赖于它在市场上的营销活动。就后者来说，一个企业的第一个任务就是要研究它的可能的买主。他们是谁？他们在哪里？影响他们购买本企业产品的重要因素是什么？第二个任务是开发产品和服务以满足消费者的需要。第三个任务是制定商品的价格。这种价格对买者是合理的，同时对企业又能赚到公平的利润。第四个任务是促销。企业必须使用一些方法（如广告、人员推销等）使消费者对它的产品感兴趣，愿意并且能够方便地买到该企业的产品。第五，选择适当的销售渠道。第六，进一步讲，还应搞好售后服务。企业必须对它销售出去的产品负责，实行销售后的必要的服务。总而言之，营销包括了上述所有的企业活动。营销管理就是对上述活动的管理、控制和协调，以便实现一个成功的、整体的、以满足消费者的需求为中心的营销规划。

国际营销是营销概念的跨国延伸，是企业进行的跨国界的经营销售活动。国际营销又称为出口营销，它以满足世界多国消费者的需要作为企业生产经营的目标，以一套完整、系统的组织行为保证既定目标的实现。资本主义商品生产的发展，导致世界市场形成，“使一切国家的生产和消费都成为世界性的”。第二次世界大战后，又出现了由一国经济向全球经济转变的客观趋势。各国在经济上的相互依存、相互制约比以往任何时代都更加突出。在这样的条件下，无论国内市场还是国际市场，对企业的兴衰成败都具有十分重要的意义。国际营销作为帮助企业成功地打入和开拓国际市场的重要手段，自然就被提上了企业经营活动的重要议事日程。

但是，国际营销较之国内营销更为复杂，影响其成败的因素更多。主要原因是国际营销环境（包括经济环境、政治法律环境、社会文化环境、技术水平、金融环境和地理条件等）与国内营销环境有很大差别。在国内营销中被看成是能够加以控制的因素在国际营销中往往成为不能控制的因素，而且因不同的国家而有所不同。**如果一个企业要想在国际营销中取得成功的话，它必须使自己的营销规划去适应这些不同市场的特征，**包括需求特征、竞争机制、分配结构和销售渠道等等。

一个企业在开始进行国际营销活动之前，至少面临着以下五个方面的决策。

第一，国际市场经营决策。主要指是否开始或扩大国外市场经营的决策。

第二，市场选择决策。在决定进入或扩大国际市场后，要进行市场选择。市场选择是在市场细分化的基础上，确定了目标市场以后决定的。即决定进入哪一国（或地区）、哪一个行业、哪一种产品市场的决策。

第三，进入市场方式的决定。这是指采取出口、许可证贸易、国外生产方式，还是其他方式等等。

第四，市场营销组合的决策。包括规划设计市场所需要的产品（含品质、数量、规格、等级、档次、包装等），确定适当的销售渠道，制定适当的价格，选择有效的促销方式等。

第五，组织方面的决策。包括建立相应的组织机构，选派适合的营销人员等。

国际营销是在一定的市场营销系统与市场营销环境中发育和成熟的。西方现代市场学认为，市场营销系统是指卷入有组织的交换活动场所的一整套相互影响、相互作用的参加者、市场、流程或力量。就一个企业而言，它的市场营销系统的参加者是市场营销渠道企业、竞争企业和公众，市场包括资源市场、产品市场和资金市场，流程包括资源流程、货物与劳务流程、货币流程。另外，宏观环境的力量对市场营销渠道企业、顾客、竞争者和公众都将产生巨大的影响。

影响国际营销机制运转的两个十分重要的因素，是国际贸易体系和国际金融体系。

国际贸易与国际金融体系不仅制约着一国的企业能否跻身于世界市场，而且直接影响各国企业的经济利益。

如果一家中国企业要向美国及欧洲推销自己的纺织品，常常会受到某些贸易限制。第一，最有可能和最常见的贸易限制是关税。所谓关税，是一国政府对某些特定的进出口商品课征的税收。关税课征，通常以产品的重量、数量或价值为基础。课征的目的，一为充实国家的税收，叫“财政关税”；一为保护本国的企业免受外国企业的竞争的威胁，叫“保护关税”。第二，限额。所谓限额，是一国对他国进口商品的数量限制。设定限额的目的，或是为了节省外汇，或是为了保护本国的产业和就业。第三，禁运。禁运是一种极端的限额，规定某种商品完全不准进口。第四，外汇管制。外汇管制也是一种贸易限制，是一国政府节制其可用的外汇，并制定本国货币对他国货币的兑换率。除此之外，出口公司还可能受到其他“非关税障碍”的限制。

西方国家货币体系经历了国际金本位制、黄金—美元本位制、美元本位制和一篮子货币本位制的演变。相应地，汇率制度也发生了较大的变化。由固定汇率制向浮动汇率制的演变，对国际贸易和企业的国际营销的影响是异常深刻的。国际营销中的汇率风险与如何避免汇率风险、币种的选择与结算方式的选择、如何减轻投资风险、国际营销过程的资金融通等等，都影响到国际营销利益，都是国际营销决策中应该考虑的因素。

2. 营销的国际化过程

营销从国内走向国际，需要经历以下几个阶段。

(1) 国内营销

国内营销指的是目标仅在本国市场上的营销活动。**企业选择以国内营销为主，可能是出于战略的考虑，也有可能是为逃避参与国外市场的挑战而做出的一种无意识的选择。**50 多年前，大多数的企业，尤其是在类似美国这样的大国的公司，仅进行国内营销就足以获得成功。今天，能让只从事国内营销的企业繁荣发展（且不说生存）的产业无疑越来越少。

(2) 出口的营销

出口的营销是跨出国门寻找外部市场机会的第一步。出口营销者对国外的目标市场进行选择，并依赖国内生产供货。这一阶段的重点是充分利用本国的产品和经验。一个老练的出口营销者会研究目标市场并满足各国顾客的不同需要。

(3) 国际营销

国际营销者与出口营销者不同，他对其业务所在国的营销环境参与得更深。例如，国际营销者为了获得更大的竞争优势，会不惜采用非其本国生产的产品供货。国际营销者较少依赖中介商而更倾向于设立直接的业务代表来组织目标市场中的营销活动。更进一步，国际营销者可以通过在某国设立公司的分支机构而建立起能在该国充分发挥公司的产品和能力的本地化组织。从事国际营销的组织一般将其在本国的宣传和广告方案直接运用于国外。

(4) 多国营销

国际营销组织的最初目的是扩大企业原有生产和产品的战果。在实现这个目的的过程中，它逐渐意识到差异和特殊情况在东道国的存在，从而担当起一种新的任务：使企业的营销适应东道国顾客的独特口味。为东道国市场创建专门的宣传与广告方案的多国营销组织在此阶段应运而生。

(5) 全球(跨国)营销

全球营销的重点是在全球范围内充分利用公司的资产、经验和产品，并且真正做到与各国的独特情况相融合。它既注意到普遍的文化特征，也注意到市场之间的特别差异。与所谓“国际化经营企业”直接照搬其在国内的广告方案和多国营销在每一个国家采用一套专门的广告所不同的是，全球公司在营销过程中将普遍的特征和各国独特的事物加以区别。例如，假设经过深入调查它决定为某种产品建立开发设计的全球性平台，而抽样调查是其中了解和渗透市场成功与否的一个关键因素。为此，驻守在各国的营销小组的任务是订出适用于该国的一套专门抽样计划，这些营销小组会在努力实现创意全球化的同时将其与针对不同国家的抽样相结合。

全球营销并不意味着要进入所有国家的市场。是否打入某个国外市场，必须根据公司自身的资源以及机会或威胁的实质来决定。可口可乐公司与IBM能够在一百多个国家开展业务，原因是它们早在50多年前就已经开始向国际化发展，并且具有只要存在机会就可以进行新业务的雄厚资源实力。中间广告公司只在美国范围内经营是因为它在1984年才开始开展业务，在本国市场中仍处于巩固阶段。

当企业开始与两国或更多国家的市场打交道时，很自然就会提出一个问题:“国内营销与全球营销的区别是什么呢?”

这其中有很重要的差别，但同时它们又是基本相似的。正如我们已经指出的，营销的基本概念、方式和程序无论对全球还是国内的营销都十分适用。公司向国外市场扩展业务，并不意味着可以放松获得市场成功的那些基本要求。这个看起来很明显的道理却奇怪地经常被忽视。许多公司既不分析顾客也不分析竞争者就直接进入国外市场——尽管它们在国内从不这样;它们未能成功地统筹整个营销计划，而在其本国市场上，仔细地协调统一各部分只是标准程序而已;在还没有对远期目标有清楚的想法，或对销售和盈利中可能遇到的障碍有充分估计时，它们已经开始着手营销行动。

国内与全球营销之间的差异来自进行全球营销时所在国家环境的不同以及公司本身在不同国家市场中组织和行动方案的差异。全球营销行动可以分为两个基本部分，面向国外的营销和国际—多国—全球营销。

3. 国际化营销计划

国际化营销的成功依赖于国际化营销计划的成功。成功的全球计划是一系列有效的国内营销计划的综合。国内营销计划应以以下三条为基础:①市场和营销环境的知识——特别应注意顾客、竞争者和政府。②产品知识——正规的产品，其工艺及其核心效用。③营销功能和原则的知识。

一个国际化公司必须决定它将如何在国际化基础上取得这三种关键知识。它还必须决定它将如何为制订一个营销计划而进行责任分配。全球/跨国计划必须从在全球基础上对机会或威胁的广泛评价开始，并把这一评价分解成单个国家的销售规模和收益目标。这些目标由总部作为对每个国内组织制订该国计划的指导性建议。各国组织应提出自己的目标，并与总部建议的目标进行比较。如果在两个目标之间存在差异，则开诚布公地向总部提出，这样的对话才能最终形成一个现实的目标。在接受总部发出的指导后，国家单元需制订能达到指定目标的计划。计划准备好后，总部和子公司坐到一起协商出一个协议。总部的目标是，每个国家单元达到最佳业绩，且保持其全球计划的一体性。**如果一个国家单元同时供应本国和第三国市场，其生产步骤和转移价格必须达成一致**。如果一个国家单元要把在公司的其他场所生产的产品推向市场，则销售和交货计划必须进行协调。

国际营销计划必须达到以下要求。

(1) 标准化

一个标准化的全球营销计划有许多优点。首先，**如果执行标准化，将会大大节约成本**。一个限制其产品型号和变化的公司，生产周期更长，经济规模更大。这是一条基本的原则，且已被实践证实了千百次。亨利・福特可能是第一个为达到规模经济和创造国家市场而进行大规模生产的工业家。同样，20 世纪 60 年代意大利的应用工业通过标准化使成本显著下降和生产周期延长，并且在此过程中取得了欧洲的领先地位。当然，成本节约不仅可以从生产中取得，也可以在包装、分销和广告材料的制作中取得。标准化还有其他的好处。在不断增长的汽车世界里，一个标准化的产品在每个国家市场上都是相同的，因而对那些数量正在增加的跨越国境的顾客来说产品是统一的。今天迫使产品标准化的压力来自使顾客能在其操作中发展标准化的程序的要求。标准化的另一个优点是**它把成功的产品和好的想法扩展到所有的市场**。但是标准化的执行仍存在许多障碍。市场特点在太多的重要方面的差异太大，以致无法提供标准的产品。例如在欧洲（或者日本和许多其他国家）就根本看不出有重3500磅~4000磅，车轮直径120英寸的美国汽车的市场。它太大不能适应道路，消耗的汽油太多，执照成本太高，而且它也不适合美国以外汽车购买者的口味。希望在一个更大的世界市场上竞争的美国汽车制造商必须使他们的产品适应世界其他地方的市场偏好或开发适合市场偏好的产品。

如果类似的产品能卖掉，营销组合中的其他因素则可能进而成为标准化的阻碍，因为公司所处的环境不同。例如，考虑一个在一个市场和另一个市场所占份额大不相同的公司。尽管市场的其他特点可能相似，不同的市场份额却使促销和定价决策的标准化极为困难。在市场地位起决定作用的地方，能扩大某类产品总体市场需求的广告信息无疑会给占统治地位的公司带来好处。但同一家公司，可能在相邻国家只占很小地位，这时其广告战略的目标应当是为其特有的产品取得市场份额。

（2）分散化

许多公司采用分散化的计划方法，往往不是因为曾经采用标准化方法而效果不佳，而是因为从一国到另一国的市场环境差异太大。这一方法似乎在营销方面比在别的功能领域得到的支持更多。一家重要国际公司的经理是如此表示这种观点的：“营销没有出现在由公司总部来制订计划的功能中是非常引人注目的。正是在海外业务活动这一阶段，社会模式和当地情况的微妙变化对基本经营战略和战术影响最明显。因此，制订营销计划的责任应由那些海外的经理承担，他们对当地环境最熟悉。”

标准化和分散化方法的共同特点是将对多国营销项目的分析和计划从总部的责任中划离出来。在标准化的情况下，这些活动被认为是不必要的。一旦营销问题在本国解决了，这个问题也就在世界上解决了。在分散化的公司里，有必要进行分析和计划以对当地情况做出反应，但它认为只有将这些行动局限于各国内才是明智的，上层没有机会有效地参与这些活动。

(3) 交叉作用

制订国际营销计划的第三种方法是交叉作用，或者说是一体化方法。它优于标准化计划和当地计划，因为它吸取了这些方法在为总体合成进行计划时的优点。按照交叉作用的营销计划方法，子公司负责识别其市场的独有的特点并保证营销计划能反映当地的特色。

总部负责建立一个包容广泛的战略框架，以进行决策主要目标和资源配置方面的计划。此外，总部还必须进行协调并使产品的设计、广告、定价和分销活动在各个下属营业单位内合理化。一方面是把职员的活动集中在总部以试图达到高水平的绩效，另一方面是权力下放并直接指派人员去子公司以形成可能的优势，总部必须始终对这两者之间的权衡保持警惕。

二、国际营销组合决策

企业国际化经营，进入和占领国际市场，必须依据大市场营销观念，制定科学的国际营销组合策略。大市场营销观念是指企业为了成功地进入国际目标市场，并在那里从事营销活动，在战略上应协调地运用经济的、心理的、政治的和公共关系等手段，以取得所在地有关方面的合作与支持，从而达到预期的营销目标。可见，在大市场营销观念中，企业的国际营销组合策略，除了传统的产品、价格、渠道、促销策略之外，还应加上国际公关策略和权力运用策略。由于公关策略可以包含在促销策略之中，因此本节将从产品、价格、渠道、促销及权力运用五个方面来探讨国际营销组合策略。

1. 国际营销的产品策略

占领国际市场的关键，在于能否保证外销产品符合目标市场的环境要求和消费者需要。因此，企业应从具体条件出发，制订合理的国际营销产品策略。一般情况下，可供企业选择的产品策略主要有直接延伸、产品调整和产品发明策略。

(1) 直接延伸策略

直接延伸策略是指企业将在国内市场销售的产品不加改变地直接投放国际市场。该策略的主要优点在于：①企业在国际营销中不必增加过多的研究开发费用和增添新的设备、技术，从而节省了投资；②通过利用现有设备大批量生产，有利于降低产品的边际成本，取得规模经济效益；③可以适应国际性顾客的需要，如适应顾客旅行和迁居的要求，使消费者在海外可以买到自己喜爱的原产品。但是，这一策略并不能适应多数企业、产品或多数国外市场。因为各国在经济发展水平、社会文化传统等方面存在较多差异，使消费者对产品的质量、功能、商标、包装等产生了不同的要求。因此，只有那些具有国家、民族或地方特色的消费品，某些名牌产品和生产资料产品才可运用这一策略。

(2) 产品调整策略

产品调整策略是指企业把在国内市场销售的产品作某些调整或变更后再投放国际市场。该策略的优点在于通过产品调整或改进，可以提高其国际市场的适应能力，更适合国外市场的不同需求，市场潜力大。国际营销中多数企业倾向于采用这一策略。

产品的调整可以体现在多方面，如功能变更、外观变更、商标变更、包装变更、标签变更、质量变更、规格变更及服务变更等。但企业在对产品进行调整和改进时，要花费一定的研究开发费用，因而必须注意调整后的预期收益。只有那些调整后可带来更高收益的产品才是可取的。

(3) 产品发明策略

产品发明策略是指企业开发出与老产品不同的新产品投放国际市场。这种发明有两种形式：一种是后向发明，即重新发掘和销售非常适合某国需求的旧式产品；另一种是创造某种品牌的新产品以适应其他国家消费者的需求。产品发明策略的优点在于新产品符合目标顾客的需求，较易进入国外市场，前景广阔并能取得较好的营销效益。但产品发明需要投入较多的研究开发费用、设备更新费用，而且市场的不确定性大，因而必须全面权衡利弊。只有符合目标市场的需求而且需求量达到一定规模，保证企业有较高的收益的产品，才可增加投资加以开发和销售。

2. 国际营销的价格策略

价格对产品的竞争力产生着重要影响，是占领国际市场的重要条件。选择正确的价格策略是国际营销活动成功的重要前提。

(1) 确定国际营销价格必须考虑的因素

在确定国际营销价格时，除了要考虑影响价格的一般因素如成本、供求关系、市场竞争外，还要考虑影响国际市场定价的特定因素，主要包括以下几个方面。

①价格术语。价格术语又称“价格条件”，是指国际营销中表明商品价格构成，交易双方分别承担的责任、义务和费用的简短概念或英文缩写。

②计价货币。国际营销中的计价货币既可以是出口国货币，也可以是进口国货币或第三国货币。应注意由于存在着货币汇率和利率的差别，不同货币对企业收益的影响不同，必须加以认真分析和选择。

③外国政策。主要是目标市场国政府的有关法律、规定等对进口商品价格会产生一定的影响。

④价格构成。国际营销的价格构成因素因产品种类及交货时间、地点不同而有所差异。一般国际营销价格由以下项目构成：A. 基本价格，即国内采购价或出厂价；B. 出口费用，包括主要费用（如运费、保险费、包装费、检验费、报关费、装卸费、船边费等）和杂费（贷款利息、邮电费及其他）；C. 预计利润，即企业预计获得的利润额。

(2) 国际营销定价程序

国际营销定价一般分为四个步骤。

①掌握国际市场价格，如国际贸易集散地主要商品价格，某商品主要出口国的出口价格和主要进口国的进口价格，国际商品交易所市场行情等。

②确定定价目标，如利润目标、市场占有率目标、稳定价格目标、防止竞争目标等。

③选择计价货币。选择计价货币应考虑：本国是否与进口国签有贸易支付协定，规定使用某一计价货币；若未签相应协议，可选用“可兑换货币”；外销收汇应争取“硬势货币”；若不得不收“软势货币”，可适当加价。

④外销产品的报价。

(3) 国际营销定价策略

国际营销定价策略从总体上说与国内定价策略相同，常用的有渗透定价策略、撇脂定价策略、信誉定价策略、差别定价策略等。但国际营销环境远比国内的复杂，在选择定价策略时必须注意灵活机动，**参照国际上通用的方法和原则，根据竞争的需要和战略目标的要求，该涨则涨，该跌则跌。**

3. 国际营销的渠道策略

国际化经营企业销售渠道策略包括：是否使用中间商、中间商的层次和数目、中间商的选择和销售渠道的管理。

(1) 是否使用中间商

国际化企业总要进行这样的选择：是通过建立自己的营销机构还是通过中间商把产品送到消费者手中。一般来说，大规格工业制品、高技术产品、专用制成品一般采用直接销售方式，其他均可通过采用中间商形式。国际化企业采用直接销售的优点有：节省了支付中间商的额外费用，能及时获取市场信息，积累国际营销经验，能更切实地把握市场。缺点是：建立自己的销售机构会付出更多精力和费用；同时，由于对目标市场了解不深，建立直销机构有时会遇到困难。正是基于这个原因，大多数企业乃至跨国公司都广泛利用中间机构。同时，在某些国家（地区）一些全国性大批发商控制了产品的销售，因而更有实力和效率，国际化企业要撇开它们可以说是不明智的。

(2) 中间商的层次和数目

一般来说，昂贵的商品由于需求有限，可减少中间商层次；一般工业品、一般性技术产品、易毁易损、易腐商品，应尽量压缩中间层次；而一般日用消费品，中间商层次则可多些。

对中间商数目的选择一般有三种策略。

①独家经销策略。即企业在一定时期内和一定目标市场上，只选择一家中间商经销产品。此时的企业能够充分利用中间商的销售渠道，并能获得中间商的大力合作。但是企业所能覆盖的市场面较窄，而且一旦该中间商出现问题，企业就会蒙受巨大损失。

②有选择性的销售渠道。即企业根据本企业产品特点，有选择性地选取几家中间商。企业可借此扩大自身产品市场的覆盖率，也可对营销活动增强控制，便于对销售渠道进行调整，但营销成本会有所提高。这种方式为大多数企业所采用。

③广泛的销售渠道。这种方式可最大限度地扩大自身产品市场覆盖率，增强竞争能力，适用于日用消费品和消耗品的销售。

(3) 中间商的选择

作为生产者同消费者的中间环节，中间商的选择非常重要。评价中间商的主要标准有以下几条。

①中间商的位置，即中间商的市场应能覆盖企业的细分市场，而且送货方便快捷。

②中间商的资金和财务状况。中间商应具有良好的财务状况，资金雄厚，周转顺畅。

③中间商的信用度。中间商应在各关联企业中有良好的商业信誉，这是企业应高度重视的。

④中间商的管理水平。中间商应具备良好的营销能力、市场调查分析能力、优秀的管理能力。中间商在以往的经营中具有较高的效益。

⑤中间商的服务水平。中间商要有完备的服务体系和较高的技术水平。

⑥中间商是否经销竞争对手的产品。如果中间商经销竞争对手的产品，那么就不大可能全力去销售本企业产品，除非本企业给予中间商更优惠的条件。

(4) 销售渠道的管理

国际化企业在选定中间商后应加强与中间商的联系和合作，同中间商

交流市场信息，为中间商提供宣传资料，培训销售人员，共同设计销售方案，同时给予中间商一定的帮助和支持。

当市场情况发生变化时，销售渠道也应作相应的调整。若需求量上升，应增加中间商数目，并重新议定条件；需求量下降，则应减少中间商数目。对于那些经销不力的中间商，应该中止合作，另行抉择。

4. 国际营销的促销策略

促销策略包括广告、人员推销、营业推广、公共关系四种方式。

促销关键在于传递产品信息，影响消费者的消费心理、消费行为和消费习惯。

(1) 广告

广告是企业促销的主要方式，分为标准化广告和个性化广告两种。前者强调相同的广告主题和信息，后者则体现各目标市场的差异性。广告内容要符合目标市场国的法律规定和文化习俗，否则会导致禁播、罚款甚至诉讼。广告语言的翻译也是个难题，要做到与目标市场国（地区）文化相和谐不是件容易的事。

广告公司的选择要考虑公司的市场覆盖面、广告制作质量、广告收费、广告公司提供的服务种类等。企业总是要以最经济的方式去获取最好的广告效果。

(2) 人员推销

人员推销能直接面对消费者销售产品，从而能确切掌握需求信息和消费者的意见，及时把握市场行情的变化，同时有利于发挥推销人员的主观能动性，是开拓新的国际市场最有效的方式。但是**该策略对推销人员的素质有特别要求，**而且这种方式费用昂贵，单派往目标国（地区）的推销人员的差旅费就是一笔不小的开支。

(3) 营业推广

它是指除广告宣传、人员推销、公共关系外的刺激消费者购买、提高中间商的销售效率的一种促销活动。营业推广是非定期的活动，往往是在某一定时间内为完成某一特定的目的或任务而进行的。对消费者常用的做法有：赠送样品、附带赠品或奖券、节假日优惠等；对中间商的做法有：交易折扣、推广补贴、分担广告费用等。还有一种促销方式就是举办展览，介绍宣传产品、现场示范表演，以促进销售。

（4）公共关系

它是指国际化经营企业与目标国（地区）政府、消费者以及当地各社会团体之间为保持关系协调与和谐而做的工作。其目的是**获取公众的信任和支持，树立企业的良好形象，创造和谐的营销环境。**

企业的公共关系目标应该是多方面的，同时还应有所侧重，对企业影响较大的要优先考虑。企业要选择有效的渠道和宣传媒介，如宣传杂志的选择、公众集会的选择、赞助对象的选择等。同时，企业要准备恰当有效的宣传材料，如企业的周年庆典、企业新产品介绍、重要人物来访、企业赞助活动等都要配合播发相应的报道，树立企业形象。另外，企业要对公共关系的效果进行定期和不定期评估，以选择最佳的方式组合，达到事半功倍的效果。

5. 国际营销组合运用

国际营销组合是指企业为增强国际竞争实力，实现国际营销目标，在选定的目标市场上，综合考虑企业内部条件和外部市场环境，对企业的可控制因素即产品、价格、渠道、促销策略进行最佳组合和灵活运用。**国际营销组合可以最大限度地发挥企业的综合优势，提高各种营销策略的运用效果，增强企业的竞争力。**

国际营销组合会因企业或市场的不同而各有差异，但要达到最佳效果，必须遵循四项原则：一是目标性，即确定营销组合必须针对明确的目标市场；二是协调性，即要把各个要素有机地组合运用；三是经济性，即要考虑组合的要素对促进销售的作用，使之获得最佳经济效益；四是反馈性，即要依靠市场信息的反馈，适时调整营销组合方式，使之适应国际营销环境的变化。

第十二章 中国企业国际化经营案例分析

中国企业走出国门实施国际化经营，严格讲是改革开放之后，特别是加入 WTO 之后才大规模开始的。经过多年的实践，中国企业逐渐在国际化市场上站稳了脚跟，拓展了空间，并取得不俗的成就。不少中国企业在国际化经营中不仅实现了超速发展，先后进入世界500 强企业之列，而且还融入了当地文化，提升了企业知名度，成了中国与世界各国共同发展的友好使者。通过对这些企业国际化经营案例的分析，可以对其他众多企业予以启迪。

一、借船出海：联想公司的国际化经营

作为一家以信息化技术产品为主的企业集团，联想公司从成立之初就以“为中华民族在世界产业领域争得一席之地”为奋斗目标。经过多年的发展，联想公司已成为世界公认的商用个人电脑行业的王者。总结联想公司国际化经营发展历程，收购 IBM 而借船出海，是其占据全球电脑销售市场的成功开始。

1. 联想公司介绍

联想公司成立于 1984 年，最初由中科院计算所投资 20 万元人民币、11 名科技人员创办，到今天已经发展成为一家在信息产业内多元化发展的国际大型企业集团。

1984 年 11 月 1 日，柳传志等 11 名科技人员响应中科院科技体制改革的号召，靠中科院计算所 20 万元投资起家，在一间传达室里，成立了中国科学院计算所新技术发展公司（联想集团前身）。第二年，公司组织全体职工，通过为社会上其他公司验收、维修计算机、培训人员、技术劳务等苦干了一年，净赚了 70 万元，从而掘得第一桶金。很快，在倪光南的技术支持下，联想汉卡问世，“联想”这一品牌名称由此而来。1987 年，依靠联想汉卡和代理国外电脑等业务，中科院计算所公司营业额达 7000 多万元。企业资产从 1984 年的 20 万元增加到 1300 多万元，员工由初期的 11 人发展到 230 人，电脑产品销售网络已基本上在全国各地形成。1988 年 4 月，计算所公司在中国香港与香港导运电脑有限公司、中国（香港）技术转让公司合资成立“香港联想科技有限公司”。1994 年 2 月 14 日，香港联想控股有限公司在香港挂牌上市，股票代号 0992，启用英文名称“legend”，此前的 1989 年 11 月 14 日，新技术发展公司已正式更名为北京联想计算机集团公司。从 1996 年开始，联想电脑销量一直位居中国国内市场首位。

2003 年，联想集团的英文名称由“Legend”改为现“Lenovo”。同年，

联想以17.5亿美元的价格收购IBM的PC事业部，并获得在5年内使用IBM品牌权，其后，联想的国际化进入高速发展的新阶段。近几年更是发展迅速，从2011年开始一跃占据世界电脑销售量第二的宝座。

联想产品系列包括Think品牌商用个人电脑，Idea品牌的个人电脑、服务器、工作站，以及包括平板电脑、智能手机和智能电视在内的移动互联网终端产品。联想目前每年出货3000多万台PC，其中笔记本电脑为2000万台，台式电脑为1000万台。

联想的全球行政总部位于中国北京市的联想大厦，联想在全球有27000多名员工。根据美国《财富》杂志公布的2012年度全球企业500强排行，联想集团再次上榜，排名第370位，年收入295.744亿美元，利润4.73亿美元。

2. 联想公司的国际化历程

从成立伊始，联想就提出了“为中华民族在世界信息产业领域争得一席之地”的宏愿。联想的国际化发展历程大致可以分为三个阶段。

(1) 1988—1994年：国际化经营的起步阶段

1988年4月，联想在香港合资成立“香港联想科技有限公司”，初期主要以电脑及配件贸易为主要业务。同年8月，在香港收购了具有生产能力的Quan - tum公司，成立研发中心，并在1989年3月成功研制Q26I型个人电脑主机板。1989年6月，香港联想公司在深圳成立“深圳联想公司”，持股70%，建成低成本生产基地，从此香港联想开始批量生产和出口主机板。到1994年，联想主机板出口500万套，占全球市场的10%，进入最大生产厂商前5名之列，在国际市场上的崭露头角让联想初步尝到了国际化的甜头。1994年，联想在香港证券交易所成功上市，标志着以资本要素国际化起步的联想国际化的开始。

(2) 1994—2003年：以国内为主、兼顾海外市场阶段

1994年以后，联想的业务发展走上了重点关注国内市场、兼顾海外市场的道路。1996年，联想首次超越国外品牌，PC市场占有率位居国内市场第一，并持续6年稳居榜首。在1999年，联想集团更以8.5%的高市场

占有率荣登亚太市场PC销量榜首。同年，联想战略路线第二条明确提出：国内市场与国际市场相比，国内为主，决定集中精力经营国内市场。1999年，联想成为亚太市场顶级电脑商，在全国电子百强中名列第一。

到2000年，联想电脑占国内市场的份额达到29%。2001年，联想提出了“高科技的联想、服务的联想、国际化的联想”等战略目标，开始了多元化的扩张。2001年4月，联想宣布实施多元化战略，从原来的单一PC业务逐步扩展到消费类信息技术设备、商用类信息技术设备、手持设备、信息运营、IT服务、合同制造六大领域，但多元化战略的实施并没有达到预期的效果。

（3）2004年至今：加速推进国际化进程阶段

2003年，联想改写标识，宣布使用新标识“Lenovo”，迈出了走向国际化的重要一步。随后，联想确立了紧缩多元化战略，重新专注PC领域战略，并从组织结构上将海外业务单独成立事业部。2004年，联想做出重要决策，收购IBM全球PC业务。2004年12月8日，联想宣布以12.5亿美元收购IBM全球PC业务，迈出了其国际化的关键一步。更为重要的是，此次收购推动了联想跻身于具有国际知名品牌的国际企业行列，晋升为全球第三大PC厂商，占全球市场份额9%的联想一跃成为世界500强的全球性公司。收购IBM全球PC业务后，联想发展成为一家在全球160个国家开展海外业务、海外收入超过总营业额60%的全球化企业。

3. 联想国际化经营的战略路径选择

联想的国际化路径可以清楚地分为依靠内部增长和外部增长两种方式。

（1）内部增长式的国际化战略

2000年，联想提出了“要在中国信息产业内多元化发展”的战略。当时制定这一战略有两个背景：第一是中国还没有加入WTO，第二是中国的IT市场当时正处于高速发展时期。根据这一战略，联想确定了其发展领域主要有计算机、系统集成、软件、网络产品、手机和服务等。

2003年初，联想确定了要专注于核心领域，即在PC领域发展的战略。

联想一直是国内市场的领头羊，在 PC 领域要有更大的发展，就必然要寻求国际化道路。联想要在 PC 领域发展，最现实的战略选择不是退缩，而是通过快速的国际化道路，迅速提升全球市场份额。

（2）并购方式实现的外部增长战略

联想重塑 PC 主业并加速国际化，收购 IBM 的 PC 业务是一条捷径，是迅速进入世界顶级 PC 厂商之列的理想之举。

2004 年 12 月，联想以 12.5 亿美元的价格并购了 IBM 的全球个人电脑业务，包括 PC 机和笔记本电脑，以及与个人电脑业务相关的研发中心、制造工厂、全球的经销网络和服务中心。根据双方签署的协议，新联想将在 5 年内无偿使用 IBM 品牌，并永久保留使用全球著名的“Think”商标的权利。联想和 IBM 将结成长期战略联盟，IBM 将成为联想的首选服务和客户融资提供商，而联想将成为 IBM 的首选 PC 供应商。

在经历了三年的探索、磨合和消化后，联想集团得到了飞速发展，出货量从 4.31 万台提升到 20 万台，增长了将近 4 倍，全球市场份额从 2.36% 提升到近 8%，利润也摆脱 2003 年至 2005 年连续三年在 1.3 亿美元上下徘徊的局面。2008 年，美国《财富》杂志公布了一年一度的全球 500 强企业排行榜，联想以年度总营业收入 167.88 亿美元的业绩杀入全球 500 强企业排行榜，位居第 499 位，成为中国进入世界 500 强的唯一一家民营企业。

4. 联想国际化经营应对挑战的措施

联想实现了国际化整合，但在国际化经营中仍面临巨大挑战，主要表现在产品进入主流市场面临的渠道挑战、品牌价值的保护和提升的挑战、国际化资源配置与组织体系融合面临管理与文化差异的挑战、由制造业向服务业转型面临的挑战等。

对此，联想集团采取如下的应对措施。

（1）大力拓展新兴市场

联想专门组建了新兴市场集团。与欧美等成熟市场相比，新兴市场（包括中国内地、中国香港地区、中国澳门地区、中国台湾地区、韩国、

东盟、印度、土耳其、东欧、中东、巴基斯坦、埃及、非洲、俄罗斯及中亚）具有以下特点：一是PC的普及率低，市场空间大。二是经济发展快，需求旺盛。三是新兴市场对原来的欧美品牌不像成熟经济体那么重视，品牌认可的建立比较容易。根据这些特点，联想可以通过有效运用在国内证明已经非常成功的“大联想”模式——发展核心渠道，通过有效的利益共享机制，建立覆盖全国的分销网络，最后形成风雨同舟、荣辱与共的“大联想”渠道体系。

（2）继续发展TOP计划

TOP计划是国际奥委会直接主管的最高级别的合作伙伴计划。根据规定，合作伙伴在全球范围内享有奥林匹克市场开发权利，并且是奥运会、国际奥委会、奥运会组委会以及200多个国家和地区奥委会和奥运会代表团的官方赞助商。因此，成为TOP合作伙伴，意味着一下子可以获得全球各国奥组委和各国人民的信赖。

2004年，联想赞助国际奥委会，成为国际奥委会第6期全球合作伙伴。2008年中国北京迎来这一盛会，地域优势明显。同时，“更高、更快、更强”的奥运精神与联想不断创新超越的企业文化高度契合，内在品质一致。基于这样的认识，联想果断做出决策成为2008年的顶级奥运赞助商，不仅全程提供机器设备，而且派出2000多名科技人员免费提供技术服务，让全中国、全世界见识到了联想集团雄厚的实力和先进的技术水平。此举不但帮助联想在海外树立了较高的品牌知名度和美誉度，在国内的影响力也得到了有力提升。

（3）做好长期战斗的计划，科学合理地进行业务整合

联想整合计划分三个步骤：第一步是供应链整合，大约耗时一年到一年半时间。先把总部的职能构架出来，同时整合供应链，实现联合采购，重新规划制造、物流、生产计划等，这是协同效应最显著的环节。第二步是生产和市场销售的整合。在第一阶段，联想和IBM团队各卖各的产品，在本阶段要实现市场和销售的一体化。同时整合产品线，统一推出商用产品和消费产品，笔记本和台式机覆盖高、中、低端客户。第三步实现品牌的整合，同时开展一些新的业务和进入新的市场，如在海外市场销售消费

电脑和3C产品等。

通过有计划的、科学合理的整合安排，而不是急匆匆的融合，联想可以一步步实现自己的“国际化联想”目标。

二、“蛇吞象”：吉利公司的国际化经营

提到吉利，人们会迅速联想到该公司的领袖李书福。作为民营企业家，立志振兴民族汽车工业的李书福，在领导吉利公司发展的过程中，困难重重，挑战不断。其借壳上市以及收购沃尔沃这两大壮举，让全球汽车人对他刮目相看。“蛇吞象”正是李书福和吉利公司国际化经营的成功杰作。

1. 吉利公司介绍

1986年11月，李书福以冰箱配件起家创立吉利品牌。1997年进入汽车行业，成为中国第一家民营轿车企业。1997年正式成立吉利集团有限公司，多年来专注实业，专注技术创新和人才培养，取得了快速发展。2004年，吉利汽车通过香港国润控股成功借壳上市，代码0175. HK，自此开启了吉利国际化道路。2006年吉利汽车（0175. HK）、上海华普与英国锰铜控股公司（MBH）正式签署合资生产名牌出租车的协议，之后大举进行并购包括全球第二大自动变速器公司——澳大利亚DSI以及沃尔沃，在国际化的道路上越走越远。经过多年规模发展和国际扩张，目前吉利资产总值超过1000亿元，连续十年进入中国企业500强，连续八年进入中国汽车行业十强，是国家“创新型企业”和“国家汽车整车出口基地企业”。2012年7月，吉利控股集团以总营业收入233.557亿美元（约1500亿元人民币）进入世界500强，成为唯一入围的中国民营汽车企业。

吉利集团总部位于浙江杭州，另有9个汽车整车和动力总成制造基地分别位于浙江临海、宁波、路桥和上海、兰州、湘潭、济南、成都以及慈溪，年产60万辆整车、60万台发动机、60万台变速器。现有吉利熊猫、帝豪EC7、TX4以及吉利自由舰、占利金刚、吉利远景、上海华普及中国

龙等10余个系列、30多款整车产品；拥有1. OL~1. 8L全系列发动机及相匹配的手动/自动变速器，吉利的目标市场主要是低价位、小排量的家庭用车。2009年收购澳大利亚DS1自动变速器公司，快速丰富了吉利自动变速器的产品线，为提升产品竞争力提供了重要保障。

吉利汽车主要在中国销售，通过全球鹰、帝豪、上海英伦三大子品牌下的1000多家经销商销售自有品牌的12款主要车型，目前吉利汽车累计社会保有量已经超过150万辆。

随着海外扩张战略的大举进发，吉利出口占比日趋增加，2012年吉利全年销售48万辆，较2011年增加15%，其中出口市场贡献了21%，增长达157%。截至2011年，吉利通过63家海外经销商及351家二级店出口到海外52个市场。这些海外市场主要是东欧、中美洲、南美洲、非洲、中东以及东南亚的发展中国家。

2. 吉利公司的国际化历程

2003年，吉利汽车首次向中东国家出口轿车，迈出了国际化战略的第一步。截至目前吉利汽车的国际化道路经历了三个阶段。

(1) 2003—2008年：先易后难，打入中东和北非出口市场

2003年，首批吉利轿车出口海外，这也是中国民营汽车行业轿车首次对外出口。吉利国际化战略选择先易后难，第一步选择以向中东和北非地区出口为主。主要是因为该地汽车市场具有兴起阶段市场、消费者支付能力决定性价比优势。具体来看：第一，与欧美、日、韩等发达国家相比，中东、非洲地区汽车普及程度总体较低，因此市场潜力巨大；第二，中东、非洲地区汽车工业不发达，没有可以与欧美、日、韩汽车企业比肩的著名品牌和劳动生产率，中国企业面临的竞争压力较小；第三，中东、非洲国家的绿色标准较低，如排放、标签法的认证，市场准入门槛低，便于中国车企进入。

2008年，吉利汽车实现海外汽车销售出口3. 8万辆，比2007年的2. 1万台增长77%，占当年中国汽车出口量的17%。

（2）2009—2010 年：收购海外关键零部件生产企业，海外设厂纵向一体化整合

汽车属于下游行业，上游依赖钢铁、化工、电子、机械等相关产业的发展，而中游的关键零部件的生产技术则直接决定了我国的汽车工业的生产水平。我国汽车工业起步较晚，在发动机、变速箱等关键零部件上缺乏高水平的自主知识产权，整体水平与日本、德国等汽车工业强国相比仍有较大差距。因此，在战略上增强企业在关键零部件领域的竞争力对提升企业整体竞争力十分必要。

在国际化战略第二阶段中，吉利把实行纵向一体化，合并具有竞争力的上游企业以提升整车性能作为国际化战略的重点之一。

2009 年，吉利集团收购了世界第二大变速箱制造商——澳大利亚 DSI 自动变速器公司。DSI 自动变速器公司是一家集研发、制造、销售为一体的自动变速器专业公司，收购使吉利集团实现了向产业链上游的延伸，在国际化的道路上又迈出了坚实的一步。

同时，吉利开始在海外设立工厂，直接投资于东南亚等发展中国家，此举不仅可以利用更为低廉的劳动力，而且当地汽车普及率较低，市场增长潜力巨大。2007 年，吉利 CK－1 CKD 组装项目正式落户印尼，该项目成为吉利汽车进军东南亚和全球右舵汽车市场的跳板。随后，吉利汽车又在乌克兰和俄罗斯建立了 CKD 装配基地。随着本身的不断国际化，吉利汽车在欧洲也与著名的整车工厂寻求合作。在海外投资设厂，标志着吉利国际化程度的进一步提高。2008—2009 年吉利营业收入增长了 224%，毛利水平也从 2008 年的 15% 提升至 18%，凸显了一体化产业链的效果。

（3）2010 年至今：进军国际知名品牌——收购 Volvo 和英国锰铜

2010 年 8 月，吉利集团以 13 亿美元收购瑞典著名汽车品牌沃尔沃轿车 100% 的股权和知识产权。此次并购对于加快吉利品牌战略转型至关重要。并购不仅在于得到沃尔沃的技术，更重要的是得到沃尔沃安全高端的品牌形象，使其能进入国际品牌梯队，加速其品牌战略转型。

2013 年 2 月，吉利按零现金零债务模式（即吉利不提取英国锰铜账上任何现金，也不承担其任何债务）以 1104 万英镑收购英国锰铜控股的业

务与核心资产，收购的资产包括厂房、设备、不动产、全部无形资产（包括知识产权、商标、商誉等）、锰铜与吉利在中国设立的合资工厂中的48%的股份以及库存车辆。

经过三个国际化阶段的持续推进，吉利在国际化道路上重拾步伐，特别是2010年并购沃尔沃之后，出口市场急速扩张，出口整车数量从2010年的2万辆上升至2012年的10万辆，年复合增长率达到70%。2012年全年销售48.35万辆，其中出口10.19万辆，占比21%。

3. 吉利国际化经营的战略路径选择

（1）抓住金融危机低资产估值机会，搭乘海外并购大潮

2008年受全球金融危机影响，北美的汽车巨头通用、福特、克莱斯勒濒临破产，福特汽车正在考虑裁减约6000名员工和出售沃尔沃品牌。吉利借此良机，实现了企业多年来品牌战略转型的目标。

（2）充分借力地方融资平台和资本市场

纵观吉利的发展历程，快速扩张以及“蛇吞象”式的并购，融资需求贯穿始终。地方融资和公开的资本市场是其融资的两条主要渠道。吉利进入汽车行业的时候正值国内汽车产业大规模发展阶段，吉利利用地方政府发展汽车产业的冲动，在全国各处以极低的价格拿地，享受“三免两减”的税收优惠，并以此为条件向地方政府借款。在短短16年时间内，吉利陆续在湘潭、兰州、慈溪、济南、成都等地投资建设生产基地，加上其原先在宁波和台州的四大生产基地，总共拥有十大基地的吉利汽车已经成为全国车企之最。

资本市场也成为吉利融资的一条重要途径。2003年，吉利在港交所借壳上市，从上市至今，吉利已调用资金达20亿元，用于吉利宁波工厂设备更新、路桥基地的建设，以及山东工厂、新品研发等项目。

吉利多基地格局和上市融资是相辅相成的。吉利的每一个新基地、新项目进入上市公司之时，都是一次资产重估和溢价的过程。这一过程不仅使吉利其后的发展获得了宝贵的流动资金，还降低了上市公司的资产负债率，增强了其在资本市场的融资能力。

(3) 产业政策支持民族汽车工业发展

中国汽车产业最初限制民营资本进入，之后鼓励和支持民营资本进入，吉利汽车作为第一家民营资本的自主品牌汽车制造商经历了这一艰苦的过程。如今，国家大力发展自主品牌汽车的政策已经十分明确。2008年，《汽车工业产业政策》中明确了中国汽车工业的三大发展目标。到2010年时，自主知识产权的产品要达到50%；汽车集团要进入国际500强企业名单；汽车零部件出口占生产总量的40%。吉利汽车通过这几年的发展也积累了经验，建立了一整套研发、生产体系和一定的市场基础，为国际化战略奠定了基础。

(4) 外国投资限制取消，促进投资合作和技术合作的发展

随着中国市场进一步成熟，外资进入中国市场的限制将逐步取消，这将有利于中国汽车企业的国际化发展，加快整个行业的国际化进程。跨国企业进入中国不仅为汽车工业带来先进技术，同时也带来优秀的管理经验，更激发了国内自主品牌汽车的竞争。近几年跨国企业纷纷与本土企业合作建厂，上汽联手美国通用和德国大众，东风联手日本日产和神龙，吉利联手福特与英国锰铜等，这些合作将促进人才的流动和培养，产生技术溢出；海外直接并购更有助于中国引进国外的先进技术，在学习中创新，增强自主创新能力；有助于缩短产品的更新周期，增强市场的竞争力。由此可见，取消外商投资的种种限制，将进一步激活本国的汽车工业，增强整个行业的市场竞争能力。

4. 吉利所面临的挑战与应对措施

吉利当前主要面临着三大严峻挑战。

一是缺乏技术核心竞争力，技术整合仍存在风险。目前，吉利的技术主要依赖于并购，吉利汽车公司通过收购澳大利亚自动变速器公司（DSI）以及沃尔沃汽车生产公司，在一定程度上获取了具有世界先进水平的自动变速器和安全性能等方面的技术，但作为品牌整体仍然落后于国际先进水平。而吉利汽车公司的技术更是掌握有限，因此这一系列的核心技术的缺乏导致了吉利汽车在电动车开发方面缺乏核心竞争力。由于吉利一直做低

成本的低端汽车，骤然接受一个国际奢华品牌，如何对其技术进行吸收和创新是一个需要仔细对待的问题。如果吉利不能获得沃尔沃的核心技术和技术平台，并购的技术协同将很有限。

二是多品牌定位需要获得市场认同。成功的企业通常选择一个明晰的战略运营，或是高端差异化路线，或是低成本扩张。目前吉利拥有全球鹰、帝豪、上海英伦三大系列不同品牌，英伦汽车专注经典复古的贵族风格，帝豪瞄准中高端公务商务用车及家庭用车市场，全球鹰的目标群体则是年轻消费市场，跟沃尔沃都不是一个档次水平。并购沃尔沃之后，考虑到削减成本，将实现沃尔沃部分国产化，吉利的低端品牌形象可能会影响到沃尔沃的高端品牌形象，市场能否认同被并购之后的沃尔沃质量还需要销量验证。若品牌受损，将会直接影响沃尔沃的销售及盈利能力。如何保持沃尔沃的品牌信誉无疑是吉利面临的巨大挑战。

三是并购后的文化整合难度大，存在人员流失风险。并购中有70%的失败源于并购后双方文化整合不善，吉利收购沃尔沃之后面临的一个难题便是不同文化之间的整合。吉利有着与沃尔沃截然不同的文化，一个散发着“农村青年”气息，一个则保留着欧洲豪华名车的高贵血统。沃尔沃将安全、质量与环保视为公司的核心价值，被称为“世界上最安全的汽车”。而吉利则走低成本路线，有着全球汽车业最强的成本控制能力，但在安全、环保方面远远落后。再者，作为传统的北欧福利国家，沃尔沃工会的力量相当强大，强大到曾让上汽也无可奈何。而以低成本著称的中国制造业的劳工政策则相当宽松，与北欧完善的劳工保护比较起来，无疑会极大地加大吉利收购沃尔沃之后的运营成本，这其中隐藏着巨大的经营风险。这种文化上的鸿沟并非一朝一夕可以跨越。在收购沃尔沃汽车生产公司后，几经波折组建了现在的“中西合璧”的董事会，董事会成员绝大多数由外国的管理人才出任，显示了吉利国际化的决心。但吉利是一家没有合资经验的公司，仅引入国外高层管理也不能保证很好地融合，如果文化上磨合不好，很可能导致高层人员流失。

对此，吉利采取了以下应对措施。

(1) 消化吸收专利技术，与沃尔沃合作研发

吉利战略转型后提出了“造最安全、最环保、最节能的好车”的战略

目标，关键问题是如何在成本约束下积累、整合和激活企业独特的资源与能力，从而达到在成本、技术、人才、质量、服务方面的全面领先。

(2) 继续做好成本管控，扩大市场份额

福特之所以出售沃尔沃是因为销量不佳导致成本太高，吉利并购之后需要利用其成本管控能力，在不影响品牌形象的条件下实现沃尔沃的扭亏为盈。吉利主要通过融资借债完成其杠杆并购，公司资产负债率由2008年末的25%升至超过65%的警戒水平，这要求吉利提高资金回笼速度，保持适当的现金流。

要扭亏为盈，就需要提升沃尔沃的销量。吉利计划把沃尔沃在中国的销量增加20万~30万辆，通过拓宽产品线，尽可能释放产能，最终实现盈利。如可通过实施平台战略增加各车型之间共享零部件部分的比例，在中国增设配套工厂，增加中国采购降低成本，制定新的奖励考核机制，提升瑞典现有管理团队的效率。通过在中国建立新的研发中心，以降低人力和开发成本，但同时也要保持沃尔沃的豪华车特性。吉利多年低成本的经验可以在一定程度上帮助沃尔沃降低运营成本。要盘活沃尔沃，关键还在于扩大市场份额，如可以共享在华销售网络，扩大销售。

三、步步为营：腾讯公司的国际化经营

腾讯公司成立于1998年11月，是目前中国最大的互联网综合服务提供商之一，也是中国服务用户最多的互联网企业之一，同时也是网络企业开展国际化经营取得最大成就的企业。

1. 腾讯公司介绍

成立十年多来，腾讯一直秉承着一切以用户价值为依归的经营理念，始终处于稳健、高速发展的状态。目前公司主要产品有IM软件、网络游戏、门户网站以及相关增值产品。

用互联网的先进技术提升人类的生活品质是腾讯公司的使命。腾讯

QQ 的发展深刻地影响和改变着数以亿计腾讯网 logo 网民的沟通方式和生活习惯，它为用户提供了一个巨大的便捷沟通平台，在人们生活中实践着各种生活功能、社会服务功能及商务应用功能，并正以前所未有的速度改变着人们的生活方式，创造着更广阔的互联网应用前景。

目前，腾讯以“为用户提供一站式在线生活服务”作为自己的战略目标，并基于此完成了业务布局，构建了 QQ、腾讯网、QQ 游戏以及拍拍网这四大网络平台，形成了中国规模最大的网络社区。在满足用户信息传递与知识获取的需求方面，腾讯拥有门户网站腾讯总部——腾讯大厦腾讯网、QQ 即时通信工具、QQ 邮箱以及 SOSO 搜索；满足用户群体交流和资源共享方面，腾讯推出的 QQ 空间（Qzone）已成为中国最大的个人空间，并与我们访问量极大的论坛、聊天室、QQ 群相互协同；在满足用户个性展示和娱乐需求方面，腾讯拥有非常成功的虚拟形象产品 QQShow、QQ 宠物、QQ 游戏和 QQMusic/Radio/Live（音乐/电台/电视直播）等产品，同时，还为手机用户提供了多种无线增值业务；在满足用户的交易需求方面，C2C 电子商务平台——拍拍网已经上线，并完成了和整个社区平台的无缝整合。截至 2009 年第二季度，腾讯即时通信工具 QQ 的注册账户数已经超过 10.57 亿，活跃账户数超过 4.84 亿，1 亿同时在线账户，QQ 游戏的同时在线人数达到 8663 万，腾讯网已经成为中国浏览量第一的综合门户网站，电子商务平台拍拍网也已经成为中国第二大电子商务交易平台。

面向未来，坚持自主创新，树立民族品牌是腾讯公司的长远发展规划。目前，腾讯 60% 以上的员工为研发人员。腾讯在即时通信、电子商务、在线支付、搜索引擎、信息安全以及网络游戏方面等都拥有了相当数量的专利申请。2007 年，腾讯投资过亿元在北京、上海和深圳三地设立了中国互联网首家研究院——腾讯研究院，进行互联网核心基础技术的自主研发。腾讯的自主创新工作已经进入到企业开发、运营、销售等各个环节当中。腾讯正逐步走上自主创新的民族产业发展之路。成为最受尊敬的互联网企业是腾讯公司的远景目标。因此，腾讯一直积极参与公益事业，努力承担企业社会责任，推动网络文明。2006 年，腾讯成立了中国互联网首家慈善公益基金会——腾讯慈善公益基金会，并建立了腾讯公益网，专注于辅助青少年教育、贫困地区发展、关爱弱势群体和救灾扶贫工作。目前，腾讯已经在全国各地陆续开展了多项公益项目。腾讯正以自身努力不断为“和谐社会”的建设做出贡献，成为一个优秀的企业公民。

2013 年 9 月 16 日，腾讯市值折合首次突破 1000 亿美元大关。在全球互联网公司中腾讯市值仅次于谷歌（3000 亿美元）和亚马逊（1361 亿美元）排名第三。

2. 腾讯公司的国际化历程

腾讯于 2004 年 6 月在香港主板上市。经过五年与变化多端的金融市场斗争，腾讯取得了比较丰富的经验，经营国际化也取得了巨大成就。

（1）QQ 游戏进军美国

互联网增值服务是腾讯的核心业务，在线游戏的盈利也逐渐增加其对公司收入的贡献。2008 年 2 月，腾讯通过与美国在线合作，使 QQ 游戏进入美国市场。QQ 作为第三方提供美国在线互动服务。这避免了与 Windows Live Messenger、雅虎 Messenger 和其他即时通信主流媒介的直接竞争，同时也可作为一个探针，以了解美国消费者的兴趣。

（2）发展印度市场

2008 年 7 月，腾讯与印度 MIH 签署了合作协议，通过许可和特许经营方式，允许腾讯使用 MIH 的专营权和在印度的一些商标权，而腾讯可以通过买进期权合约 50% 的 MIH 的股权，腾讯有意扩大其在亚洲市场份额，建立竞争优势。

（3）主动出击越南市场

越南在收入、CDP 和贫富差距方面，跟中国社会的结构基本类似。越南 2000 万网民，占总人口的 25%，这个比例也跟中国近似，并且越南目前的市场状态跟中国几年前类似。这样的经济结构吸引了腾讯，它找了越南一家市场表现最好的互联网公司 Vina Game 入股。

腾讯向这家公司提供即时通信软件 QQ 技术和一些休闲游戏产品。2007 年，Vina Came 将 QQ 重新包装，改名为 Zing Chat，把企鹅标识换成一对鸭子，进入越南市场。两年之间，Zing Chat 打败了已经在越南市场立住脚的雅虎通，成为越南用户最多的即时通信软件。

(4) 开拓俄罗斯市场

2010 年 4 月 12 日，腾讯与俄罗斯互联网公司 Digital Sky Technologies Limited（以下简称 DST）联合宣布，腾讯将向 DST 投资约 3 亿美元，两家公司将建立长期的战略伙伴关系。这是腾讯迄今为止最大的一笔对外并购，也是其国际化战略的真正发轫之举。

另外腾讯与两家俄罗斯公司争夺在线即时通信鼻祖 ICQ 的消息备受关注，如果收购成功，腾讯就有望将它的国际化触角伸向俄罗斯。

入股 DST 的一到两年内应该是腾讯对俄罗斯市场的认识和磨合期，业务层面的整合应该不会很快，所以腾讯开拓俄罗斯市场还属起步阶段，能否成功还需时间来检验。

3. 腾讯所面临的挑战与应对措施

目前，腾讯公司主要面临着三大挑战。

一是缺少国际化经营的专家。腾讯一直把国内市场作为重点，而国际商务专业人士则相对短缺。马化腾认为“我们一直在尝试国际化，但是我们也有自知之明。因此，从 2005 年开始到现在三年时间，一方面，我们不断在高中端引入国际化人才，因为我们已经感觉到中国互联网要做国际化，而企业有没有国际性人才在这里面也是一个制约性因素。另一方面，这两年腾讯还要开始积极去培养自己的国际化人才，这个还要储备，不能着急，腾讯更多要借助本土运营商和它的合作伙伴力量，提供技术、资金、产品给他们”。

二是业务过于多元、群体过于单一。腾讯的业务包括了很多领域，但是这种多元化所带来的收益与其投入是不相称的。腾讯的大多数利润只来自几个主要业务线，比如互动娱乐、附加值服务等，而其他的业务往往对企业利润贡献很低。

腾讯的节奏很适应年轻时尚的青年人，用户的特殊身份不仅是腾讯的竞争优势，也限制了其高端客户。腾讯是否应该改变其目标消费者，怎么改变，什么时候改变仍是管理层无法回答的问题。

三是竞争优势式微。考虑国外的竞争对手，如 Skype 在国际市场方面的拓展拥有优势，腾讯在国内市场也将面临其他竞争对手的挑战。

QQ 是腾讯的主要竞争优势。然而，淘宝旺旺和飞信的进入也给 QQ 带来了新的威胁，它们在每天上线率上 2008 年超越了 MSN。另外，腾讯的优势并不是不可以复制的，校内网也与 QQ 拥有相同的使用群体，腾讯也面临着相关领域的竞争对手。

拥有如此明显的优势，也面临着一些竞争对手对现有市场的抢占以及不错的海外机会，腾讯该如何将自身发扬光大，进入海外市场?

对此，腾讯采取了以下应对措施。

（1）整合内部资源能力

从腾讯国际化的进程来看，符合企业的关键资源和能力。自从 1998 年建立以来，腾讯基于 QQ 逐步扩大服务范围、产品范围，为用户提供了多种多样的服务和产品，尤其是在线媒体、无线增值服务、互动娱乐服务和电子商务等，QQ 已渗透到人们生活的每一处。其在国内的快速发展也为腾讯积累了大量优质稳定的现金，丰富的产品线、先进的技术以及充裕的资金为腾讯的国际化奠定了基础。

（2）谨慎选择目标市场

在目标市场的选择上，腾讯主要选择了新兴国家。因为即时通信用户的黏度很高，而 MSN 等在英语国家已经占据主导地位，进军这些市场难度较大。于是腾讯将目光转向了新兴市场，在新兴市场中寻找机会，获取成功。

总之，腾讯目前的国际化还属于初期，一直谨慎地进行海外扩张。一些成功的经营模式可以为其提供一定的思路与经验。相信在不断的探索过程中，腾讯可以总结更多的海外扩张经验，毕竟这是中国第一家即时通信企业走向世界，挫折是难免的，但拥有强大竞争力的腾讯一定可以闯出自己的海外世界，引领世界人民的精神家园。

四、入乡随俗：海尔集团的国际化经营

海尔集团是改革开放之后较早走出国门开辟国际市场的企业之一。作

为民族工业的骄傲和著名品牌，海尔人“师夷长技以制夷”，以高瞻远瞩的雄心大志运作全球范围的品牌，取得了骄人的辉煌业绩。海尔的国际化经营，在不断地向全球辐射扩张的同时，更创造了本土化的海尔，世界性的海尔。

1. 海尔公司介绍

“中国家电第一名牌”——多少中国企业梦寐以求的广告词，只有海尔有资格使用它。

30 多年前，海尔还只是个亏损 147 万，濒临破产的集体所有制冰箱制造厂，张瑞敏当时是青岛家电公司副总经理，临危受命，被派去做领导。海尔起死回生的发展历程，显示了张瑞敏作为中国最卓越的企业家的魄力和气质。在他的领导下，海尔经历了名牌战略、多元化战略、国际化战略和全球化品牌战略四个发展阶段。

在名牌战略阶段，海尔艰难起步，并确立在冰箱行业的名牌地位，著名的“砸冰箱”事件（张瑞敏曾下令砸掉 76 台有质量缺陷的冰箱），使海尔牢牢树立起职工的质量意识，在消费者心目中树立品牌形象。

1998 年，海尔获得中国冰箱行业历史上第一枚国家质量金牌，名牌战略初步成功。

从 1984 年到 1991 年，在做了 7 年冰箱后，海尔开始实施多元化战略。多年来，对企业到底实行多元化还是专业化众说纷纭，对于海尔实施多元化战略，外界同样有很多非议。海尔认为，企业在竞争中取胜要靠国际化，而国际化必须是多元化。这种多元化不仅是产业的多元化，还应是市场的多元化。一些著名跨国公司的产品在世界各个角落销售，这就是市场的多元化。谁拥有市场的资源，谁就是最终的赢家。

在多元化战略阶段，海尔从冰箱开始逐步进入洗衣机、空调、小家电、电视、电脑、手机等市场，它凭借“注重质量”“洞察消费者所需”战略征服了国内市场，已经占据冰箱市场 29% 的份额，洗衣机市场 26% 的份额。

从 1998 年开始，海尔开始扬帆出海，进行国际化战略布局，在全世界拥有 13 个海外工厂和制造基地以及 10 个海外工业园。2003 年，海尔全球营业收入达到 806 亿元，产品销往全世界 160 多个国家。

为了适应全球经济一体化的形势，运作全球范围的品牌，从 2006 年开始，海尔集团继名牌战略、多元化战略、国际化战略阶段之后，进入第四个发展战略创新阶段：全球化品牌战略阶段。国际化战略和全球化品牌战略的区别是：国际化战略阶段是以中国为基地，向全世界辐射；全球化品牌战略则是在每一个国家的市场创造本土化的海尔品牌。海尔实施全球化品牌战略要解决的问题是：提升产品的竞争力和企业运营的竞争力。与分供方、客户、用户都实现双赢利润。从单一文化转变到多元文化，实现持续发展。

2009 年，海尔冰箱入选世界纪录协会世界冰箱销量第一，创造了新的世界之最。今日的海尔已跻身世界级品牌行列，其影响力正随着其全球市场的扩张而快速上升。

2. 海尔集团的国际化历程

海尔将国际化战略分成三个阶段实施。第一个是起始阶段，第二个是发展阶段，第三个是结果阶段。

起始阶段的重点是使国际市场认知海尔的品牌。海尔采用“先难后易”的策略，先到要求最严格的国家去，后到发展中国家去。采取一路纵队的“雁阵式”进入（先进入一两个，再进入其他产品）等策略，先进入欧美等国际经济舞台上分量极重的发达国家和地区，取得名牌地位后，再以高屋建瓴之势进入发展中国家，选择竞争力最强的产品，让它当尖兵，打开市场后，其他的跟进，使总交易成本降下来。

进入德国和日本的市场就等于站在了家电市场的最前沿，这两个质量要求最严格的国家认可了，其他国家就容易多了，海尔很快打入了包括美国在内的其他国家，现在海尔的产品已遍布全球 160 多个国家。

为避免全军覆没，海尔在进入每个市场时，先进去一、两种产品，被当地市场认可了以后，其他商品再跟进。刚进入美国市场的时候，海尔先做冰箱，被当地人认可后，洗衣机和空调接着跟进。在欧盟先进去的不是冰箱，而是空调打先锋，因为过去欧洲人不太使用空调，欧洲自己没有自己的空调器厂，无论是日本品牌、韩国品牌，欧洲人都同样感到陌生。后

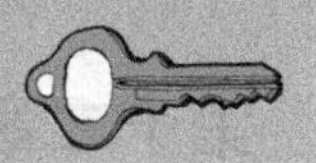

来欧盟突然开始需要空调了，而且需求量很大，因为就连原来的德国自己本土销售的奔驰车都没有车内的空调，现在也开始要空调了，所以海尔就先把空调进到法国和意大利，现在冰箱洗衣机等也跟着它往里冲。和打仗一样，一路纵队比一路横队牺牲小，集中优势兵力打歼灭战的毛泽东战略战术思想，对海尔拓展国际市场仍有非常大的指导意义。

2002年，海尔实现全球销售额86亿美元，其中海外销售额10亿美元，比率为11%。海尔产品已进入欧洲15家大连锁店的12家、美国前十大连锁店。

企业走出去，首先考虑的是选择全球化还是当地化战略，海尔也不例外。

海尔确立了当地化战略。电冰箱在各国的产品品种开发要考虑各国不同的气候、经济状况及消费习惯。

1996年6月，在印尼雅加达，海尔莎保罗（印尼）有限公司成立；1997年6月，菲律宾海尔-LKG电器有限公司成立；1997年8月，海尔集团在马来西亚组建海尔工业（亚细安）有限公司。以上的投资都是为进入美国市场练兵。菲律宾也是英语国家，受美国的文化影响较深，在菲律宾积累的经验许多可用于美国。

1998年、1999年中国出口美国的冰箱分别为4718万美元、6081万美元，其中海尔冰箱分别占1700多万美元、3100多万美元。据统计，1999年在美国180L以下小冰箱市场中，海尔已占到超过30%的市场份额，但海尔大规格冰箱长期因远隔重洋而无法大批量进军美国市场。

1999年4月30日，海尔美国工厂动工仪式在南卡州的卡姆顿（Camden）市举行，2000年3月27日正式投产，这标志着海尔集团在海外第一个“三位一体本土化”海尔的创立，其设计中心在洛杉矶、营销中心在纽约、生产中心在南卡州。

海尔进军海外的步伐在继续，欧洲市场是美国市场之外的又一目标。2001年6月，海尔用700万美元买下了意大利帕道瓦省（PADO VA）的一家冰箱厂。这样，海尔在欧洲也初步实现了“三位一体”的模式。海尔在法国里昂和荷兰阿姆斯特丹有设计中心，在意大利米兰有营销中心，而此次收购的冰箱厂是制造中心，它地理位置优越，可便利地通往北意大利和欧洲其他国家，据称，意大利海尔产品已经进入罗马尼亚、保加利亚、马耳他、捷克、塞浦路斯、阿尔巴尼亚等欧洲国家。

南亚和中东市场同样具有吸引力。2001 年 2 月，海尔在巴基斯坦的 LAHORE 市合资建立海尔巴基斯坦工业园，主要生产冰箱、洗衣机、空调产品，年生产能力各 30 万台。

中东地区是全球非常重要的消费市场。由于关税和其他壁垒等原因，原来海尔品牌的产品很难进入伊拉克、埃及、利比亚等国家市场，而通过约旦的合资工厂向上述国家出口，可有效解决问题。2001 年 12 月海尔在约旦的安曼市合资建立海尔约旦工业园，主要生产冰箱、洗衣机、空调和电视产品，年生产能力各 40 万台。

3. 海尔集团国际化战略路径选择

为应对品牌国际化挑战，海尔选择的国际化战略由三部分组成：质量国际化、科技国际化、市场国际化。

（1）质量国际化

质量保证体系认证、产品国际认证以及检测水平的国际认可是海尔集团使其产品质量水平与国际接轨的重要内容。目前海尔集团共有冰箱、冷柜、空调、洗衣机、微波炉、热水器六大产品经过 IS09001 认证，是国内通过该项认证产品最多的企业。在国际上，海尔产品获得德国 VDE、CS、EMC、TUV，美国 UL、ETL、DOE，加拿大 CSA、EEV，美洲 NRTL/C，澳大利亚 SAA，日本 S - MARK，欧盟 CE，沙特阿拉伯 SASO，俄罗斯 GOST，国际 CB，南非 SABS，菲律宾 PBS，韩国安全认证等共 18 类产品认证，产品可畅通无阻地进入 87 个国家和地区。同时海尔的检测水平也进入国际先进行列，是国内同行业首家获得加拿大 EEV、CSA “分享认证”、CSA “全权认证” 和美国 UL 用户测试数据认可的企业。

（2）科技国际化

在海尔集团十几年的经营中，科技国际化奏出了 “引进消化、吸收模仿、引智创新、技术输出” 的四部曲。消化吸收和技术创新是海尔实现技术领先的关键环节。变频空调是海尔消化国外技术的典型。海尔的变频技术是从日本引进的。针对中国电力紧张、电压不稳的特点，经过反复的研究和实验，海尔开发出适合中国市场使用的变频一拖二空调，既具有一般变频空调的优点，还可以进行单机能量的叠加，双机能量合理分配，节约用电，对发展中国家的市场有较强的适用性。目前，海尔的变频技术已向塞尔维亚、土耳其、西班牙等国输出。

海尔的“引智工程”是培养技术和管理人才的又一举措。为了培养人才，海尔集团每年选派大量管理人员和技术骨干出国培训。同时，海尔先后实施了11项引进外国技术、管理专家项目。这些项目已不是单纯地将国外成熟的技术成果直接引进，更多的是利用外国专家的知识和经验，对产品、技术、市场动态有及时、准确地把握。

海尔集团每年为科研开发投入的资金占销售收入的4%以上。1998年8月，海尔作为中国家电行业唯一一家企业入选中国首批6家技术创新试点企业。技术创新体系为海尔的发展提供了充分的技术支持。1998年底，海尔集团在科技国际化方面迈出了关键一步，正式成立海尔中央研究院。该研究院是海尔集团联合美国、日本、德国等28个国家和地区的一流公司，通过技术合作建成的综合性科研基地，主要功能是开发超前5~10年技术及新领域技术。中国研究院还设立了环境参数测试、IEC安全测试、数字技术等12个具有国际一流水平和国内最先进的技术实验室。通过这些实验室，海尔集团能够完成欧洲GS/CE、美国UL/DOE、加拿大CSA/EEV、中国CCEE等15种国际认证。

海尔集团成功地实现了技术出口和国际技术合作，标志着该公司开始以技术优势参与国际竞争，在产品开发上与国际水平同步，增强了产品竞争力。

海尔在技术创新过程中，始终注意整合国际创新资源，提高产品竞争力。海尔联合国外大公司、科研机构、大学以项目牵头的形式进行研究，成立了48个联合研究中心，合作方有东芝、飞利浦、迈兹、朗讯等，这大大提高了海尔自身的应变能力。海尔先后与荷兰飞利浦公司建立技术联盟，与德国迈兹公司联合成立“德国海尔数字技术研究中心”，共同进行数字产品的开发。

(3) 市场国际化

在市场国际化方面，海尔集团已经实现了“三个三分之一”战略，即国内生产国内销售 1/3、国内生产国外销售 1/3、海外生产海外销售 1/3。目前，海尔已在海外发展了 62 个经销商，销售网络达 36000 多个，产品出口 87 个国家和地区。海尔产品出口走的是“创名牌、扩名牌”的路线，即首先进入发达国家建立信誉，创出牌子，然后再迅速占领发展中国家市场，坚持国际市场布局的多元化。目前，海尔出口市场欧美地区占 60%，东南亚地区占 16%。

4. 现实海尔所面临的挑战与应对措施

海尔始终把品牌国际化视为不变的挑战。海尔创国际化品牌的目标非常明确，一只脚站“实”国内市场，一只脚走“稳”国外市场，共同支撑海尔国际化品牌。国外市场通过海外建厂等措施实现品牌本土化，汇集多个国家的品牌本土化为海尔品牌国际化。这些使海尔国际化品牌战略取得初步成功。作为品牌国际化的操作模式，并非是每个企业都可以借鉴的。在企业确定了品牌国际化战略以后，并非对品牌无益的项目就要全盘否定。中国企业缺少品牌竞争力，海尔提出的国际化品牌战略有其必要性，但是过多地强调品牌会走向另一个极端，创国际化品牌需要一个过程。如果仅仅为了品牌国际化，即使有利于获取其他优势的机会也要放弃的话，就顾此失彼了。没有了全局的把握，即使品牌国际化战略成功，也不会带来企业的最终成功。

五、曲折发展：华为公司的国际化经营

美国是信息化技术和信息化产业的发源地和世界强国。然而，中国却有能让美国人惧怕并竭力围攻的对手，那就是华为。作为民营科技公司，经过多年的艰苦奋斗和国际化经营，华为如今已是全球领先的电信解决方案供应商。今天，华为以一流的技术、一流的质量、一流的产品，服务于

全球100多个国家和地区，成为世界500强企业中一颗耀眼的民族之星。

1. 华为公司介绍

华为技术有限公司是一家总部位于中国广东省深圳市的生产销售电信设备的员工持股的民营科技公司，于1988年成立于中国深圳，是电信网络解决方案供应商。华为的主要营业范围是交换、传输、无线和数据通信类电信产品，在电信领域为世界各地的客户提供网络设备、服务和解决方案。华为总裁为任正非，董事长为孙亚芳。

华为是全球领先的电信解决方案供应商。华为技术有限公司的业务涵盖了移动、宽带、IP、光网络、电信增值业务和终端等领域，致力于提供全IP融合解决方案，使最终用户在任何时间、任何地点都可以通过任何终端享受一致的通信体验，方便人们的沟通与生活。目前，华为的产品和解决方案已经应用于全球100多个国家和地区，服务全球运营商50强中的45家及全球1/3的人口。

华为在全球建立了30多个分支机构，在美国达拉斯、印度班加罗尔、瑞典斯德哥尔摩、俄罗斯莫斯科以及中国北京、上海等地建立了研究所。华为产品已经进入德国、西班牙、法国、英国、日本、巴西、俄罗斯、埃及、泰国、新加坡、韩国等40多个国家和地区。

2009年，华为全球销售收入1491亿元人民币，约合218亿美元，同比增长19%；营业利润率14.1%，净利润183亿元人民币，净利润率12.2%。根据收入规模计算，华为已经成功跻身全球三大设备商之列。

根据美国《财富》杂志公布的数据，华为2013年的销售额达349亿美元，净利润达24.35亿美元，成为继联想集团之后成功闯入世界500强的第二家中国民营科技企业，也是500强中唯一一家没有上市的公司，排名第315位。华为技术有限公司作为中国通信设备领导厂商，1988年成立于深圳，是中国第一批走出国门开展跨国经营的企业之一。经过多年的努力拓展，华为已经初步成长为一个全球化公司。目前，华为在海外设立了22个地区部、100多个分支机构。公司的业务涵盖移动、宽带、IP、光网络、电信增值业务和终端等领域，致力于提供全IP融合解决方案。根据其历年财务报表显示，2005年以来华为合同销售额平均年增长率为40%，且海外合同销售份额逐年提高，仅在2008年，海外合同销售额就占总合同销售额的75%。在技术方面，华为长期坚持不少于销售收入10%的研发投入，并坚持将研发投入的10%用于预研，对新技术、新领域进行持续不断的研究和跟踪。

经过多年的模仿、学习，华为现在已经进入了具有完全知识产权的独立研制阶段，华为已在全球建立了十多个研发中心，累计申请专利3万多项。在人力资源方面，华为拥有全球研发人员35000人，占总员工人数的43%。海外员工本地化比例达73%。

至此，华为已成为中国企业成功实施跨国经营的典型代表。

2. 华为公司的国际化历程

华为从1996年确定全球化战略至今已在国际市场上取得了重大突破，产品和解决方案应用于全球100多个国家和地区，服务全球运营商50强中的45家。截至2008年底，华为海外合同销售额占总合同销售额的75%，达到175亿美元。目前，华为已在美同、德国、瑞典、俄罗斯、印度以及中国的北京、上海和南京等地设立了多个研究所，还在全球设立了36个培训中心，为当地培养技术人员，并大力推行员工的本地化。

（1）试水香江

1996年，华为与长江实业旗下的和记电讯合作，提供以窄带交换机为核心的“商业网”产品。

经过中国香港市场的初步尝试，华为的C&C08机打入香港市话网，开通了许多中国内地市场未开通的新业务。这是华为大型交换机从国内走向海外市场的第一步，标志着华为开始进军国际电信市场，为进一步打开发展中国家尤其是东南亚市场准备了敲门砖。2000年之后，华为进入包括泰国、新加坡、马来西亚等在内的东南亚市场，特别是在华人比较聚集的泰国市场，华为连续获得较大的移动智能网订单。

（2）俄罗斯之旅

随后，华为开始考虑新型转轨国家的市场开拓，重点是市场规模相对较大的独联体市场（主要是俄罗斯，还包括白俄罗斯、乌克兰等）。在俄罗斯，华为抓住中俄达成战略协作伙伴这一国际关系变化中隐藏的商机，加快与俄罗斯的合作。1996 年，华为开始进入大独联体市场。1997 年 4 月，在“亚欧分界线”的乌拉尔山西麓的军事重镇乌法市华为与当地企业建立了名为贝托一华为的合资公司。华为把合资企业作为平台，以本地化模式来开拓市场。

华为从俄罗斯国家电信局获得第一张订单只有 12 美元。在华为不断拜访运营商管理层的过程中，经过 7 年艰辛的“冰雪之旅”，华为终于与他们建立了互信，形成了目前主要的客户群。到 2001 年，华为与俄罗斯国家电信部门签署了上千万元的 GSM 设备供应合同，当年在俄罗斯市场销售额便超过 1 亿美元。

2002 年底，华为又取得了从彼得堡到莫斯科长达 3797 公里的 320G 国家光传输干线的订单。2003 年，华为在俄罗斯及周边独联体市场的销售额超过 3 亿美元，名列独联体市场国际大型设备供应商的前茅，俄罗斯分公司 90% 的员工来自当地。在白俄罗斯，当地运营商利用华为的全套解决方案，顺利实现了世界上第一个 CDMA450 商用网之间的国际漫游。

华为历时 3 年，在莫斯科与西伯利亚首府诺沃西比尔斯克之间铺设了 3000 多公里的光纤电缆，这条“长龙”大部分都是俄罗斯领先固定线路运营商罗斯电信的全国性骨干网。

(3) 征战亚非拉

在发展中国家的拉美市场，华为进展并不太顺利，华为在 9 个拉美国家设立了 13 个代表处。1997 年，华为在巴西投入 3000 多万美元建立了合资企业，1999 年进入厄瓜多尔市场。在厄瓜多尔的首都基多和瓜亚基尔市各设了一个办事处，至今已与厄瓜多尔签署了总价值为 1200 万美元的四个合作项目。2004 年 2 月，华为获得巴西 NGN（下一代网络）项目，合同金额超过 700 万美元。

但总的看来，由于拉美地区金融危机、经济环境的持续恶化，更主要的是拉美国家的电信运营商多是欧洲或美国公司，采购权在欧洲或美国公司总部而不在拉美当地。直到 2003 年，华为在该地区的销售额还不到 1 亿美元，成为进军海外市场的“瓶颈”之一。

华为海外路线还有一个重要特征就是沿着中国的外交路线走，尤其在亚非市场的开拓较为典型。作为一家民营企业，华为屡获国家外交上的有力支持。2000 年 11 月，中国国务院副总理吴邦国访问非洲时亲点任正非随行。目的之一就是了解中国政府能提供哪些协助，帮助华为开拓非洲市场。当时华为进入非洲市场已有三年。

在亚洲，中国与周边国家传统友好关系保持较好，华为利用当地华裔在电信运营上占据的优势，积极开拓亚洲市场。譬如在与中国有着传统友好关系的泰国，华为每年的销售额达到1亿美元左右。

2003 年，华为将每年投入研发资金的 30% 左右用于 3G，先后耗资 40 亿元人民币、投入 3500 人员开发的 3G 技术在亚洲市场曙光初现。这一年，华为没能抵御终端市场的诱惑，告别《华为公司基本法》中固守的电信设备制造商的宣言，进军 3G 市场。2003 年 12 月 18 日，华为与中国香港第五大电讯运营商 SUNDAY 签署价值 9 亿港币的 3G 合同。一周之后，华为独家承建的阿联酋 WCDMA 3G 网络正式投入商用。2003 年 12 月底，华为承建了印尼 CDMA2000 网络。华为在亚洲市场开拓的 3G 优势，正如印尼运营商 CTO 所说的“我们选择华为，是因为华为具有先进技术、快速的产品供应能力以及完善的售后服务”。

（4）切入欧洲腹地

2001 年“出海”的华为一边在发展中国家继续扩大“战果”，一边切入欧洲成熟市场，这标志着华为国际化进入第二阶段。

华为进入欧洲市场要比新兴市场艰难，原因之一就在于欧洲电信运营商对于外来设备商的准入门槛很高，对中国高科技品牌的认可度较低，英国电信便是典型。从 2002 年开始，英国电信对华为进行为期 2 年的认证，然后华为才进入到其“符合资格的供应商短名单”之中，从而有资格进入英国电信的招标程序。在经过对华为全方位的认证和考察后，华为由此才进入英国电信市场。

在欧洲市场的攻伐战略中，“价廉”并不仅仅是华为占有市场的唯一法宝，它更重视产品的性价比、产品质量、技术优势和售后服务等配套系统。在欧洲市场，华为在某些特色领域的丰富应用经验和特色解决方案也赢得了欧洲客商的一致推崇：从城市的无线市话到偏远地区的普遍服务，从提供宽带移动数据业务到建设企业专网。华为在欧洲当地派驻代表，听

取当地运营商个性化的需求，尽快赢得了欧洲用户的信任。

2004 年 12 月 8 日晚（荷兰当地时间），华为与荷兰移动运营商 Telfort 公司签署了关于 WCDMA 3G 项目的合同。这是华为多年来致力于 3G 投入的回报，也是中国基于 WCDMA 制式设备对 GSM、WCDMA 发源地欧洲的突破。Telfort CEO 表示："经过考察和认证，我们相信，（华为）先进的技术将给我们的客户提供更好的服务。"荷兰 Telfort WCDMA 项目是华为公司在欧洲赢得的第一个 WCDMA 3G 合同。

（5）进军美国市场

华为在国际市场上攻伐的最后"桥头堡"就是美国市场。华为人认为，进入对手最多和最强的美国市场，是华为真正进入了群雄逐鹿的国际市场。

对于美国电信商而言，华为最大的吸引力在于，中国 13 亿人口的庞大市场蕴藏着巨大的电信埋单潜力。美国公司把联盟华为作为进入中国巨大市场的第一步。但与此同时，华为在美国市场更被看作是一个"强大的"竞争者。

从 1997 年至 1998 年，顺应中美关系改善的契机，华为进入美国市场。1999 年，华为在美国的通信走廊达拉斯开设了一个研究所，专门针对美国市场开发产品。2002 年 6 月 4 日，华为在美国德克萨斯州成立全资子公司 FutureWei，向当地企业销售宽带和数据产品，同时引进美国 IBM 的管理系统。

进军美国市场对华为的影响不言而喻，这在某种程度上意味着华为突破了欧美主流电信运营商的防线，与北电、朗讯等国际一流设备商同台竞技。虽然华为与思科的知识产权诉讼案最终以和解拉上帷幕，但华为作为矛盾体再次登场的危机并没有随之消退。如华为主管国际市场的一位副总裁所言："以知识产权作为武器是竞争对手对华为的一种反击方式。在公司国际化进程中，这种可能性随时都会遇到。"

3. 华为国际化战略路径的选择

（1）公司层战略，设立目标体系

《华为公司基本法》第一条对华为公司的愿景作了明确的描述："华为

的追求是在电子信息领域实现顾客的梦想，并依靠点点滴滴、锲而不舍的艰苦追求，成为世界级领先企业。为了使华为成为世界一流的设备供应商，我们将永不进入信息服务业，通过无依赖的市场压力传递，使内部机制永远处于激活状态。现在公司在产品发展方向和管理目标上，华为都是瞄准业界最佳的公司，现在业界最佳的是西门子、阿尔卡特、爱立信、诺基亚、朗讯、贝尔实验室等，华为制定的产品和管理规划都得向它们靠拢，而且要跟随它们并超越它们。"

（2）选择跨国战略

华为已经走过国际战略、多国战略，现在正处于实施全球战略阶段，目前正通过不断的变革，进入到跨国战略领域，这对华为树立品牌形象，整合资源，以及在服务、商务模型紧密贴近属地市场的具体要求方面提供了坚实的基础。

（3）加强战略联盟、合作和合资经营

2007 年以来，华为与这些国际企业的合作由浅到深，形成了多种层次：如单纯的产品销售（NEC 通过贴牌在日本市场销售华为的数据通信产品）；产品制造（日本京瓷是华为小灵通终端产品的 OEM 制造厂商之一）；资本合作与研发、销售（西门子与华为在中国成立了针对中国市场的 TD－SCDMA 合资公司，同时在欧洲帮助华为销售其数据通信产品）。华为选择与 NEC、松下合资成立宇梦公司，使华为在日本快速实现了数据通信产品的销售，通过 3COM 成功打开了美国市场，借助西门子成功打开了欧洲市场。

（4）紧跟国家外交路线

华为把紧跟国家的外交路线作为华为自己的销售路线。在进入发展中国家市场时，华为通常得到国家的牵引和扶持，因为我国和这些发展中国家有着传统的友谊和援助项目，其好处显而易见：一是可以在国家外交的背景下，长期稳定海外发展方向；二就是在为经济外交做贡献的同时，可以优先获得国家的支持。因此，先以产品援助打开大门，再逐步取得当地政府和电信部门的信任。

4. 华为国际化经营的经验与启迪

华为的超高速发展，除了技术和管理创新外，非常值得业界参考的便是华为的国际化战略。华为公司国际化战略的成功经验对我国通信制造企业具有如下几点启示：

第一，把握国际市场进入的规律，明确国际市场的战略投资对象，并避免短期行为，对目标市场予以持续性的投入。目标市场对新进入者的认可，平均需要3~5年时间。要取得运营商的信任和最终认证，企业必须持续投入。华为自1996年开始拓展东欧、俄罗斯市场，直到2002年才真正获得认可和规模销售，目前已经成为俄罗斯电信市场上主要的设备供应商之一。

第二，按国际公司的标准优化海外市场的运作方式，以此减少拓展国际市场的进入成本。从1997年开始，华为聘请多家国际知名的顾问公司对其海外机构的运作、财务管理、质量标准、人才培养和品牌宣传等进行了咨询，在公司运作、质量体系、财务管理、人力资源、打造国际品牌上，适应国际化战略的需要。

第三，扬长避短、逐级渗透、渐进式地发展海外市场。华为在确定海外市场战略中，重点避开了发达国家市场，以此降低进入风险，凭借低价战略，重点选择发展中国家的大国作为目标市场，这样既能规避发达国家准入门槛的种种限制，又使海外大的电信公司难以在发展中国家与华为“血拼”价格。

第四，借助融资伙伴，强化资本监控，刚性货款回收，保障市场拓展最早。华为依托中国进出口银行、中国信保以及中国的出口政策，开始做买方信贷。此后，华为陆续使用海外银行的买方信贷拓展市场，如HSIX、荷兰银行、IBM IGF、JPMOR、EN、MITSUI、CITIBANK等。目前，华为的海外融资伙伴有20多个。华为还建立了内部严密的监控和评审机制，合理规避国际融资和汇率风险。目前，华为是业内货款被拖欠率和坏、死账率最低的公司之一。

第五，不单纯打低价牌，以质量好、价格好、服务优和快速响应客户需求赢得竞争优势。华为不以价格作为唯一优势，在国际市场上，尤其是欧美发达国家，运营商更看重的是产品的质量和服务，同时运营商降低采购成本的要求也是一个非常重要的因素。只有产品具有高质量、先进的技术、合理的价格、到位的服务和快速满足客户需求，才会得到运营商的青睐。